一个人的北大荒

周良国　著

文匯出版社

目录 Contents

告别军营

1958 年 4 月，我告别了奋斗七年的军营。俗话说，“铁打的营盘，流水的兵。”像我们这样建国前后入伍的小知识分子，早晚都要离开军营的。朝鲜停战后，先是大批女同志转业到了地方，以后陆陆续续又有许多人升学的升学，退伍的退伍。就我来说，组织上在 1956 年就动员我去考大学。因要负担家庭，承担正在上浙江医大的哥哥的学习费用，我推迟一年，于 1957 年报考了大学，被录取于中国人民大学现代革命史专业（后改为党史专业）。当时安徽全省报考中国人民大学的有 700 多人，录取 21 名，录取比例是 35∶1，我是其中的佼佼者。这在当时来说，是一种光荣的离别军营。

然而，光荣却变成了耻辱。我正欲去大学报到时，正遇上“反右”开始，被迫留下参加运动，而且作为批判对象。批判的内容包括我报考大学，是属于右派分子所推行的“合则留，不合则走”的信条。我欲哭无泪，只好像砧上的牲畜，任凭宰割。

经过半年多的反右“洗礼”，戴上“中右”的帽子，被发配至东北边疆劳动。尽管我所在的安徽军区干部子弟学校校长折聚英（此人是孔厥笔下《一个女人翻身的故事》中的主人公）找我谈话时说：“这是光荣的使命，将来仍能成为一名好干部。”尽管我也经过“报名”、“批准”等顺序，但我知道这是一种“清洗”，是一种“流放”，是一种耻辱。结果没去成北京，却去了北大荒。

我离开军营的情景，可用“凄凉”两字来形容。当时军区干部部批准我回家探亲一周，所以我先于他人离开军区大院。没有欢送，没有鲜花，没有掌声，只身一人乘三轮车来到合肥火车站，真可谓是孤孤单单，冷冷清清。

回忆起 1951 年 7 月参军时的热闹情景真是天壤之别。我是 1951 年 7 月 15 日参军入伍的。那时朝鲜战场正烟火纷飞，炮声隆隆。党中央、国务院号召知识青年参加抗美援朝，学校里不断播放“年轻的心在跳跃，我们的热血在燃烧，让我们走，走向军干校，让我们走，走向最前方……”的歌声。我所在的学校 1 600 多名学生几乎都报了名，但领到报名单的不足 100 人，我是其中之一。

报名虽都是自愿的，但动机却各不相同。多数是受形势所使然，被政治热情所鼓动；也有不想上学，要另找出路的；当然，更有怀着“保家卫国”、“抗敌守土”理想的。就我来说，上述情况兼而有之，我出身于工人家庭，父亲是邮差（投递员），母亲一度做过摊贩，家境贫苦，特别是日军统治时期，仅靠父亲每月三斗米的微薄工资生活，受尽了苦难和凌辱。解放后战争又起，当然不愿再遭二次苦，再受二遍难，因此想报效国家，拯救家庭，牺牲小我，保全大我。同时，因为家庭人口多，解放后，生活仍然窘困，特别是每学期都要申请减免学杂费，处境十分尴尬，因此也想另谋生路，至少能减轻家中的一份负担。我报名参军的行动，得到班主任和校方的完全认可和全力支持，得以领取报名单。

领报名单的情景是十分激动人心的。当时我就读于邑庙区最大的中学糖业中学（现为文建中学）。那天学校大礼堂的台上，堆满了鲜花，台前是学校新组建的铜管乐队（这在全上海市也是罕见的），台下全校学生、教职员工，部分家长坐的坐，站的站，把整个会堂都挤爆了。学校最年轻的英语教师谭老师带着一批高三班的女学生充当了“礼仪小组”。我们鱼贯上台，在谭老师手中接过报名单，又“检阅”了穿着花裙子的“礼仪小姐”，心中那份自豪和激动真是难以形容。最后批准参军的只有 20 多人。我们班级 54 人都报名的，领取报名表的有 10 多人，批准的只有 3 人，其中包括我。

其实，我是不符合参军条件的。当时年龄不满 16 岁，体检时体重是 35.1 千克，身高是 151 厘米，综合体质评定是丁等，完全是个小屁孩子，哪能“走到最前方”去。可是我家庭出身好，父亲周柠是参加过周恩来领导的上海第三次武装起义，攻打北洋军阀闸北警察署的老邮电工人，母亲陆和珍是三代贫农。无一有钱的亲戚，更无海外关系。本人又清白无瑕，再加上这次招军的重点是像我这样的应届初中毕业生，我就被破格录取了。

关于父亲参加起义的经历，是事后才明确的。原先他以为只是参加了一次人数众多的大罢工，也知道他与朱学范和陆京士是上海邮局快信间的同事。后来，才得知朱学范靠向中共成为中华人民共和国的邮政部长，陆京士则投向国民党成为台湾当局的高官。参加起义者多数是像他一样随大流，跟人走，平平淡淡，默默无闻。我参军后，在部队立功受奖，父亲也以工作勤奋，当上了模范军属，在参加全市军属代表大会时，去工人文化宫参观“上海工人革命史展”。他看到了一张照片，照的是北洋军阀闸北警察署被起义工人攻占后胜利者的合影，其中有着父亲的身影。照片背景是烟火燃烧的警察署，合影者都眯着眼睛，加上事隔多年，已无法辨认。但父亲制服上佩戴的“54”工号赫然在目，这才使他记起往事。但他生性淡泊，并无感觉殊荣，也不要求保存这张照片，要不是我二妹周丽珍陪同参观，我们还不知道这回事哩。直到 1989 年父亲去世后，我撰写的挽联中有

作者 1951 年
参军时的报名照

“参加第三次武装起义”、“培育六个儿女成才”等句。所以我想我当年的参军也是继承了父亲的志向。也是我被破格录取的重要因素。

一个接一个的欢送会，到处都是掌声、鲜花、鞭炮。那天到南洋模范中学集中时，虽然还没穿上军装，却被仅比我低一二个年级，身材比我高大的男女同学昵称为“解放军叔叔”，真觉得自己已是个“英武”的战士了。

我们这些战士并没有直接到朝鲜前线参战，而是被送到了各类军事干部学校学习。我被分配在上海军医大学（即现在的二军医大），学的是战伤外科和抢救。

经过短暂的政治学习，就转入到业务学习。学医首先要学解剖，我所学的是《大体解剖学》，要从骨骼开始。我们就去挖骨头，身强力壮的同学担任挖掘，我因体力不加，被分配为清洗骨头。上海医大原是日本海军陆战队医院。我们所挖的就是日军遗骸。他们成堆地埋在棉花地里。我在水池清洗中发现，尸体最难腐烂的是脑髓和牙齿，一天情洗下来，被我摇下的脑浆淹没了小腿，收拾的金牙，竟有 92 枚之多。这成了我们学医的第一课，侵略者尸体成了我们爱国主义的教材。可学医不到一年，朝鲜战争进入到相持阶段，局势比较平缓，毛主席又在军内发出“向文化大进军”的号令，我们有两个中队，原建制转行去各单位当文化教员。我所在的二立中队也在其中。

学校政治部黄主任在动员时说：“军人以服从命令为天职，毛主席指到哪我们就打到哪。”我的思维跟着黄主任的讲话迅速旋转。可不是吗？我们参军时，并不知要去哪里，去干什么。眼看在南洋模范中学集中点里，一卡车一卡车的同伴被载走了，有的去山东，有的去河北，有的去西南，正是党指向哪，我们就走向哪。黄主任继续讲道："当初，你们学医，是革命的需要，现在去当文化教员，也是革命的需要，为了整个战略的需要，有许多部队都整建制地牺牲了。"我的思维继续转动，当年报考医务的同校学生有四人，学校指定同届同学徐余章为组长，他父亲是苦大仇深的十六铺码头搬运工人，本人又是青年团员。显然可到部队里担当骨干，可当带新兵的老同志来组班时，他却外出小便了。带队干部就将我们的副组长顶上。到部队后，副组长就当上了班长，由人数较多的滑育中学的组长担任副班长。徐余章却没能当上骨干。后来班长调去了另一个中队，继续留校学习，而我们中队却要整建制改行了，徐余章的一次小便完全影响到后来的发展走向和命运前途。再联系自己，如果在 1956 年报考大学，将会改写个人的历史，所谓"历史的必然"是由日常许多"偶然"事件累积而成的。黄主任最后说："你们整建制的改行，想不想得通？如果想不通，我这个师级政治部主任不当了，和你们一起去当文化教员！"

"想得通！"两个中队 120 多条嗓子一齐喊。

于是，整装出发。出发场面颇为壮观，学校开了欢送会，全队在校门合影，然后分乘几辆军用卡车驶往北火车站，乘车到南京集训。带队护送的是我们大队的教导员。是个在战场上丢了一条胳膊的新四军干部。他坐在驾驶楼里调度一切，而大队警卫员则高踞驾驶楼顶，手握冲锋枪像是奔赴前线一样，我们都热血沸腾端立于车厢内，奔赴新的战场。经过简短的培训，我被分配到了华东军区第一陆军医院（现 105 医院）当文化教员。把教室当战场。一年后，多数战友纷纷转业改行了，从华东军区卫生部抽调来当文化教员的医生、药剂师、会计、干事等也先后归队了。我们这些无队可归的又属教学骨干的人被充实到安徽军区干部子弟学校，又一次转移了战场。

部队像母亲一样，把我从少年培育成了青年，从学生训练成了革命军人。领导和战友们也无时不在关怀我、培植我。自己也比较争气，在一年中连立两次三等功，并入了团提了干。当我小小年纪就穿着四个兜的军衣、披着军雨衣、蹬着高筒皮鞋等干部着装行走在街上，或是坐在车上，许多老百姓都侧目而视，露出惊羡的目光。记得有一次在火车上与一位老者(其实也只有40岁上下年纪)同坐对座。我发现这位老农民对我十分关注。从交谈中得知他生长于大别山区，家中的父母、妻子、儿女在日寇扫荡时都被杀害了。他说："我儿子活着的话，也有你这么大了，能像你这样当个解放军干部，该有多好啊！"以后我曾收到他一封附有照片的信，得知这位"老农民"叫许可兴，时任濉溪县县长。我还记得1955年，我作为军内优秀团员代表参加了在合肥体育场举行的一次大会。时任团中央第一书记的胡耀邦在大会上讲话：我，40岁，团中央书记，五级干部，你们一定很羡慕吧？不，我羡慕你们，因为你们年轻。毛主席说了，世界是属于你们的！当时我真有一种"拥有世界"的感觉。想不到我这个军队母亲的"宠儿"，经过"反右"斗争，一下子变成了"弃儿"。这就是我离开军区大院时的真情实感。

在售票处买了票，要去行李房托运行李。行李是一只箱子，一个铺盖。虽然简单，但我却不能同时拿起，一个个拿去寄运，又怕丢失。没有任何人来帮我，我只得一个个挪动，即先把箱子挪前十来步，眼睛则盯着铺盖，然后再返回，搬运铺盖，周而复始，花了半个多小时才到达行李房。

先到滁县干训队集中报到。我是最先到达的，同日来报到的还有三名某县兵役局(武装部)的征兵干部。其中一名姓孙，在部队是战斗英雄。回家探亲归队后，说起了农村统购统销的凄凉情景，虽然是真实的，却在反右时受到批判，他还"死不认罪"说："老百姓确实很苦。”于是被发落到北大荒劳动锻炼。另一个叫陈耀祥，是新四军的骑兵战士，是个打仗勇敢、满嘴牢骚的“老兵篓子”。还有一个（姓名忘了）军官是为了和妻、子团聚报名去垦区的。这正符合兵役局干部转业的三种类型，因为“思想右倾”“经常犯上”和“家庭观念严重”的军官，因其不驯服难以领导，部队是不欢迎的，趁“下放”之机，让他们去边疆劳动锻炼。队里把我们编在一班，到吃饭时，连一桌都没坐满，吃完饭我就返沪探亲了。

母亲见到我，真是喜忧交加。喜的是，多半年未通音讯，总算见到我无病无伤地回家了。忧的是要去苦寒的边疆劳动，前途难卜。为了应对荒原的寒冷，母亲要给我增添一条10斤重的棉被。在布店选购被面时，我推掉了营业员挑选的花花绿绿的面料，却选中一款暗黑的被面，这很能表达我当时阴冷的心情，母亲见状难过地流下了泪。对比我参军时，母亲也没有这种生离死别的难过。记得当初，母亲只是包了一包泥土，放在我的行李中，怕我在外“水土不服”，也有“故土难离”的意思。当时我的热情高涨，和现时的“心灰意冷”形成了强烈的反差。母亲是体会到了的。

在家中，父母同我一起交谈。他们叫着我的小名，说：“去北大荒不是自愿的吗？我们就不去了吧！”

我冷静地分析给父母听：如果不去，将被处理回家，照我这种情况，将会成为“无业游民”，愧对乡邻不算，而且无生计。家中条件不好，哥哥还没大学毕业，两个妹妹分别上高中、小学，还有两个妹妹尚幼小。我虽去垦荒，但工资仍按月发放，干部级别仍予保留，对家中可以补贴，将来或许还有发展的机会。况且我久历军营，过惯了集体生活，边疆垦荒正是一种集体生活。再说，去的并非我一人，听说连家属有十万余人。我说：“别人能吃苦，我怎么就吃不起苦呢？”

我把在部队储蓄起来的钱都买公债券交给了母亲，把手表和衣服留给了哥哥，把积攒的铝质分币分给两个大妹，亲了亲两个小妹妹，毅然决然地离开了黄浦江，颇有一种“风潇潇兮易水寒，壮士一去兮不复还”的慷慨悲壮情怀。

回到滁县，人员都已到齐了。我是第一个报到，却是最后一个归队的人。集训队指导员原以为我开了小差，不再归队，见到了我，心中很是高兴，但还是狠狠地批评了一通(此人因文化低，常把“狠”读成“狼”，有一次作报告时，说到苦干和实干加……时，突然记不起下文了，就抬头观看对面墙上的标语，见到巧干两字，就脱口而出，‘我们到了北大荒后要苦干实干加二十三干，因为巧字很像阿拉伯数字23。为此，大家称他为白字指导员。他的指责对于作为“反右”时经过大批判众矢之的的我来说，已经麻木不仁了。不过我原先编入的一班已经满员，就编入了最后报到的六班。因为要等候专列，所以又耽搁了几天，人们就在街上买些路上的吃食和浏览街市。

滁县是滁县专区的治所，是津浦铁路北行的第一个大站。街镇古朴，也很萧条，仿佛与我当初做文化教员时，医院驻在的当涂县差不多。我怕累赘，只添置了一只竹壳热水瓶、一斤香肠和一罐蚕豆瓣酱，倒是不惜步行了十多里路去游览了琅琊山。

“环滁皆山也，其西南诸峰，林壑优美，望之蔚然而生秀者，琅琊也……”这是宋代政治家、文学家欧阳修《醉翁亭记》的开篇名句，是读中学时所熟记的。既到滁县，不能不去琅琊山一游。

一进山区，只见满目青翠，一派鸟语花香，蓝天白云，林木满谷，山溪潺潺，小泉叮咚，“峰回路转”，曲径通幽，风景果然这边独好。最后在醉翁亭上小坐片刻，不由浮想连翩。

欧阳修因为政治改革失败，被朝廷谪贬到滁州当太守，在风景优美的琅琊山修了座醉翁亭，饮酒作诗，写下了千古名篇《醉翁亭记》。他在文中写道：“醉翁之意不在酒，在乎山水之间也！”看似潇洒，但是胸中积郁很深，忧国忧民之心随时可显。再联想自己，虽然区区一小子，无法跟大文豪相比，但处境也略有相似之处，心境更是相通的。所以说，与其说我是浏览名山，不如说我是在凭吊古人。

专列终于启动北行了，跨黄河、越山海关，来到了被誉为“东方莫斯科”的美丽城市哈尔滨，在这里度过“五一”劳动节，然后登船沿松花江、黑龙江、乌苏里江航行，到达859农场所在地东安镇，又经一天的步行跋涉，到达我们的“新家”畜牧分场七队。

这是个什么样的“家”呀！这是一个低洼的“平原”，除了老职工稀稀拉拉的马架子外，就是临时搭建的两座大马架，一座安置全队人员住宿，一座是食堂和仓库。这是名符其实的架子，除了屋顶就是四周立着的木桩子，既不挡风，也不遮雨。那时正是北大荒化冻的时期，地下的积水有齐膝深，几乎要漫过让大家睡觉的统铺。第一顿饭，当然是粗粮，这是名符其实的粗粮，连皮都没有脱去，而且有许多

10万转业官兵徒步向荒原进军

沙子和杂质，比我在日伪时期吃的六谷粉还要难以下咽，我不知道监狱里的饭食是什么样子。生活条件比我们想象中的还要艰苦，简直是想都不敢想了。

午饭后一声号令，全队在大食堂集合，分场赵书记（我们习惯地称他为教导员）到场讲话。大家站在水里，他也站在水里。他说：你们今天是转移战场的第一天，生活是艰难些，但我们是什么人？是勇于战斗的军人，你们要以军人的战斗力，向天斗、向地斗、向各种困难斗。今天我们都站在水里，三个月后，如果你们还像这样站在水里，那将是你们的失败，也是我的耻辱。同志们，打足精神，来迎接新的战斗！

听了这番言辞，我不由问自己："不是告别军营了吗？"接着我又回答自己，"没有告别军营，只是转移了一个战场！"当然这个战场更加艰难困苦，决不亚于烽火连天的战争环境。

初到哈尔滨

我们安徽军区的转业军官从滁县乘专列出发，跨黄河、过山海关，一路来到哈尔滨，住进了黑龙江省军区招待所，等候开往 859 农场所在地饶河县东安镇的轮船。这是我第一次来到东北，对哈尔滨这座美丽的城市留下美好印象。

我生长在上海，虽然在学校学过地理，知道中国幅员辽阔，形似一张海棠叶子，故而要遭到日寇蚕食。但从感性而言，对外地的状况一无所知。总认为各地与上海大同小异。及至参军，二军医大仍在上海，不过是在五角场附近，那时候属郊区，出了校门就是大片的农田。我想象中的外地农村，应该也是这个模样。学医一年，改行当文化教员。先去南京集训，总算可以见识沪外世界了。

列车到达南京，我们下车列队，望着眼前的挹江门，虽然高大雄伟，是我在沪时见所未见的。但乘上卡车行进在南京市区时，却大失所望。我原以为南京是国民政府的首都，其繁荣程度应不亚于上海，至少不比五角场郊区差。可沿途见到的景象与我的想象大相径庭。房屋低矮，市面萧条，行人衣着简陋，只有道路比上海宽广，则更显得冷落。但军人很多，几乎每条街巷都被军衣军裤染成了黄色，呈现出一派战时的景象。最后我们到达了南京的热闹地区杨公井，住进了华东军区卫生部管辖的一片民房，更像是到了贫民窟。白天烈日暴晒，晚上蚊蝇肆虐，我同班同学罗德宝因被蚊虫叮咬，脸上起了脓包，后来发展为败血症，不治身亡。虽被称作烈士，但我们都很感慨：烈士应死在战场上，像他这样死于小小的蚊虫之口，太不值得了！

学习非常紧张，但各单位催要文化教员更为迫切。于是我们一批成绩优良的学员提前结业了，我和其他 5 名同学被分配至第一陆军医院（当时还叫第一后方医院），地址是安徽。

我自小居住在上海老城厢蓬莱路附近一条名叫“三盂里”的窄小弄堂里，隔壁是烛业公会，管理人员是一个安徽老人。曾听他说起过安徽的情况。留给我的印象，安徽是个很远很远的地方。谁知我们从下关乘车，不到两个小时，就到了目的地。似乎比近临南京的无锡、苏州还要近。这个地方就是安徽省当涂县。

当涂县位于南京与芜湖皖南铁路线的中间，沿江靠路，是军事重地。当时，马鞍山还是其管辖之地，现在已变为受马鞍山市管辖了。境内的采石矶是唐代大诗人李白升天之处。我能在此吸取些古代大文豪的灵气，也颇感自幸。

作者在部队任文化教员时的照片

医院分散设在城区的民房内，条件比南京更差之甚远。吃的是井水，照明用的是蜡烛。但物价很低廉，鸡蛋一角钱可买四枚。当地特产羊肉饺子也只要一角五分钱一碗。尽管我当时每月能领取 3 元 7 角的津贴费，也舍不得常去吃这些零食，因为部队伙食已很能满足了。我们虽是供给制，生活较之当地百姓还要好得多。伙房吃红烧鱼时，每班都能分到一大脸盆，如吃西瓜，每个人可分 3 斤。我们就领回来与附近居民一起食用。

当时的风尚是讲究“军民一家”和“艰苦朴素”，我们的心思都放在工作上。

文化教员工作十分艰难，有一个炊事员，教他一个烧火的“火”字，他三天都没能学会。但他仍满怀信心地说：“小同志，我三天学不会，五天总能学会的。”说话的神态，就像是犯了“错误”的老人，果然他后来一天能认几个字了。工作不久，我被指派去给首长辅导作文。这位首长是医院政治处主任，原是战斗在四明山区的新四军团级干部。主任一口宁波话，颇像父亲原籍浙江镇海的口音，也像父辈那样关怀我这个年轻人。记得当时他爱人（是个军医）正在给他们的孩子分食饼干，也分给了我一份，也把我当作是他们的孩子。更有甚者，我第一次上课休息时，有一个女军人问我：“周教员，你多大年纪？”我说：“还不满 17 岁！”她说：“我最大的孩子，要是活着的话，还比你大一岁哩！”露出悲痛而慈祥的神情。这些都是激励我努力工作的原动力。当时工作虽然很紧张，但充满着军营的温馨。

1953 年，医院迁至合肥市新建的院址，改名为第一陆军医院（后全军统一编号，称 105 医院）。合肥市贵为安徽省省会。但显得十分破旧。全城只有 5 万人口，仅有一条后大街（现淮河路）是商业街区，比较整齐。与之对应的前大街（现长江路）当时还是一条尘土飞扬的黄泥路。但名胜古迹很多，如包公祠、曹操点将台等，还有三国时“张辽大战逍遥津”旧址改建的公园。我们医院是在郊区五里墩。除了星期天，去省军区听报告，或是洗澡外，一般是远离城区的，不像在当涂时，和当地百姓整天混杂在一起。也不像后来调至军区子弟小学，因要参加市里教育局和少先队辅导员活动，与社会有许多的接触。现在回想起来，与社会不接触，能保持军营相对的“独立”和“纯洁”，也许我不会在“反右”时遭到批判。

1958 年 4 月，我们从滁县出发，一路北行，沿途要经过徐州、济南、天津、唐山、沈阳、长春等许多城市。战友们每到一地，都要站到站台上观光，甚至在列车停靠时间稍长时，会走出站台去领略城市风光，我则依旧躺在车厢里，一则是无心情，感到前途渺茫；再则是无兴趣，认为南京、合肥尚且如此模样，其他城市能好几多。总觉得实际情况与报章宣传相差甚远。

及至到达哈尔滨小住一周，感观大为改变。原来这个北方城市竟如此美丽，新鲜事物目不暇接，于是不免随大流地上街观光。同行的有同我一样最早到达滁县集训队的陈耀祥、老孙等人，因为他们久居山区，到了大城市有迷路之虞，觉得我是城市兵，由我引导可多得其便。

果然，一辆电车进站，陈耀祥急忙拥上前去，却被我一把拉住说："我们去太阳岛，应乘二路电车，这是五路电车，方向相反了。"陈耀祥迷惑地说："乘电车还有这么多讲究？"

这时，同在候车的一个当地老人告诫说："你们乘电车，不是在这里，是在斜对面。"

这时轮到我搞不明白了。经过询问才知道，当地人把电车叫"磨电"（靠摩擦电线而行车），而把长途汽车称"电车"（因电打火而行驶），却把火车叫做汽车（靠蒸汽作动力）。怪不得这位老人以为我们要乘汽车了。

登上电车，使我不由想起幼时的一首童谣："天黑了，打烊了，有轨电车转弯了，小八拉子回家了。"再看车内，顿觉得耳目一新，驾车是个年轻姑娘，身穿合身的制服，显出苗条的身材，乌黑的卷发，衬托白皙的面庞，简直像现时人所称羡的"空姐"，再看驶来驶去的电车，驾车的都是这样的美女，难道她们都是精挑细选出来的吗？不！再观察车内的乘客和路上的行人，像这样的美女比比皆是，而且男人也很帅气，高大、白皙、大眼、浓眉、宽肩、细腰、丝毫不输女士。使我一直以为江南水乡出俊男美女的南方人顿觉得东北人更胜人一筹。更奇妙的是那些儿童，一个个活泼可爱，简直像个"小天使"，其中不少是中俄混血儿。可能是血缘遥远的原因，吸取了两种民族优秀的遗传基因，一个个出落得如此漂亮，比我在上海时见到的欧美国家的孩子还要好看，真如商店里出售的"洋娃娃"。而在我的记忆中，日本孩子除了凶狠外，几乎没有别的印象。

由于街景如此迷人。我们干脆下车步行。更见到了一番新的景象。我自幼生长在上海，见惯了高楼大厦，特别是外滩的各国银行楼群，堪称万国建筑博览。而哈尔滨的建筑更有特色。鳞次栉比的高楼几乎没有一幢是同样的，色泽多彩，风格各异，尤其是装饰性的楼顶，方形、圆形、弧形，各显风采，而且每栋楼房都有地下室，这是我在上海很少见的。再看马路，不仅比上海宽广得多，甚至超过以马路宽广著称的南京，路面都是用小方石铺成，远胜于柏油路和水泥路。道中绿树成荫，有街心公园可供路人休憩，也远超过现在城市马路和高速公路中的绿化带。像我们途经的尚志大街、兆麟大街、靖宇大街就是站在街这边看望街那边，连熟人都无法辨认。街上除电车外，很少其他车辆，但偶尔能看到马车驶过，这种马车也不是我在幼时见到过的模样，而是带着"弯桥"的那种。驾车者往往是身材高大，留着小胡子的老人。这种景象，我们只是在电影中见到过。在路旁和街心公园里，还有些老妇人带着小女孩蹲在那里，身前摆着铅皮水壶和玻璃杯，我们以为是在卖茶水。其实她们卖的是家养奶牛挤出的牛奶，这也是我们见所未见的。

中午，我们去到一个地下室餐厅吃饭。无非是吃碗面条果腹，看到旁边桌上一个当地青年用餐。他要了两碗烧酒，将自带的两纸包粉肠(一包红色、一面白色)摊在桌上，就着喝酒。他喝白酒就像我们渴极了渴白开水一样，脖子一仰，咕嘟咕嘟灌进肚子，不一会将桌上食品席卷一空，比我们吃面条还快，可见其豪爽的性格。由此我联想到，曾听人说过，千万别和东北人吵架，他们是耐不起性子磨嘴皮子的。争吵最多不超过三句，就要动手打架的。

出了餐厅，继续遛街，想去最大的百货商场秋林公司观赏一番。问路时遇到一个年轻姑娘，她说也要去秋林公司，我们便随她而行。此姑娘穿着非常奇特，当时正值“五一”劳动节，在我们南方已经百花盛开，但在冰城哈尔滨仍乍暖还冷，处在“乱穿衣”的时节。姑娘内穿连衣的长裙，足登高跟皮靴，外面竟罩着一件裘皮大衣。显得既华贵又婀娜多姿。她把我们领到秋林公司大门后先行从侧门进去了。我们想此人可能是秋林公司常客，大约是到贵宾接待室去了。

我们在秋林公司宽敞、富丽堂皇的店堂里逐个柜台观看，忽听到柜台里有人问：“同志，要买些什么？”抬头一看，正是那位衣着华贵的姑娘，原来她不是什么贵宾，而是一个普通的营业员。这时正是午餐时间，顾客比较稀少。她正吃着自带的一个苞米大饼子就着咸菜吃着午饭。看见有顾客光临，就将饭菜放进饭盒里，热情地向我们打着招呼。

这又使我们惊讶不已，时髦的衣着和简陋的伙食引成强烈的反差，难怪我听人说起过，哈尔滨的姑娘把仅有的钱都“贴到身上去了”。我们本只想“点点货”看看而已，见姑娘询问，正不知所措时，旁边来了个“老毛子”购物，当时滞留在哈尔滨的白俄人还有很多，姑娘忙去接待。两人竟流利地用俄语对话起来，我们连一句话都没听懂，真觉得这个营业员实在不普通不一般。虽然我在上海抗战胜利后，见到黄包车夫也会讲几句英语，但属于“洋泾浜”一类，绝不像这位营业员的俄语讲得如此流利顺畅。

因为是“熟人”之故，等“老毛子”走后，我们称赞姑娘俄语说得好。她莞尔一笑：“这算什么，我们营业员还会讲日语哩！”哈尔滨长期受日本统治和受俄国影响，在这种环境下成长的人，是会日文和俄语的。

见到姑娘如此热情，我们不得不做成她一笔生意，每个人花了五角钱各买了一个“列巴”（形似大锅盔的面包，是罗宋面包中的一种，为大众食品）。

回到招待所，我同陈耀祥和老孙等人议论起来，为什么受日俄统治的哈尔滨如同受欧美国家统治的上海租界一样，会比中国地界繁荣发达呢？难道是殖民制度好吗？当然不是，但怎会产生这种现象呢？

正当我们百思不得其解时，有一个正在打扫房间的勤杂工老人推门进来说：“这种繁荣是中国人的血汗凝成的。他们只是坐享其成。”接着他列举了大量例子来证明这个事实。还说起俄军解放东北后，把工厂的机器、铁路上的机车，江上的轮船都运回国了。只是房子和马路是搬不走的。最后他说：“你们逛的是在南岗一带，如果到道外一带走走看看，那里才是中国平民真实的生活！”因涉及苏联老大哥，怕戴上“反苏”帽子，我们都不敢接碴。因在当时反苏就是反党，罪莫大哉，像我所在的合肥市，不少教师因不习惯使用从苏联引进的“五级分制”，讲了几句“不如百分制科学”的话，而被打成右派，我们都不想重蹈覆辙。

第二天，我们按老人之言，正想去道外一带看一看哈尔滨人的真实生活时，忽然接到通知，“开元号”轮船已停靠码头。我们要乘船出发去饶河县了，也就是说要真正进入荒原了。

严格地说，哈尔滨是我们从城市进入荒原的临界点，是军营和农场的分水岭，是军官和农工的交接处。于是我的思路经过一度繁荣的城市生活的刺激，稍事放松后，又变得紧张起来。随着哈尔滨市越来越远，望着奔腾不息的滔滔江水，我深感前途渺茫，我被发配的地方，究竟是什么模样，我年轻而瘦弱的身子能经得住繁重的劳动和严寒的逼迫吗？我真的会被大烟炮卷起刮倒吗？我还能返回江南吗？使我想得更多的，我这个受过口诛笔伐的军营"弃儿"，该如何摆正自己的位置，接受肉体的"批判"，经历严峻的考验！

见闻“二次反右”

我是1958年5月上旬从安徽军区辗转到了859农场，随队分配至畜牧分场七队当农工。因环境骤变，痔疮痼疾恶性发作了，流血不止，无法参加劳动。遂于7月份到总场医院住院治疗。

其实，我在上海探亲时，痔疮已经发作，完全可以由医院开出证明，要求续假治疗，这样就可延至队伍出发，或能改变去北大荒的命运。但我毕竟受过部队的多年教育，不甘做“逃兵”，仍然按时归队，抱病北上。经过长途跋涉，旅途劳顿，及至到了生产队，病情加重，不得不进行手术。

当时总场场部驻在乌苏里江畔的东安镇，医院则是从福建原建制转业来的九二预备医院。医院技术力量颇为雄厚，可是条件极差。为数不多的患者，住在临时搭建的板房内，因为手术室尚在筹建，我只好等候着开刀，于是结识了若干病友。

给我印象较深的是两个病友。一个姓徐，原是芜湖速成中学的文体干事，据说是胃疼得在铺上打滚。一个是江苏军区来的（姓名忘了），是患了急性关节炎，昏倒在地头，被战友抬来的。后来得知他的母亲是晚清江苏巡抚（反正后为民国首任江苏督军）程德全的女儿。当他病情稳定时，便绘声绘色地谈起他幼时穿外祖父二品官袍的情景。正在这时，他那在苏州畜牧学校毕业的妻子来探望他了。妻子见他谈笑风生的模样，惊恐地说：“你还在留恋封建时代的那一套，快不要说了！”

“闲着没事，说说而已。”丈夫解嘲地说。

妻子说：“我来说件事，给大家解闷吧！”

丈夫送来医院抢救时，妻子并没有在场。得知信息后，妻子忙带了些日用品赶到东安来探视。只身一人走在荒原上，忽然从斜刺里蹿出一条饿狼。那狼身高体大，两眼发出绿绿的幽光。这位苏州姑娘哪见过这种阵势，吓得两腿发软，连逃的力气都没有了，只是下意识地将随身携带的网线袋扔了出去。自己则闭着眼睛瘫坐在地上。然而，奇迹出现了，那头野兽竟“狼窜”而逃。原来，那网线袋里装着一只脸盆和一只热水瓶。“砰砰”两响，特别是热水瓶爆裂时发生的巨声，其威慑力不亚于某种“秘密武器”，使苏州姑娘逃过一劫。大家听了不胜惊奇，也不胜唏嘘。

病房内的平静生活，逐渐起了波涛，先是速中的文体干事被队里来人揪了回去，说是“小病大养”，被拔了白旗，降一级工资监督劳动。接着那位清末巡抚的外孙，也无腿而走，仍被人抬回生产队参加“运动”。原来，垦区开始了第二次“反右斗争”。

我对“反右”斗争是心存余悸的。鸣放时，我正复习迎考高校，被批准不参加学习，所以“两耳不闻窗外事，一心只读圣贤书”。无一句鸣放的言论，没贴过一张大字报。因为曾得罪过个别领导，在“反右”时被作为对象进行批判。我当时在安徽军区干部子弟学校任教员，划归到干部部一起“学习”。不管大会小会，我检查的只是“个人主义”，同事们的揭发也属鸡毛蒜皮。于是对我是“打态度”，对他们是“打温情主义”，运动有深入不下去的态势。军区干部部赵部长亲自找我“谈心”。他说：“你根正苗红，一直都是积极分子，怕什么？这样僵持，对你对同志，特别是对运动有什么好处？”

一个军区党委常委、师职干部能如此“推心置腹’，真使我诚恐诚惶，不得不知恩图报。在赵部长“循循善诱”之下，我终于找到了办法。当晚补读了《文汇报》上发表的“右派言论”，试图找出我的思想与之的共同点。在第二天干部部的大组会上，当被问到：“你对‘右派’的攻击有何看法？”我答：“他们的言论是极端错误的。”于是触犯了干部部那些“运动健将”，他们严厉责问说：“像你这样个人主义严重的人，会有这么正确的看法？”我只得改口说：“没有看法。”

当时盛行一种“不革命就是反革命”的逻辑。按照这个逻辑，我的“没看法”变成了“赞同‘右派’言论”，这下子我变成了集“右派”言论的大成者。于是，我的问题快速升级了，成了军区机关的重点对象，被软禁在干部部宿舍内，成天游动于各个部门示众，甚至上了几百人的大会，当作“活靶子”。我就是在那样的大会上，生平第一次使用上了麦克风，居然像首长讲话一样，在检讨前，先用手敲两下麦克风来试音响效果。事后回想，真显得幼稚可笑。除大小会声讨外，更多的是背对背的批判，在军区机关“反右”斗争如火如荼展开的同时，我的“名声”也远播军区大院内外，那批机要室的接线员、话务员等小姑娘，见了我就像遇到瘟神一般，躲之唯恐不及。

还算部领导手下留情，也可能领导早就给重点对象定了性，最后给我定了个“中右”，留团察看，发配至北大荒劳动。

我在病房内得知第二次“反右”的传闻，犹如惊弓之鸟，惶惶不可终日，坚决要求出院归队，因开刀在即，未被批准。

“二次反右”的确切消息是生产队司务长陈书坤告诉我的。他是到东安来运粮食，同时也给我捎来粮票。他告诉我，队里也进行了“反右”斗争，吴多义被揪了出来送去劳改。吴多义其人我印象不深，只觉得是个不声不响、劳动很卖力气的少尉转业军官。倒是他新婚

北大荒黑土带

的妻子小范因为长得漂亮，身材高挑，长腿细腰，肤色白净，尤其是一副眼睛，是典型的丹凤眼，闪闪发亮，被公认为生产队的“队花”，又在食堂工作，接触人较多，想不到她刚来北大荒不仅生活上遭受磨难，在精神上又遭此重大打击，我真为她的命运担忧。联想自己，将在“二次反右”中落得个怎样的下场！陈书坤关照我：“你在医院也要当心点。”我听了顿时汗毛竖起，大汗淋漓，看来又要经历劫难了。

由于关心个人的命运，我不断打探二次“反右”的缘由。原来，十万军官来到北大荒后，无房住、吃不饱，超额的指标、超强度的劳动，有病不治、缺医少药，甚至欠薪、缺饷，基本人权得不到保障，于是有人贴出大字报，有人据实批评，很快形成风暴。当权者便故伎重演，开展又一次的反右斗争，来压制风暴，于是下达文件，制定指标，在垦区全面开展“二次反右”斗争。

果然，医院召开了“反右”大会。大会在场部前空地召开，医院的全体工作人员及住院病人都参加，席地而坐。会场气氛十分肃杀，大会由医院政治处主任主持。一个个“右派分子”被揪到台上，宣布“罪状”后，又一个人被立即押走，吓得我心惊肉跳。这些人的所谓罪状，我无心去听，但大致上都没有我在军区大会受到批斗那么“罪大恶极”。由彼及此，我真害怕当场也被揪了出来。

我的担心，不仅我是个有“前科”的人，而且还恐惧“欲加之罪，何患无辞”。我到生产队后，因身体不好，被抽调在伙房帮厨。劈柴担水，做饭煮菜，我一样不会，就卖卖饭菜，算算账目。当时所谓的饭票，都是我手写数字制作出来的，有些家属自开伙食，也是由我量米称面的。如果有人“检举”我账目不清或缺斤少量，我就百口莫辩，不要说打成“右派分子”，就是关上一二十年，也不算什么冤案。

煎熬之下，医院“反右”大会总算结束了。但我仍心绪难平，心想躲得过初一，躲不过月半，不知回到生产队后，将如何“发落”我哩！

回病房的路上，见到江边的一座废山前，场部“二次反右”揪出来的“右派分子”都在那里劳动改造。山石坚硬似铁，当权者想以此来磨练“阶级敌人带着去见上帝的花岗岩脑袋”。而这些劳役者竟然军衣军裤，着装整齐，还戴着军官的大盖帽，徒劳无益地挥动着铁镐，似乎在向大山发泄内心的冤屈。有的甚至唱着军歌：“光荣北伐，武昌城下……”“向前、向前、向前……”“雄赳赳，气昂昂”汇成了一股大海般的呼啸，成了无可辩驳的反抗，我见了这种光荣与耻辱交织的景象，感同身受地向这些劳役们投向钦佩同情的注目礼。心中更是五味杂陈，不知是什么味。

回到病房，病友们噤若寒蝉，不仅不再唱歌，怕带来小资情调；连平时的聊天也没有了，怕祸从口出。这时有一个新来的病友，他原是志愿军的一个连长，在朝鲜战场上，有朝鲜的小媳妇，在丈夫战死后，耐不住寂寞，留宿志愿军战士的情况发生。可这位连长，不仅长得丑陋，而且一脸大麻子，所以得不到垂青。麻子连长很不甘心，就向一个年轻战士询问与他相好的朝鲜妇女的住处和暗号。当夜他就冒名顶替，摸黑进了该妇女的土屋，按暗号向妇女胸前摸去，果然成得好事。但事后却闹出了情况，按军规，应枪毙或判以重刑，但当时此类事甚多，法不罚众，麻子连长被送回国内，下放北大荒劳动，担当了生产队长。高额指标和超强劳动，草菅群众之类的事，他都干过，成了过街老鼠、人人喊打的局面。但在“二次反右”中，他却成了“英雄”，因患阑尾炎到总场医院住院，大谈其在朝鲜的“艳遇”和“二次反右”斗争中的“事迹”，还对着我们一群小知识分子病友，口口声声说，在生活上出点问题不要紧，就是不能出政治问题，到北大荒来的人中，不少是中右分子，中右与右派是一样的，政治上永不能翻身，随时都可将“帽子”戴上，送去劳改，你们要当心，要夹紧尾巴做人。表现得十分趾高气扬，我们虽对他十分厌恶，却敢怒不敢言，心中忐忑，不知什么时候厄运来临，戴上万劫不复的“右派”分子帽子。

不久，我动了痔疮手术，未及收口，就匆匆出院回队。在步行回队途中，竟不期而遇生产队“新右派”吴多义的爱人，“队花”小范，她是抱着刚出生的婴儿去总场医院看病的。只见她面容憔悴，婴孩更是病情严重。她告诉我，已提出与吴多义离婚。我知道这是与“阶级敌人”划清界线，未必是她的真心实意。我当然无言以对，只是劝她治好孩子的病是当务之急，又拿出一些小孩的用品交给她。这原是我当初去医院时，她托我去总场商店购买的。这时她却犹豫了起来，原来没有钱，我当然不会收她钱的。

事隔两年，那时我已调入农垦局《北大荒文艺》编辑室。1960年5月我回生产队办理户口和粮油关系，在食堂吃饭时，碰到了小范。她告诉我，吴多义当时的“问题”是在分场的成衣铺里，拿了一块花布边角料，准备照样买一块衣料给小范做一身新衣服，谁知在“二次反右”时被上纲上线成了“盗窃”事件。我知道“二次反右”各单位都有指标的，吴多义算是撞在枪口上了。但“二次反右”是垦区自搞的“特产”，未经中央认可，那时所有的专政对象也已平反了。

我问小范：“你们相处可好？”她难为情地笑笑：“吴多义不在队里，正在总场参加党代表大会。”

办完手续，我在回归虎林的途中，猛地想起一件往事：刚到《北大荒文艺》编辑室时，看到了《创刊号》上有一篇佚名的小说。这篇小说写得非常生动，真实反映了十万转业军官战天斗地的豪情壮志。探听之下，知道小说作者是859农场的一个转业军官。“二次反右”时，他被打成了“右派”。那时《创刊号》已经印好，就将他的名字贴掉。我想：如果不是这场“劫难”，859农场调至北大荒文艺室的，可能是他而不是我了。

夜宿"难友"处

从总场医院出院归队要步行近百里路。这条路在前几个月，初到东安镇时就走过一回。当时走了一天半时间，道路坎坎坷坷，曲曲折折，走得精疲力竭，最后一程还是被队里的拖拉机爬犁载走的。况且那时是全队集体行军，互相还可鼓励照应，现在我拖着开刀不久的病体，孤身一人要长途跋涉，确是难以忍受。但担心在"二次反右"中的个人命运，难以忍受也要忍受。

我是吃了午饭离开医院的，走了 30 多里路，太阳已经西沉了。路的沿线，不同距离地分布着畜牧分场的几个生产队，离得较近的是 6 队，也就是芜湖速中下放干部的点。那里有我的病友文体干事徐某。因他在"二次反右"时被拔了"白旗"，我当然不敢去找他的。同时不敢找的是更近的是五分场的一个生产队，那里是安徽军区直属队下放干部的点。记得我刚去住院时，途经那里，在食堂遇到了一个正当着炊事员的省兵役局的干事杨某。这个杨某我印象很深，当初我被游斗军区大院，一次在省兵役局接受批判时，见一个人气呼呼地冲到我身边厉声疾言，口水直喷，我又没穿雨衣、撑雨伞，只能唾面自干。此人就是这个省兵役局干事杨某。我以为他也是个"运动健将"，后来在办公大楼里看到有批判他的大字报才知道他这样做是心中发虚，色厉内荏的表现。这时“同是天涯沦落人”总不会让我“穿雨衣”“撑雨伞了。”谁知不及我招呼，杨某就惊恐地说：“你怎么来了，现在我们都要积极劳动，改造思想，工作时间不要串联，最好不要见面。”不客气地将我拒之门外。我知道在军区大院内，我已被批得“臭不可闻”。人人都对我“望而生畏”。尽管他当初批判过我，后来自己也受到批判，殊途同归，都成了“光荣”的垦荒战士。可是“五十步笑百步”，他还自视“身价”比我要高，怕牵累他。见到这种状况，我真庆幸自己因探亲的缘故提前到滁县集训队报到，编入各县兵役局干部的队里，否则也理所当然地编入军直队，那将会成“众矢之的”，几乎肯定在“二次反右”时，被揪出来。

不过，我还是去了 6 队借宿。因为队里的张模是我在干部子弟学校时的同事，当时在速中当教员。他年长我 11 岁，一直像兄长对小弟弟般地关怀我，况且我们还是“难友”，即在“反右”中牵扯到同一个事件中，在滁县集训队也会过面，想必他不会拒绝收留我的。

果然，张模见了我非常热情。相互询问劳动和生活状况，自然也谈到了他的队友，我的病友文体干事徐某的问题。张模告诉我说，“二次反右”已经结束了，徐某真是有病，住院也是经队里研究决定的，不存在“小病大养”的问题。只是他为人高傲，自翊兼管文娱和体育，是“文武全才”。他这种作为在知识分子成堆的速中下放点里，在那些教育团营级干部的教员眼中，不啻是“夜郎自大”，人际关系比较紧张。在“二次反右”时，队里就将这个“出头椽子”列为重点，但因其“罪行”不昭，没打成“右派”而被拔了“白旗”，就像没有打成“右派”，划成“中右”一样，归并到“劳动监督”队去了。张模像兄长般地关照我，“二次反右”虽过，我们的问题还在，千万要小心谨慎，夹着尾巴做人，以徐某为戒。我当然心领神会。小谈片刻，张模带我去食堂吃了饭，就同他一起回宿舍睡觉。所谓宿舍，是一个谷草垛，他在中间挖了个小洞，作为安身之处，不透风不漏雨，不怕野兽侵袭，而且还干燥、软和，确是个睡觉的好地方。我在夸奖了种种好处后，指出了一个致命的弱点："就是怕火烧！"

一提起回禄之灾，大家都会"谈火(虎)色变"。记得刚到生产队不久，就发生了一次火灾。上尉转业军官、生产队的王队长与少尉转业军官、农技练习生刘义明同住一个茅庵子(比马架还要简陋的草棚子)，因蜡烛倒地引起大火。两人急忙逃了出来，但王队长有一只箱子正在遭受大火无情地吞噬。王队长毕生积蓄尽在箱中，他不顾危险，要冲进熊熊大火去抢救"宝贝"，被眼疾手快的刘义明一把拉住，随即用一根长柄齿耙把箱子勾了出来。箱子已经烧坏，所幸钱物并无损失。还有一次，四班的几个单身汉合住在一个马架里。为了去湿气和取暖，他们到山上找来一根空心树作烟囱来烧炕。烧久了，烟囱干燥而引起大火，几个单身汉都被烧得倾家荡产。这种事各队都有，几乎随时随地都会发生。所以我见了张模的草垛"宿舍"，就发出"怕火烧"的警告，当晚当然安然无恙，听说以后那"宿舍"还是被火烧了。不过速中的教员们正要去开辟一个新的垦荒点，把这种失火视作"家常便饭"了。

当晚，我和张模钻进草垛，没敢点蜡烛，就摸黑睡了。可我怎么也睡不着，我反反复复想着，我和张模如何会从一对战友变成难友的事。

那还是在1955年的夏天，我正在上海探亲(因是学校，有寒暑假可以请假探亲)。离校时还风平浪静，短短的半个月，返校时已风云突变，原来肃反运动开始了。军区组织了"五人小组"取代了原先的校行政和党支部。领导肃反的五人小组长是军直科的丁科长。除了原学校的主要领导和总务处、医务处的一些"老八路"外，几乎都成了整肃的对象。教务处是知识分子集中的地方，更是成了重点。木秀于林，矮子中拔长子，我因出身好，本人清白，成了教员中唯一的“打虎队员”。

这是我参军后经历的第二次政治运动。第一次是1951年底到1952年初的“三反运动”。那时参军不久，还在二医大学医，贪污沾不上边，浪费也只是多用了些墨水，吃饭时掉了些饭粒的小事，官僚主义更是无官可僚。倒是大队（营级）主管行政的副大队长，还有管理员、保管员、司务长、上士，凡是接触到钱物的干部一个个被揪了出来，看管起来。

我们学员也要反复检查，互相揭发，人人过关。检查的是资产阶级思想。因为资产阶级思想是“贪污、浪费、官僚主义的根源”。轮到某个人检查时，其他人都聚在一起开预备会议，制订“战术”、“战略”。我所在的五中队六班因“炮火猛烈”，其他中队都派人来“参观取经”，我们更显得“黑云压城城欲摧”了。

所谓批判资产阶级思想的重点是与生活在城市的家庭划清界线，也就是厉声痛骂自己的父母、老师如何毒害下一代。尽管我父母是工人、农民出身，因为久居大上海，过着“资产阶级生活”，也在所难免。为此我曾在晚间捂着被子痛哭，要我违心地骂生我养我、含辛茹苦半辈子的父亲母亲，实在于心不忍。于是我成了“碉堡”，成了全班攻击的目标。

划清界线要有实际行动，大家就编造起来。有的说，曾经偷看过小姨洗澡；有的说，父亲当警察时打过人；有的说，自己是被有钱人领养的，要回归到穷人的父母身边；有的说，父亲当码头工人曾偷吃过麻袋里的糖；更有一个来自农村的学员叫张树茂，说自己曾在乡下强奸过一个姑娘。总之越多越畅快，越大越风凉。自我揭露越多，就越受到表扬。那“强奸”农村姑娘的张树茂，居然“火线入团”了，使大家非常羡慕。我心里则颇为忿忿不平，也颇忐忑不安。因为我也编造了一段“劣迹”。我说刚解放时，看到一革命招贴画，画的是一个山羊胡子的美国佬，牵着一只啃着骨头的狗，那只狗的形象就是蒋介石。我说我认识不到领导全国人民抗战胜利的领袖怎会变成一只狗了呢？于是我就偷偷地把招贴画揭下来撕了。其实，这样的招贴画倒处都有，我看了也很不理解，但不想也不敢把它揭下来撕掉的。

“销毁革命标语”之事可大可小，甚至可以上升为反革命事件。不编不行，编别的又没有，编了又后悔。当时，整个军营，空气十分紧张。不久，春节到了。父母亲抱着出生不久的三妹丽英来探望我，还带来了红烧肉、黄鱼等过节食品。可部队规定，不许与家人有钱物来往，而且接待家属要有人陪同(监视)，陪同我的正是新入团的同班战友张树茂。我费尽口舌，才说服了父母把食品拿回去，但还是趁张树茂不备之机，悄悄地将积攒下来的津贴费共 20 元钱塞给了母亲。母亲虽是文盲，但脑筋很活络，已经察觉到异样状况，也毫无声响地将钱收了起来。因为过了春节，开学在即，她正为兄妹交学费而发愁哩。而我却始终担心的撕毁革命标语之事，这时运动已过了高潮，领导上知道大家都在信口雌黄，胡编乱造，没有追究。大队里揪出来的大大小小“老虎”也都陆续恢复工作了。

再说 1955 年的肃反运动。张模因为年龄大，经历复杂，因而在我返校前，已成了重点审查对象，被看管起来，而看管他的任务就落在了我这个“打虎队员”身上。

接着发生了一连串难以理解的事。一天中午，领导小组命我参加“保密大检查”，就是搜查一些重点对象的书信。因为胡风反革命集团就是通过书信联络进行“反革命”活动的，所以本属于个人隐私的信件成了“深挖反革命”的材料，连我平时崇敬的党支部书记、校部李秘书也遭到搜查。当时李秘书正在谈恋爱，当他的情书被悉数搜走后，他显得十分难堪。我这个“搜查员”也觉得很尴尬。

丁科长审查对象的办法很有一套。他曾对我们说，有一次他在审查一桩奸情时，从“推”和“敲”两字的区别上，他就确定了这是件强奸案，因为男入女室是推门而入，并非敲门而入。看来他真是把“推”、“敲”这个典故运用得出神入化了。

有次，他在审查张模时，我作为记录员在场。丁科长突然拿起一张公函对张模厉声疾言说：“这是你老家所在县揭发你的材料，还不快坦白。”接着捂住内容，把信尾盖的公章露出来。弄得张模一头雾水。其实这只是普通函件，并无什么实质性的内容。

一次次审查，我的记录越记越多，这时我对张模的身世有了进一步的了解。张模生长在绥远（现属内蒙古）农村，早年丧母，家境贫寒。在土台作桌子的学校读完初中。因日寇入侵，流亡到关内。参加过国民党的远征军出国参战，复员后入南京的边疆学校（现中央民族学院）数学系上学。像许多追求进步的大学生一样，于 1948 年过江参加革命，当过乡长，在一次泅渡时，差点淹死在河中。后参加中国人民解放军，在 22 军某团当军务参谋。赴朝作战归国后，自己认为已经过血与火的考验，就提出入党申请。组织派员调查了解，发现边疆学校与中央大学同为国民党的嫡系学校，关系极为复杂。张模又担任过三青团的干部，不仅党没入成，而且把他从战斗部队“刷”了下来，到地方部队当一名教员。在肃反运动时，又被列为重点对象，罪名是“特嫌”，目标是要将他打成混入革命队伍的特务。

该交代的都交代了，该说清楚的地方却变得越来越说不清楚了。张模也采用了编的办法。越编牵扯的人越多，累得医务处的赵军医全国各地搞外调。你编他也编，头绪越来越复杂，“罪名”越来越大。

我和张模同处一室，他每天晚上都忙着写交代材料。有天深夜他突然对我说：“我再这样胡编乱造，不知要伤害多少革命同志，真是害人害己呀！”

我例行公事地说:“你不要瞎编嘛!”

张模苦着脸说:“不编不行,无法交代。我真是度日如年,真不如一死了之。”

我见他有自杀倾向,忙劝慰道:“相信组织、相信党!”其实,我是比较同情他的,还真怕他自杀了,连累我这个“打虎队员”。

为了不让他思想钻进牛角尖,我每天早晨同他一起去操场进行1500米的中跑,但他仍不时流露出“还是死了好”的念头。

随着运动的不断深入,审查对象的队伍也不断扩大,光隔离的就有5人。隔离人员连会见妻子、对象都要有我在旁监视。碰到这种尴尬的场面,我总是借故去小便,让他们讲些“悄悄话”。不隔离的就参加重点“学习”。我被指定为教务处的学习小组长,连一名副校长和教导主任,也是我组内的学员。尽管我对上级的布置大打折扣,不把他们当作审查对象,毕竟“上命难违”,有时也要说几句“要端正态度”、“要认真交代自己的问题”、“要好好学习”等冠冕堂皇的话,或是指责这个不深刻、批评那个不触及灵魂。不想“学习小组长”这个小到不能小的“官”给我带来了严重的后果。原来个别领导肃反中查清了问题,后来提拔当了学校的主要领导,因反感我在运动中的“颐令气使”,觉得我“僭越”了她,从而对我施行打击报复了。新任学校校长又是在陕北当童养媳出身的折聚英。当然听了她的汇报,对我没有好感。“反右”开始时,重点对象的确定是学校领导,他们当然放不过我。谁知我的问题闹到了干部部,甚至成了军区大院的重点,以致使我失去了来之不易上大学的机会,还险些当上了“右派”,这也是他们始料不及的。所以这位领导,从运动开始后,始终避免同我直面,可能她也认为搞得太过分了。

我被列为“反右”重点对象,主要责任还在我自身。肃反后,所有的重点对象,都安然无恙,入党的入党、入团的入团、结婚的结婚、恋爱的恋爱。张模的“特嫌”当然也无法成立。我这个运动中的“红人”，虽在重点对象眼中是个“善人”，而一般群众却把我视作“恶人”，变得“里外不是人”，更没想到在一年后的“反右”中成为“罪人”。

运动过后，我管不住嘴，不免泄漏了某些运动中的秘密，诸如“保密大检查”的实情，丁科长的“推敲”破案法等等，还和那些被我监管一年多的人，有说有笑，同进同出，竟然还做了一名重点对象的入团介绍人。这使得有些人认为我“立场不坚定”是“叛徒”。总之是我年轻、幼稚、对政治运动不理解、思想摇摆不定给自己带来了苦果。当后来我在军区大院接受批判时，直工科丁科长见到我垂头丧气的狼狈模样，竟张大嘴巴，说不出一句话来。这时我才明白“真理和谬误只有一步之差”，动力和对象是可以相互转换的。

1958 年建起了一批马架子、草房的新建点

老实说，在肃反运动中，如果我能“心狠手辣”一点，不难“踩着别人的肩膀爬上去的”。运动前，我已递了入党申请书，是不难“火线入党”的。可我呢？正面地说“良知未泯”，负面地说“小资产阶级的温

情主义”。在阶级斗争为纲的年代中，在“残酷斗争，无情打击”的氛围下，在正负面共同的作用后，加上各种客观因素，我便理所当然地成了“反右”斗争的重点批判对象。批判我的重点内容之一，就是同情有问题的人，攻击肃反扩大化。

张模在肃反运动结束后不久，调去芜湖速中了。我“反右”中的经历缘起于肃反运动，缘起于张模。而张模后来被定为“中右”，则缘起于我了。我在检查中，不可避免地要提到对肃反运动的态度，也不可避免地要谈到张模。运动的领导者很希望扩大成果，把我们打成“反党小集团”。从年龄资历来说，张模应是小集团首领，但从“案情”、从当时的地位来说，我又像是小集团的领导者，所以难以深究下去，结果我俩同时被发配去了北大荒。与我俩相处较多的其他“小集团成员”，有的被戴了“右派”帽子，有的被开除了团籍，有的转业地方，有的虽然留校，一直被学生讥骂为“漏网右派分子”，其中有一人竟然不堪追查历史问题而卧轨自杀了。只有一两个“积极分子”入了党，被提上了领导岗位。想当初我没有踩着别人的肩膀往上爬，而如今我作为“人梯”，被别人踩着肩膀爬上去了。原来，领导对我“从宽发落”，给我定性为“人民内部矛盾”，而且，保留原工资级别，只给予“留团察看”处分。这是折校长找我谈话时已明确告诉过我。但在团支部讨论时，时任团支部书记的语文教研组长徐某，为了表现他的积极，也为了发泄我在肃反时曾领导过他的不满，竟然坚持要开除我的团籍。这就使得我离开军区大院时，未能随带组织关系，后经军区机关党委核实，仍维持原处分决定，但辗转，拖延，我的团组织关系，在一年后才到达生产队，已过了察看期，给我立即恢复组织生活。而徐某因为“嫉恶如仇”，不久入了党，提拔为学校领导。由此使我想到一次次的政治运动，都是“几家欢喜几家愁”的。

后来得知，这位坚持要开除我团籍的运动健将徐某却因“向上爬”而摔了跟头。他为了“入党做官”，虽然自己长得俊秀体面，仪表堂堂，又具有当时甚为稀少的高中文化，不失为是一个“俊男”，却娶了一个丑女为妻。因为丑女的父亲是个“强人”，是某部的高级领导。他本以为可以附凤攀龙，一路升迁，孰知丑女自持根正苗红，有父亲庇护，看不起小知识分子，尤其是对徐某的畏畏葸葸，唯唯诺诺，更为厌恶，认为他外表虽然光鲜，而实质只是个“绣花枕头”，无男人的胆识和军人的气魄，更担心他卖弄斯文，引蜂招蝶，因而对他严加管教，经常大发“狮子吼”，动辄打骂，有一次竟将徐某打得口鼻流血，满地找牙。在“文革”中，徐某原本疑似参加过三青团的所谓政历问题，被旧事重提，而且被无限止地放大，遂被关进牛棚。丑女毅然决然地与他划清界线，坚决离婚，致使徐某妻离子散，痛苦不堪，再也没有当年“反右”时整别人的风光。真可谓是昨天你整人，今天被人整，政治斗争真无情，何时不再人整人！我得知徐某的经历后，并无幸灾乐祸之意，反而有些同情他的遭遇，但对他投机取巧的性格，我是始终不认同的。哲人说，性格决定命运，无论是我还是他，还是当年参军的众多的小知识分子，其命运都是各自的性格造成的，当然与环境和机遇也是密不可分的。

在草垛“宿舍”里，我并没有想到那么多，有些事情和道理，都是我以后逐渐悟出来的。

“小周，你怎么不睡呀！明天还要赶路呢?”身旁的张模提醒我说。

第二天，我告别“难友”张模，又踏上了回队的路程。我再见他是在1960年初，我在《乌苏里江报》当记者，他在饶河小学当教师。两年后，会面时仍在饶河，我在《北大荒文艺》当编辑，去859农场组织稿件，他调到了饶河县教研室。

最后一次见到张模是在1971年，我当时在《合江日报》社工作，去合肥是找军区有关部门甄别"反右"中的若干问题的。张模也是回家探亲的(他妻和子始终没有去北大荒)。我正在谋求调回江阴,而他则准备退休后再回合肥定居。如今张模快近九十岁了,不知还健在否?

和家属一起劳动

出院归队，队里经过“二次反右”，发生了明显的变化。记得我们刚到生产队的第二天，就要下地劳动了。指导员柴佐堂，手持镰刀敲打着挂在树上的半截钢轨，集合大家。可队友们有的忙着整理行李，有的还在睡觉，以解除旅途的疲劳，更多的是不满环境的恶劣和生活的艰苦，消极怠工，竟然无人响应。柴指导员不停地敲了一个多小时钢轨，只稀稀拉拉来了几个班排长。吃罢午饭才集合全队，赶赴大地。

开始的劳动就是种大豆，即所谓的“踩格子，种豆子”。每人从大麻袋里抓起一把豆种，手脚并用，先用脚在软湿的地上踩出一个凹塘，再用手撒下几粒豆种，一路前行。大家当时都怀疑这样粗放式的播种，能有几多收成，但对每个人的“锻炼”作用，是毋庸置疑的。看似轻而易举的劳动，却是十分累人，不停地行进，不停地跺脚，不停地哈腰，比徒步行军吃力多了。干了两个多小时，已筋疲力尽，特别是瘦弱的我，几乎已抬不动腿，迈不开步了。柴指导员就命令收工，只完成了日定额的十分之一。第二天，有的请了病假，有的在地头“摔倒”，几乎减员一半，离日定额距离更大，仍是消极怠工的表现。住院一月有余，现在这种现象已不复存在，队友们起早摸黑，自觉劳动，都能完成定额。这可能是对环境适应了，对劳动熟练了。更主要是经过“二次反右”，人人都怕戴上帽子，或是被拔“白旗”，从而提高了战斗力，真可谓是“阶级斗争，一抓就灵”。但这样战斗力能持续多久，就很难说了，大家都想熬过“劳动锻炼”这一关，及早地恢复干部身份。

我为表积极改造思想的决心，不再去伙房帮厨，而是直接下班劳动。生产队仍是军队建制。生产队即为连队，下设排、班。另有机务队(排)，由 20 多名广西籍的铁道兵战士组成。这些老职工与我们这批新职工，同为工种不同，经历差异，始终保持着若即若离的关系。连宿舍都隔着相当的距离。

班长万仁林，看着我单薄的身体，病病恹恹的模样，不愿接受又无法拒绝。只是把一把镰刀磨得锋利雪亮，交给我说:“你不必紧跟大家的进度，只要努力就行!”

这时正是秋收季节，收割成熟较早的荞麦。我们来到荞麦地里，只见机播的荞麦，像一片紫红色的海洋，无边无沿，直至天际。全班战士各占一方，万班长指定给我的面积，比其他人几乎要小一半。而且把我夹在中间，以便可以随时得到照顾。于是大家闷着头，哈着腰，挥舞镰刀，一路向前割去。荞麦的枝茎很脆，随着一声声“嚓嚓”响，就一片片倒下了。

早晨八九点钟，正是蚊虫、小蛟、牛虻肆虐的时候，直往眼里、嘴里、脖子里钻，咬得痛痒难熬。更讨厌的是一班比小蛟还要小的昆虫，叫“糠秕”，成群结队扑面而来。它们都孳生于水草中，吸到人血当然如食甘饴。因为量多、体小，戴防蚊帽(一种有纱布面罩的帽子)也无济于事。大家就脱下上衣，包住头脸，以抵御它们的袭击。这又闷热无比，影响进度，于是大家干脆解除“武装”，使劲舞动双臂，以扇起的体风来驱散它们。

10 点前后，“队花”小范来地头送饭了。吃饱饮足之后，更要大干一场了。这时却越来越热了。我随着大家一件件把衣服脱去，先是上衣，再是秋衣，只剩下一件衬衣。有的人甚至把衬衣都脱了，进行“赤膊大战”。因为田垄太长，只有前进，从不倒退的。我们就把脱下的衣服，随脱随丢在垄沟里。一口气干到天黑。这时天气又变得很冷了。大家穿着单衣，不免冷得簌簌发抖，衣服又丢在遥远的垄沟里，要命的是因为天黑，一时还找不到。大家都叫苦连天。好不容易找到衣服，人已冻得麻木了。

那时正是大跃进时期，层层领导都要加码督促，各班都展开竞争，抢进度，放卫星。有的班主动夜战，有的人宿在田间，困了歇，小睡片刻再干，连续作战。尽管我很努力，但总是“打狼”，影响了班里，排里的成绩。万班长婉转地向指导员提出了“建议”，将我调离了班里。

指导员柴佐堂原是某县兵役局的科长。对我颇为照顾，就让我同家属们一起劳动。家属们就是那帮兵役局转业军官的小媳妇，基本上都是高小毕业生。那时农村的高小毕业生就像现时的大学毕业生、农民工一样也是个庞大的群体，其“身价”绝不比现时的中专生、高中生低，在农村都是记工员、妇女队长、团支书等骨干，有的还是农村小学的代课教师。她们嫁了个军官也属“门当户对”，到了北大荒，当然也要“夫唱妇随”参加劳动。

家属们的劳动相对而言要轻松多了。队里开始安排我们去附近山丘伐木。这种伐木不能与冬天在完达山大伐木同日而语。就是为生产队伐些日常生活用的木材。诸如作床铺用的树木，作屋墙用的立柱以及厨房用的烧火柴等等。但也是些著名的白桦、柞树等优质木材，运到南方，完全可用以打造名贵家具的。

伐木队伍中就我一个男人，使我非常难堪。那帮小媳妇别看平时在众多的“大老爷”们面前都“羞羞答答”，不善言谈，但在女人世界里都显得非常放肆，口无遮拦。其中有一个四班长的妻子表现更为张扬。她虽然生长于农村，因为当了军官太太，居然也像城里人那样烫了头发，所以大家称她为“鬈毛”。

“鬈毛”与我同操一把大锯，面对面蹲着，伐着一棵坚硬的柞树。我第一次使用大锯，怎么也不得法。轻了，吃不进树木，重了又卡住了。“鬈毛”见我狼狈的样子，就提示我说：“狠狠地插进去，压住压住，对，使劲推，用力抽，再推再抽，加油加油……”把“床第之乐”在伐木场上运用得如此从容自如。说着笑着，天真烂熳，得意洋洋。

虽然我对所谓的“房事”懵懵懂懂，不很开窍。但对“鬈毛”的调侃和张扬，也不免觉得她太嫌“淫荡”。

说她“淫荡”是有前事可追的，记得到队第一天，听完教导员的“点名”（部队首长讲话统称为点名）后，大家就在几乎被水淹没的统铺上，整理被褥，准备休息。四班长和“鬈毛”就睡在我的身旁以蚊帐相隔。没多会，就听到蚊帐那边传来“鬈毛”哼哼啊啊的呻吟声。我知道他们小夫妻已经“迫不及待”了。其实这种情况在火车上、在哈尔滨的军区招待所里、在轮船上我已见多不怪了。我们在专列上是六个人轮睡一个卧铺席位。我因身体不好，基本上独占了一个上铺，而下铺的人员不断轮换。见到不少夫妻同睡一个铺位。睡不下就用随身携带的铺盖加宽，也经常能听到“哼哼啊啊”的呻吟声。这样一想，觉得“鬈毛”的“淫荡”也是人之常情，她不过是同我开开玩笑而已。

其实，我性格外向，喜欢玩笑，善于言谈，但此时却不声不响，因为我是个“中右”分子，又是个没有团籍、身份不明的人，没有兴趣也不敢开什么玩笑，只有努力锻炼，好好改造而已。

然后，在场的其他小媳妇们不服气了，群起而攻击“鬈毛”：“你欺负一个小青年算什么本事，人家还是个‘童子鸡’呢，要浪就找你那个男人浪去……”

"鬈毛"反唇相讥:"谁也不要说谁了,一本正经的样子,还不是一个比一个更浪!"

这一段描述看似无聊,但颇能说明当时在艰难条件下人们"苦中作乐"的心境。然而这帮小媳妇要浪也浪不起来了,没多久,有的因为要生孩子,有的因为家中老人需要照顾,主要是因为北大荒条件太差,比她们家乡大别山区农村更甚,所以纷纷离场回去了。她们是临时工性质的"青年工",不像我们在职干部那样,是可以来去自由的。

她们回去后,日子过得也并不轻松,都参加到大跃进运动的大炼钢铁和深翻土地的战斗去了.不过她们嘴上虽浪,但行动上都很守妇道,并没有什么桃色新闻传来,保持了高小毕业生的身份和军官太太的尊严。我还看到"鬈毛"寄给四班长的照片,她的鬈发已扎成两根短辫,正在土高炉前拉风箱。倒是有一些没有随队来的妻子们,她们都是在安徽各县城区有工作的。这时来垦区与丈夫办离婚手续的,当然也有一些未婚妻毅然决然地来与未婚夫结婚的。前者是一个姓朱的少尉军官,后者是一个姓史的少尉军官。一离一结,真可谓是悲喜两重天。在北大荒几乎每天都上演着这种悲欢离合的故事。

小媳妇们走的走了,留下来的又编成了女工班到大田作业去了。柴指导员就命我带着老弱病孕的家属劳动,仍是明显照顾我的意思。

接下来的劳动是割麦子。副班长权书法的老丈母娘已经年过半百,仍被称为"青年工"。我最担心的是她赶不上进度,结果则使我大跌眼镜。只见她迈着一双"解放脚"(裹足后放大了的)手脚并用,左右开弓,不急不缓,稳稳当当地走在我的前面。她捆麦的身手更是一绝。当倒麦成堆后,他挽起两束麦穗,形成一根长条,然后将麦堆捆起,一绕,一别,一塞,一丢,麦稞就稳稳当当地立在她身后了。反看自己,麦子割得慢,麦绳打不来,捆得麦不是松就是散。这时我真的心悦诚服了。"劳动人民"的称号,不是轻易可以获得的!

柴指导员来地头视察，对我说："你生长在江南水乡，可能见过割稻子，没见过割麦子，割稻是一丛一丛握在手中，割麦都是一把一把揽在怀中，你姿势不对，当然割不快了！"一番话羞得我无地自容。

柴指导员安慰说："对你来说，割多割少，谁也不会计较，多锻炼些时间，就会好的。"他要我去把麦稞集堆，不用再割麦了。我再望前看，那位解放脚的老"青年工"已远至快看不见了。

割毕麦子是打井。别看荒原上到处是水，但饮水十分稀缺，故需打井取水。队里在食堂前选定一个地点，由家属们作业，我也参与其中。挖到一定深度后，长锹已探不到土了。我因长得瘦小，自告奋勇，下去挖土，深获大家的好评，但还是被柴指导员喊了上来。他说井下作业危险，他自己却跳了下去。让我带着家属们把土从井下吊起来。

井越挖越深，果然出现了塌方事件，我们就把柴指导员从土堆里吊上来。他决定伐木，做成木框护围井壁，不仅临时组建了木工班，还把休班的拖拉机手也喊来助战。

10 米、20 米、30 米，总算见到了水，不过这是井壁渗出的水，并没有挖到泉眼。当柴指导员准备抽调更多的"兵力"来参加会战时，天气变得十分寒冷，下起了雪，打井战斗不得不中止了。

北大荒的十月天气，已经下雪了。既然下雪，就再也不化冻，大家要在大雪覆盖之前，把地里的作物全部割倒。起早贪黑，顶风冒雪，庄稼都割倒了，却来不及归堆运回。我们最早收割的荞麦被雪层一盖一冻，颗粒无收。

队里主要的作物是大豆，必须及早运回，于是我和家属们参加集堆工作。大豆大面积种在六号地上。离队部很远。我们是乘拖拉机爬犁来回的。基本上都是开夜工。就是吃了早晚饭出发，清晨归队。所谓集堆就是把分散割倒的豆堆，集中起来，装在拖拉机上运回脱粒。

队里的拖拉机有四种型号，分别是捷克产"迪特 413"，苏联产"德特54”，西德产“克55”和苏联产“斯大林80”，每种型号后面的数字是代表马力数的。我国洛阳第一拖拉机厂生产的东方红拖拉机就是“德特54”的仿制品。其中以“克55”性能最为优越，能爬山、能翻沟，而且少出故障，不易损坏，拖拉机手称它为“气死80”。可见当时资本主义国家的产品已超过社会主义国家的产品。

我们就乘着队里唯一的一台全身通红的“克55”往返的。“队花”小范因白天要做饭没有送饭，夜班饭是自己带的，基本上都是高粱米饭，到时候，拾些枯枝、秸秆生起火来，用少些油炒一炒，就能充饥。回队时已天亮了，最冷时室外温度是零下42度，室内温度是零下40度，但已累得不知寒冷，闷头睡觉，中午饭也不吃，一直睡到傍晚，吃罢晚饭再次出工。这是我在北大荒劳动时受到的最大锻炼。

“队花”小范虽然不到现场。她用食堂的剩饭剩汤精心调养的一条母狗“阿黑”却总是跟着我们一同来回。它到地里去捕田鼠，地里随处都是倒下的庄稼，所以田鼠非常猖獗。田鼠跑动的速度很快，一般很难抓获。但“阿黑”煞是了得，它跑得比田鼠还要快。一跳一窜，一只只硕大的田鼠就被它吸进口里，连皮都不吐出来。从此我否决了“狗拿耗子——多管闲事”的成语。但仅靠一只狗是捉不尽遍地遍野的“窃粮贼”的。它们还筑有许多深洞，把粮食贮藏在里边。使队里损失严重，加上埋在雪中的，集堆时散失的，那年大豆的收成，统算下来，还不到播种的种子数。谷子也是这样，倒是落下了一大垛谷草。到了来年春天，开始了“三年困难时期”。队里粮食紧缺，家属们就到地里去捡被雪掩盖，霉烂的麦穗、谷穗和豆荚，以补充粮食的不足，还带着“阿黑”去捕食田鼠。如果能挖到鼠洞，那就如获至宝了。

北大荒漫长的冬天，正是人们“猫冬”的日子，可对转业军官来说，面临着更为艰苦的战斗。由总场统一部署，各生产队都精锐尽出，一部分人去伐木，一部分人去修水库，我因身体不好，是队里唯一留下的“农工”。

水中抢运小麦

冒雪抢收大豆

剩下不多的家属们都在为丈夫准备行装。临出发前，班长万仁林把我叫到他的家中。他早起晚歇，托坯砌屋，他的家是全队最好的。不仅有烟囱，有热坑，还积攒了足够的烧柴。他对我说："我走后，你不要再睡你那个冷屋子了，搬到我家来住，我岳母老了，孩子还小，小沈（他妻子）又怀孕了。你也可以帮着照顾照顾。"

明明是照顾我，却说成是要我照顾他家属，一听万班长的话，我心里顿时涌起一股热流。

说起他妻子小沈，我们也是比较熟识的。她也是农村的高小毕业生。在家乡是个优秀的村干部，到北大荒后又是个贤妻良母好女儿，尤其对丈夫的关怀，堪称全队的模范。而且对班里的同志也做得像了一个"班长嫂子"。记得我们班里几个单身汉来荒原的第一个中秋节就是在她家里度过的。

有一次，我和小沈同去分场办事，我是去寄稿子，她是去参加一个团的会议。近 20 里路的崎岖小路，有人同行可以减少孤寂。谁知走至中途即遇到了险情，只见远处的树丛中飞闪看兽影。兽身高大，疾走如飞，非虎非熊，似狼似豹。我忙惊声喊道："不好了，遇到野兽了。"小沈倒挺沉得住气的，对我说："不用怕，那是匹马，见人也害怕的。"

果然，那马见了我俩，从远处就窜过去了。原来那马是某个生产队饲养的马，逃进山林后，竟变成了"野马"。这种事是屡有发生的。

一场虚惊，我们边谈边走。小沈说得很多，高小毕业生当时在农村的地位和作用就是她告诉我的。她谈得更多的是她与万班长之间的亲密感情。甚至谈到她与丈夫的"初晚"。她说："我看中老万，就是因为他身高马大，是 1.85 的个子，不料看到他的那个"家伙"如此粗长，当场就把我吓懵了。后来的感觉倒蛮好！"

我听了并不觉得"黄色"和"淫荡"。我原是个文学青年，从文学的角度来看，小沈是在夸她的丈夫，用性生活的和谐，来夸奖丈夫是她最真心实意的表达。

当我听到万班长邀请我住到他家时。这就意味着这一冬我要和小沈同吃一个锅，同睡一铺炕，虽然有他老丈母娘在旁，但也属孤男寡女，多有不便，我不免踌躇起来。

万班长似乎看透了我的心思，笑着说："你们知识分子就是心眼细，我相信你，我更相信小沈！"

再看小沈，她也笑着频频向我颔首。看来这事，他们夫妻俩商量好了。她说："老万已把一冬吃的烧的都准备好了。你收工回来，有

丁聪的北大荒画作《新生》

个热饭吃，有个热炕睡，也可以帮我们跑跑腿，不是大家都好嘛！”

话说到这个分上，我当然同意住到他们家中去了。结果，我还是没有与小沈同睡一铺炕，因为柴指导员通知我去东安参加一个冬季培训班，几乎是与伐木大军同时离队的。

我在虎林工作时，曾遇到过班长万仁林，由于我国开始在中苏边境设防，他被抽调去边防军当了中尉队长。小沈跟着住进了军营，又当上了“军官太太”。

冬季短训班

柴指导员通知我参加的冬季短训班，是培训生产队的畜牧兽医练习生。各队主要劳力都去伐木和修水库了。除了部分队干部和家属外，基本上无人可派。我却适逢其时地碰到了这个机会。

那时，859 农场已与饶河县合并，总场部迁至饶河镇。原东安镇的老场部便成了我们的校舍。我们畜牧分场当时有 12 个队，但参加培训的还不到半数，除了我和五队的老病号老王外，其他都是家属即所谓的青年工。其他分场的情况也大致如此。只有我们班的班长老唐，是个精壮劳力。因为他是队里赶大车的“老板”，没有“上山下水”，也被派来参加学习。

畜牧课的教师就是那个我在医院见过的前清末代江苏巡抚程德全的外孙媳妇，用“秘密武器”吓跑饿狼的苏州畜牧学校毕业的中专生。老师既然只是个中专生，我们这批学员只能是“小专生”了。所学的课程对我这个曾在二军医大学过一年，又考上中国人民大学的“准大学生”来说，应该说是轻而易举的，但对班长老唐和老病号老王以及家属们来说，却感到陌生和深奥。于是我就成了班上的“小先生”。

培训班上午上课，下午劳动，晚上讨论和做作业，安排得十分紧张。所说的劳动就是积肥，即把屋前屋后的树叶、枯枝收集成堆，放到冻土上去焚烧，成了肥料。但冻土是需用镐头刨出来。这时候我就无能为力了。不仅不及班长老唐孔武有力，比起老病号老王和家属们也相差甚远，虽然也勉为其难地刨几下，刨下的只是冰屑和雪粒，不像老唐那样，三下五下就能刨出小桌面大小一块的冻土来。每逢劳动的时候，我这个班上的“小先生”，顿时变成了“小学生”了。

尽管这样，环境比生产队要强多了。住的是红砖房，有火墙取暖。我们班分到平列的两个房间，男女分开。讨论和做作业都在男宿舍的地铺上，而且午饭和晚饭后都有一段休息时间。可以聊聊天，散散心。聊天的对象往往集中在班长老唐身上，因为他自诩讨了个漂亮的老婆，而且不离不弃，跟他来荒原同甘共苦。因而他小两口子亲密的关系成了大家的话题。

老唐是东北人，原是铁道兵的一个排长。组织上本来安排他转业去当铁路一个三等站的站长，他却驾着大车娶回漂亮老婆后，双双来到了荒原。他当上了“车老板”，老婆成了“青年工”。像他们这样甘愿放弃优越的生活而主动要求到边疆劳动的人，也有不少，并非都像我们这些小知识分子是发配来的。

老唐的生产队就在东安镇附近。有一天中午，老唐的媳妇来探望丈夫了。全班同志争着观看“漂亮的老婆”。只见一个年轻女子姗姗而来。是不是漂亮呢？那要看用什么标准来衡量。用时尚、华丽、鲜艳来形容都是对不上号的，但用端正、朴实、强健来描绘，倒是恰如其分的，况且“情人眼里出西施”，在我们看来一个普通的小媳妇，在作为丈夫老唐眼里把她称作“漂亮的老婆”，也无夸张之嫌。

小媳妇最耐看的是她背后拖着的一双大辫子。我初到东北时，就为当地姑娘们的头发黑、密、长而惊叹不已。我们南方的女孩，辫子能留到腰际就算是长的了，可东北姑娘，发长及腰则是短的，辫子往往要长到膝弯，甚至脚跟。记得我们途经哈尔滨时，就曾为姑娘们的长辫子而诧异。她们在路上走着，或是骑在自行车上，背后晃动着的大辫子像活的一般，着实夺人眼球。为了防止意外，她们还常常把长辫子塞在裤袋里或是绕在手臂上，形成了一道独特的风景线。有一次到南岗的秋林公司等开门，人众前拥后挤，几乎吊起双脚也可向前移动。到得大堂，人流分散，我发现前面有位姑娘，长辫子上竟然别着他人的三支钢笔。

那时候，物资匮乏，缺少美容物品，更不许浓妆艳抹，奇装异服，于是留长辫子便成了姑娘们的最爱。长辫子可显示姑娘们青春靓丽，可衬托苗条的身材，可彰显体魄强健。所以，人们都说"辫令如团令"，即过了25岁，就难以保留了。在这么一个短暂的时段，谁不想美好一把，由此使我想起了一段往事。

那是在二军医大学习时。众多的女学员在参军前有的烫过发，有的是留着长短不一的发辫。到了军营，一律剪成齐耳短发，俗称"帽儿盖"。戴上圆檐帽，穿上连衣裙军装，颇为英姿飒爽，可也有个别的女学员舍不得心爱的长辫子，就将长发塞在帽内。

有一次，全校学员集中在校部广场看露天电影。放映时，忽然刮起了一阵大风，将一个女学员的帽子刮落在地，圆檐帽骨碌碌地随风滚动，女学员要紧追赶，原先紧盘着隐藏于帽内的辫子，顿时散落下来，只见银幕上晃动起一双左右摆动的长辫子，引起了全场一片"啧啧"声。

这事很快被追查，正当这位女学员回到宿舍含泪用剪刀剪去长辫子时，中队长突然闯了进来，喝令："慢，不要剪！"原来，学校新组建了文工队。文工队为了扮演各种角色需要，女队员是允许留长发的，像这位女学员这样的美发简直是属于"踏破铁鞋无觅处"的那种，使这位女学员处于改行和留发两难的境地。然而作为一个革命战士，一切都需服从革命的需要，那位女学员就此当上了文工队队员。

及至军队进行“文化大进军”时，校文工队也随之撤消，跟我们两个建制的医务中队一起到南京，汇合同样被撤的华东军区卫生部文工团一起接受短期业务培训，这时我结识了这位长辫子战友。

她来自侨乡厦门，高中生，学医学本科。学习成绩优良，到了文工队很快成了台柱子。但一直被批判为“资产阶级思想严重”爱“臭美”的典型。

一天晚饭后，集训队借用南京太平路小学操场作为活动场地，队友们有的打球，有的跳集体舞，只有她一人默默地站在场边，还暗暗掉泪。我正站在她身旁，就悄悄问她：“怎么了？”

“又挨领导批评了！”我因是队里最小的队员，所以她像大姐姐似的，对我并不避嫌疑。

原来，她到了集训队后。因干了演员这一行，不免多向原卫生部文工团的老大哥老大姐们请教学习，她觉得当文化教员后，开展军营的文化活动也是职责所在，因此她并不认为这有什么不对。谁知卫生部文工团是“解放”过来的，其中有些还是抗战演出队的老队员，无论是阅历上还是艺术水平上，都是我们这些年轻人所仰慕的，但领导上认为他们是一些“可用不可学”的人，这位女队员与他们走得那么近，当然要受到批评了。

为了表示接受领导的批评，这位女队员毅然决然地剪去蓄了近20年的长辫子，准备革心洗面，认真改造自己。尽管这样，集训结束，她还是被分配到一个偏僻山区的一个医药仓库去当文化教员了，至于那些“解放”的老队员，则多数被处理复员了。

我从回忆拉回到现实中。老唐媳妇的长辫子是属于拖到膝弯的那种。因来探视丈夫，所以她精心梳理了一番，漆黑、光艳、鲜亮。由于过于粗长，用头绳难以束缚，所以她在辫梢上结了两根花布条，别

荒原生活艰苦，相互理发，可谓苦在其中，乐也在其中。

有一番风情。她见众人都看着她，不由得羞答答地将一条辫子拉到胸前，低下头来。

小别赛新婚，老唐见了妻子当然非常高兴，把“漂亮媳妇”一一向大家作了介绍，然后问妻子：“我捎信让你带的东西带来了吗？”

“带来了！”妻子说，“我把你儿子带来了。”

大家听了非常诧异，他们是结了婚就来荒原的，怎么已经有孩子了呢？

这时一匹活泼的小马驹，打着鼻响奔了过来。这就是老唐的“儿子”。是他驾车的辕马所生育的。小马驹见了老唐，就像见了亲人般地往他怀里钻。老唐爱惜地搂住小马驹，又是抚摸，又是捋捏，直夸道：“一个月不见，长这么大了！”“父子”温存了一番，老唐在小马驹屁股上拍了拍，顺手一推：“走吧！我跟你娘还有事呢！”小马驹顺从地独自走了。都说“老马识途”，其实认路是马的天性，小马驹是能够回到生产队马棚去的。

老唐说：“我说的东西是剪刀，你带来了吗？”

妻子从包里拿出一把剪刀亮了亮说：“知道要替你剪头发了，怎么会忘掉呢？”

看到小夫妻这种亲昵的样子，老病号老王向大家口努了努嘴，大家知趣地都到隔壁的女宿舍去了。让他们边理发边说悄悄话。

不一会，男宿舍里忽然传来一阵凄惨的嚎叫，我们以为发生了什么灾难，要紧赶了过去。看到眼前的情景，不由都呆住了。只见小媳妇两条美丽的辫子已被老唐齐耳根剪掉，像两条长蛇般地躺在地铺上。老唐则在软语安慰着抽泣着的妻子。

老唐说：“你那漂亮的辫子，曾是把我的魂都勾了去的，我也舍不得呀！可是你要出工，还要帮我照看马棚，辫子已成了累赘，我喜欢你的辫子，更爱惜的是你这个人啊！”

一番肺腑之言，小媳妇终于明白了丈夫要她带剪刀的良苦用心，也就停止了哭泣，收拾好辫子，交给老唐：“我要回队出工了。这辫子就留在你处，就像我整天陪伴着你！”

这场景真使我们万分感动，同班女学员小刘竟哭着跑回女宿舍去了。原来小刘也自有她的隐情。小刘是全班最小的学员，也是全队最漂亮的女孩，已经结婚多年了。她丈夫是个铁道兵战士，拖拉机手。可是这个拖拉机手不像老唐那个马车手那样善待“漂亮的老婆”，而是把妻子当作泄欲的工具。每当下机不管白天黑夜，就迫不及待要干“那事”，而且有性虐待的倾向。小刘要干农活，又要忙家务，累得要命，哪有这番心思和情绪，真是被搞得苦不堪言。好不容易参加冬训班，有个放松的机会，偏偏丈夫又常鬼鬼祟祟来驻地侦察，以防妻子“越轨”。当然这种“隐情”并非可向大家公示的，只是她向同班另一个女学员小魏透露过她的怨言。

我们都曾看到过小刘的丈夫来驻地“侦察”的情况。那是个五短身材其貌不扬的人。我们劳动到哪里，他就跟踪到那里。小刘一见到他就像吞了苍蝇般地难受，拉着小魏跑回楼里“上厕所”了。难怪她见了老唐夫妻恩爱的情景，联想自己，不免要哭了起来。

在生产队时，我们一些尚未结婚的小青年常在一起议论那些铁道兵老职工。他们基本上都是拖拉机手，不仅学到了技术，而且都已有了老婆，建立了比较温暖的家。觉得他们找老婆的本领真比我们这帮青年军官强多了。然而，我们并不知道他们的婚姻经历，更想不到像小刘这样的“一朵鲜花插在牛粪上”的情况。小魏的状况又是怎样的呢？其实小魏肚里也有一肚子的苦水。她生长在西南地区的十万大山之中，从小就要爬山涉水，跟着父母劳动。那里土地十分贫瘠，浇地要背着水翻山越岭，比北大荒还要艰辛，所以嫁了个铁道兵战士就算是“脱贫致富”了。可是她丈夫在队里却犯了事，在“二次反右”时被打成了“坏分子”(因不是干部,无“资格”当“右派”分子)被送去劳改。好在结婚多年并未生育,又因她吃得起苦,所以也有幸参加培训班。她与小刘可谓是“同病相怜”。

小刘因不堪丈夫的行为,萌生了离婚的念头,不过那时的离婚不像现时那样容易随便。一而再,再而三的调查、调解,弄得焦头烂额,精疲力竭也离不成婚,还搞坏了影响,所以她一直闷闷不乐,学习成绩当然是倒数第一。

碰巧,饶河县的人民法院组织了巡回法庭来到了东安镇,鼓励群众提出诉求,小刘鼓起勇气向法庭提出离婚申诉。法庭就设立在田野里,短训班的全体人员列席旁听。偏巧,那天小刘的丈夫又来“监视”了,被法官拿个正着,当即将他留了下来,站到了被告席位。

小刘不善言辞,有些隐私的话又难以启齿,只是反复地重复着一句话:“我受不了啦,要求离婚!”

倒是老病号老王以证人的身份仗义执言,厉声谴责那个“监视者”,破坏生产,妨碍学习,限止人身自由,影响学员团结。慷慨激昂,滔滔不绝。

法庭也以“大跃进”的速度,当告当审当判,判决小刘和他丈夫离婚。一场离婚案件不到一小时就解决了,其速度之快真令人匪夷所思。那个小个子拖拉机手灰溜溜地走了。再看小刘,我们觉得她也并没有想象中的解脱枷锁的那种喜悦和愉快。

当天晚上,轮到我和小魏值夜。就是按照军队的习惯在驻地附近巡逻放哨。我们先到前面的井台边,察看是否有“阶级敌人”投毒,又到后边的小山上,暗访是否有“特务”放信号弹,再在楼里的上上下下,每个宿舍都要“留意”一番,切忌“男女大防”之事发生。

冬夜寒冷,值夜是个苦差事,所以每当在外巡逻一圈后,总要回到楼里取取暖,稍息一会。我觉得小魏有话同我说,但她几次三番欲言又止。

黎明前，我们在外转完了最后一圈回到楼里。我已冻得快麻木了。就把手从棉手套里探出来，靠近烧火墙的炉子上烤。由于靠火太近，手上戴着的绒手套被火烤着了。如不立即脱掉，我的一双手就要报废了。小魏在旁急了，忙替我除去烧残了的绒布手套。她敏捷的动作，真心的关怀，真使我感动不已。

可能是西南边疆的少数民族，思想比较开放。她拉着我的手，不断地抚摸，两眼还直勾勾地盯着我看，看得我心慌意乱。毕竟值夜的职责在身，不敢有非分之想。但又不能拂了她的一番情意。就问："小魏，我觉得你一直想说话，你就说出来吧。"

小魏终于说出了心里话，呐呐地说："我要像小刘一样离婚，我要重新结婚……"我听了没敢接碴。

天亮了，我们分别回到宿舍，赶在上课之前，小睡一会。以后，在讨论会上再面对小魏时，彼此都不谈那晚的事，关系反而变得疏远了。

上完畜牧课后又上兽医课，也是些简单的关于预防、治疗的常识。给我留下印象最深的是要将手伸进马嘴里去摸牙齿，以确定马的年龄。班里的老王和小刘、小魏等人都畏缩不前，怕被马咬伤了手。我因学过医，练大了胆量，按照老师的吩咐，把手从一匹马的嘴侧伸进去挨个摸牙，居然把马的年龄准确地报了出来。大家都称赞我的"勇敢"。使我更惊喜的是，我感性地明白了"马齿徒长"这一成语的含义，原来，马齿是标志着马的年龄的。

学完兽医课就是复习迎考。正当大家紧张复习时，短训班突然接到一个命令，说某山区发生森林火灾，全场已经紧急动员，全力以赴扑灭山火。我们短训班也责无旁贷，立即出发，奔赴火场，进行抢险。

森林大火是农场最大的灾情，并非生产队失火烧掉些草垛、马架可比拟，往往要吞噬成片的房屋、农机具、农作物，还危及众多职工和家属的生命、财产。我们接到命令，立即出发，一辆敞篷货车已在门口等候了。

灭火抢险主要的方法是两种：一种是挖掘深沟，筑成隔离带，防止火势蔓延；一种是到达火场，用树条扑打火焰。这是项极为危险的任务，一场大火下来，往往要死伤许多人。

大家攀上卡车，并无一人携带工具，知道要去火场执行最为艰苦的扑火任务，大家虽知道“飞蛾扑火”的成语，但更信奉“众志成城”“人定胜天”的理念，况且多数人是历经战火的，即便像我这样虽没有上过战场的小知识分子，但也时刻盼望上前线真刀真枪干一场。那些小刘、小魏等家属们也不愧是军人的妻子，荒原的战士，一个个都面无惧色，显露出“慷慨赴难”的气概。

卡车开动了，后面有一辆装着“救火队员”的卡车超越过去。车上载着的全是白发苍苍的老头（没有老太）。询问之下，得知他们是总场敬老院颐养天年的老人。对此，我颇不理解，这些老人连生活都不能自理，怎么能去如同战场一样的火场呢，岂不白白送死吗？我想这或许是有关领导在“凑数字”夸大救火成绩，以便向上级报告如何“把坏事变成好事”。这种做法在那个年代是通行的。

见到连这些老人都被动员出来了，可见火情之严峻，更增添了我们的勇气和力量。连连催促司机“快开”，我们这帮青年人绝无落后于敬老院老人的道理。

车行至半途，前方传来消息，火势已缓，不需要我们这些后方人员增援前方了，我们就原车返回。后来得知，有一个敬老院的老人，不知是受到惊吓，还是过度激动，发生中风被送到医院抢救了。面对凶恶的险情，这已经是不幸中的大幸了。

历经两个多月，短训班结业了。学员们依依惜别，各自回队。我们畜牧分场的几个学员，正巧遇上了分场的卡车，就一齐乘车返回分场。老王等其他队的学员，下车就直接回队。我的生产队因路途遥远，就在分场住一晚上。

经过半年的建设，分场也已改善了条件，已有了收留过往行人的招待所。我当晚就住进了招待所。走进客房，发现已有一个人在那里烧炕。那人原来是我们七队的一位转业军官，战友相见当然欣喜异常，高兴得几乎要唱起歌来。

说到唱歌，其实我是个“歌盲”，不仅自己唱来五音不全，而且也不喜欢看歌唱节目。直到现在，看到电视播放歌曲节目，也要立即调过去的。可在那时我爱听一个人唱的歌，那就是上海音乐学院声乐系教授蔡绍序。他的歌声明快流畅，感情充沛。那首“好一朵美丽的玫瑰花”把人带到了西南边疆，我仿佛见到了辽阔的草原，成群的白羊和漂亮的姑娘……听了他的歌声就会引起无际的遐想。我本以为蔡绍序教授是一个高大英俊的青壮年，谁知在一次纪录片中看到的是一个秃顶矮小的老头子。尽管这样，仍不改我对他歌声的挚爱。

我在分场招待所遇到的这个队友就是著名男高声歌唱家蔡绍序的儿子蔡荣伯。蔡荣伯是我的同龄人，也是在抗美援朝的热潮中参的军。在朝鲜战场当了最为危险的汽车运输兵。多次经受美军飞机大炮的轰击，成年累月奔波在视作生命线的公路上。总算毫发无损地回了国，遇上了1956年的部队“越级大提干”，从一个上等兵的五级(最低级)驾驶员提拔为正排级的少尉军官，改行当了兵役局的征兵干部。

蔡荣伯尽管经受得住朝鲜战场战火的考验，却煎熬不了北大荒环境的艰苦，竟然以母亲有病为由，“请假”回四川老家去了(他父亲在上海已另组家庭)。在全队人的眼中，无疑是个“逃兵”。队里也早已把他忘了。想不到半年之后他又回队了。

我同他谈起，半年多来，队里发生的巨大变化，和战友们艰苦奋斗的事迹，实际上也是对他进行善意的批评。

蔡荣伯面有愧色，其实他在四川老家的日子也并不好过。身份不确定，工资无着落，母亲“唠叨”，父亲来信指责，尤其是当地政府不断有人来“访问”。随着时间的推移，尤其在全国性的“大跃进”的氛围中，他犹如热锅上的蚂蚁，在不断的自责中，在各方的压力下，他踏上了归队的路程。

蔡荣伯见到我更是高兴，因为他离队半年，又从不通信，已不知队里的情况变化。更忧虑队里对他的看法如何，当然最担心的是领导会对他如何处置。听了我的介绍，当然稍微安心了些。特别是看到我这个比他还要瘦弱的同龄人，居然在艰苦的环境中扛了过来，而且还“学有所成”，在畜牧兽医短训班结了业，以“优异成绩”载誉归队。他真感到羞愧难当，深刻反省自己走错了路。我也很为他担心，因为刚参军时，有个同学因为父亲突然病逝，他哥哥清晨来找他回去奔丧，他来不及请假就回家了，队领导以为他开了小差，当了逃兵，立即派人把他从葬礼上抓了回来，虽然事出有因，但还是违反了纪律，受到了禁闭处分。

第二天清晨，我陪着蔡荣伯回队时，战友们上山下水尚未回来。柴指导员又外出了。主持工作的是高副指导员。我帮着蔡荣伯“文过饰非”地“美言”了一番，高副指导员新来乍到，不了解情况，也不计较。让他同我一起与家属们去参加积肥劳动。

我调至虎林后，曾见到过蔡荣伯。他也调到了虎林，在县粮食局粮政科工作。他告诉我，队里并没把他作“逃兵”处理，作为照顾病母的长假看待，而且还补发了他半年工资。我觉得在那艰苦的环境里，仍时时透露着军营的温暖和人情的关怀。

二进医院

短训班临近结业前，我抽空去了总场医院一次。我刚到生产队时，因痔疮开刀，在总场医院住了一个多月。因急于回队参加“二次反右”，伤口未愈就出院了，况且据主刀的吴军医说，我肛门内共有 7 个痔疮，怕创面太大，留血过多，只切除了 4 个，痔疮有可能复发的，这次去医院就是复查。与我同去的还有同班战友老病号老王。老王是个参加过抗日战争的老兵，多次负伤，患有多种疾病，最严重的是心脏二尖瓣损伤。像他这种伤病严重的人，本不应下放到苦寒的荒原上来的，他也像我队的老孙一样，在整风时说了家乡农民生活贫苦情景。领导上说“心脏不好，四肢发达，仍可劳动，利于脑袋健康”。于是成了生产队的老病号。

859 农场的场部已迁至饶河。但总场医院仍暂留在东安镇。已不复是我住院时的木板房，而是由总场基建大队陆续修造了干打垒式的土建筑群。然而，看病的、住院的患者也大为增加，我找到了为我开刀的吴军医。老王也想向他咨询一下能否手术治疗心脏病的可能性。

吴军医是原驻扎福建的九二预备院的外科主治军医，随院整建制地下放至 859 农场。此时他刚从手术室出来，手上还戴着胶皮手套。见了我说："病人太多，我现在没日没夜地要开刀、包扎，估计你的痔疮问题不大，可去分场卫生所复查。"又对老王说，"心脏疾病，凭我们医院条件，无法手术。你去分场卫生所，用些洋地黄类的药物，控制病情，实在不行，要去北京、上海大医院诊治"。说完又匆匆走了。

我的小毛病不用治，老王的老毛病又治不了。我俩不便打扰，就想浏览一下医院景象。只见各诊室人进人出川流不息，各病房拥挤不堪，人满为患。连走廊上也住满了伤病员。再看这些伤病员，几乎都是与我们前后来场的转业军官，有的是在伐木时被大树压断了腿，有的是在修水库时被土方压弯了腰，还有的是在野外作业时冻伤了手脚。伤病都很严重，需要立即手术和紧急处置的。比起他们来，我的小病和老王的老病几乎算不了什么，无怪乎吴军医不接治我俩了。

在走廊里，我们看见了一个刚被抬进来的重伤员，是在水库工地负的伤。像这样的伤员医院里有很多。走近一看，老王忽然惊呼："×排长，怎么是你？"原来，老王曾与这位伤员在部队并肩战斗过。到北大荒后，虽不在一个生产队，但老王对此人是颇为熟知的。

这位排长是志愿军特级战斗英雄黄继光所在战斗部队的排长。黄继光在上甘岭战斗中舍身堵枪眼的英雄事迹被广为传播，成为家喻户晓的爱国主义和国际主义的典型。而这位排长却是另有见解，他认为黄继光的光荣是大家的光荣，要不是有许多战友冒死掩护，黄继光如何能冲到敌人的碉堡前，正是许多战友在冲锋途中牺牲了才使黄继光完成了英勇壮举。然而，成百上千的战士默默奉献，得以使一名英雄成名。就他本人而言，在战斗中也受了伤，流了血，是"默默无闻"的人群中的一员。同样是牺牲，有的出了名，有的却无声无息。他认为这有失公允，也颇不服气，认为这是古人所说的"一将成名万骨枯"的翻版。他不仅持有这种观点，更直率地提出了自己的看法。

这种观点显然为部队所不容，于是召开了对他的批判会，批判会上有些对话颇耐人寻味。

批判者："你的言论，分明是在抵毁英雄。"

×排长："我崇拜英雄，也想当英雄。我只是对宣传报道和部队的处理方式有些个人的看法。"

批判者："你想当英雄，怎么不像黄继光那样去堵敌人的枪眼？"

×排长："我要指挥全排战士，而且也冲锋在前，可惜我没有这个机会。"

批判者："不是没有机会，而是没有胆量和勇气！"

黄排长："打仗，我从不缺少胆量和勇气。不信，看下次战斗吧，是马是驴，拉出来遛遛！"

批判会无果而终。×排长真想在下次战斗中表现一番，可惜他没有机会了。他随部队奉命回国休整。不久，赶上了1958年10万转业军官转战北大荒。他本着革命军人应该到最艰苦、最困难的地方去的理念，报了名，到生产队当了一名农工。此举既是他本人的意愿，也符合领导的意图。正所谓是"周瑜打黄盖，一个愿打，一个愿挨"。

到了生产队，他果然劳动积极，事事带头，苦活、累活、脏活抢着干，但仍对上甘岭战斗后的处理方式耿耿于怀。

不久，他像我队的陈耀祥那样，被总场组织部抽去执行外调任务。他再一次抗命，坚持战斗在生产第一线，这年冬天，他带领一个排去修水库。

相比伐木来说，修水库更为艰苦。北大荒是闻名世界的三大湿地之一（另两个在美国和苏联），湿地是地球的"肺"，是保持世界生态平衡的重要"器官"，是不能任意开发的，其先决条件是要修筑庞大的排水系统。限于国家财力和"大跃进"的需要，在垦区组织几万劳力土法上马，在荒原野岭修建大大小小的水库，如同那时全国开展的土法炼钢一样，是得不偿失的。

当然，当时大批转业军官是缺少这种认识的，感到越艰苦越光荣，越能提早结束锻炼，及早恢复干部身份。

当时荒原上最困难的是五样东西，分别为“金”、“木”、“水”、“火”、“土”。

“金”是资金紧缺，要生存、开发、建设凡事缺不了钱。没有投入，就没有产出，土法上马，只能无奈下马，功倍事半。

“木”是指伐木，伐了木运不出来，烂在山里，而且每年都要压死压伤不少人。浪费国家资源，破坏生态环境。

“水”就是指低洼湿地，水无处排放，庄稼得不到灌溉，饮用水无法保障。

“火”是指小到住房失火，大到森林大火，往往要危及生命财产。

“土”指的是土地，黑土地虽然肥沃，但没有水利建设，得不到灌溉和排放，不是涝就是旱，加之广种薄收，土地上所获微乎其微，何谈开发和发展。

因是修水库，就不免多谈一些水的困难。荒原上最危险的有两样，一是大泥沼，一是烟儿泡，这两种危险都与水有关。

大泥淖是湿地现象，低洼地无边无沿，表面看来似乎一样，但有一些沼泽地潜伏其中，拖拉机、马车和行人往往深陷其中，遭灭顶之灾。有的沼泽地上面有草垡子，供人们跨越而过，但草垡子有实有虚，一旦踏上虚的，过者就会掉入泥沼，越挣扎越往下沉，因此死于非命的大有人在。像垦区著名的“雁窝岛”就是被这种沼泽包围起来的“岛屿”。这种灾难当然与水直接有关。

另一种灾难是烟儿泡。烟儿泡是冬天的大风吹起地上的积雪形成的风雪交加的特殊气象。类似北方城市越来越多的沙尘暴，也可称之为“雪尘暴”。不过，比起沙尘暴来“雪尘暴”显得更加密集和猛烈，比起龙卷风来也有过之而无不及。所以在荒原生活的人，望而生畏，躲之唯恐不及。我们在滁县集训队时就风闻北大荒烟儿泡的厉害。都认为像我这样瘦弱的人，对烟儿泡是毫无抗御能力的。记得来到生产队第一天，在食堂吃饭时，“盲流”运输员老陈就悄悄地对我说：“你如此单薄，冬天的烟儿泡一刮，恐怕连人影都找不到的。”为了防止烟儿泡，生产队选址都靠近树林，比较安全。而修水库则是在茫茫荒地作业，遇到大风大雪，难以躲避，所以这个灾难是与水有间接关系的。

修水库是在冬天，沼泽地已冻成坚冰，行走无碍，况且这个灾难是“防御性”的，只要小心一点避开沼泽，不踩草垡子是可以避免的，而冬天正是烟儿泡肆虐的季节，而且是“进攻性”的，不知什么地方什么时间会突然降临，简直是无可避免。

×排长在修水库时正遭到了一次烟儿泡的袭击。他们刚到修水

修建云山水库的全体“右派”分子合影

库的驻地，为了盖些草庵子存身，他带领全排战士去树林，砍些树条子和割些茅草作盖房材料。树林离驻地较远，就在他们接近树林时，突然遇到一阵巨风，烟儿泡不期而至。顿时，狂风呼啸，大雪弥漫，天色浑浊，大地颤动，人人为之色变。×排长久历战阵，命令大家伏身在地，以减轻风暴的直接冲击。不料此招并不灵验，孰知烟儿泡是贴地刮起的，不要说是伏在地面，就是藏在地下，它也是能挖地三尺的。

好在离树林不远，×排长命战士快速行走，进入林中。说实话，那时的境况连举手抬脚都很困难，何况要向前行进呢。

幸亏战士们都经过严格的军事训练和残酷的实战的，匍匐行进是他们的强项，缓慢挪动着身子进入那片树林，因有树林阻挡，风的压力随之减轻。

烟儿泡却越刮越猛烈了，前沿的树木竟然被连根拔起。×排长带领大家进入树林深处，但风雪无处不在，从空中、地上、隙缝里卷进树林，有的战士被刮倒了，有的战士被倒木压伤了，长此下去，大家仍难以幸免，正是到了最危急的时刻。

×排长在战争中养成了观察地形地貌的习惯和本领。他发现风雪正是从两棵巨大的红松间卷入的，他忽然想起了黄继光在上甘岭战斗中，舍身堵枪眼的事迹，跃起身子嵌在两棵大树的间隙，终于实现了在战场上“堵枪眼”的宿愿。

说来也巧，没多久风雪转小了。大家总算躲过了一劫。但×排长因“堵枪眼”，肋骨竟被风吹、树撞，断了好几根，口中吐血不止。战友们忙将他送进总场医院。我们见到他时已经昏迷了。老病号老王与他相熟，听了护送战士的叙述，看到他这副惨状，顿时落下了眼泪，连连喊着：“×排长，你不能死，不能死！”此情此景也使我心酸不已。

吴军医刚做完一个手术，忙命人将×排长送进手术室。老王和我离开了医院。我想：荒原战斗的严酷，毫不亚于烽火连天的战场。

因为我和老王结业后各回本队，再无联系，当然也不知道×排长生死状况。及至我当了《乌苏里江报》的记者，想了解这事的前因后果，写篇报道，至少让全场职工都知道×排长“堵枪眼”的英雄事迹。但采访所得，莫衷一是，有的说，可能转院到部队医院了；有的说，被照顾到回原籍工作了；竟还有人说，怎么没听过这事啊，也许这个人已经死了。这时我联想起×排长所说的话：在战争中多数人是默默献出宝贵生命的，家喻户晓的英雄人物是少之又少的。

我当畜牧兽医练习生

柴指导员见我结业归队了，非常高兴。就指定我为生产队的畜牧兽医练习生。因为当时农技人员非常稀缺，分场才配有畜牧技术员和兽医。各生产队经过培训的学员，担当了不脱产的畜牧兽医练习生。他刚从分场接到一个任务。要我们队因地制宜，放养柞蚕。

柞蚕是东北特有的蚕种，是放养在柞树上的。蚕茧较大，抽出的丝略带黄色，柞蚕丝是名贵的衣料。我在队里生活了多半年，知道周边山丘上密布柞树，就闭门造车制订了一个庞大的计划，还陪同柴指导员去实地考察。

考察的结果却大失所望。原来我队的柞树都已长大成林，而放养柞蚕的柞树是长及等身的树条。我们把这情况赶紧向分场汇报。

养不了柞蚕就养猪。我们分场虽名为畜牧分场，实际上与其他分场一样，以垦荒种大豆为主，全分场只有一个畜牧队是养猪的。农业要大跃进，畜牧也要大跃进，就从畜牧队调拨过来几十头母猪，想把我们队变成第二个畜牧队。

军营作风，雷厉风行。母猪很快被运来队里，事先队里已用树木修好了猪舍。柴指导员为了谁当猪倌伤透了脑筋。因为广大的转业军官出大力，流大汗能行，但对养猪的细活并不在行，家属们呢？因为小媳妇们大都回家乡了，剩下的也分散到各个部门，况且安徽的妇女善养鸡鸭，不会养猪，他就把目光集中到老曹和小邢夫妻两人身上。

老曹原是滁县集训队的烧饭大师傅，既不是军人，更不是军官。受到了集训队转业军官热情的鼓舞，也要求来边疆安家立业。于是把孩子留给父母，带了妻子小邢随队来到了北大荒，在食堂烧饭。母猪进舍后，他就当上了猪倌，妻子小邢则顶替他在伙房工作。我这个畜牧兽医练习生则负责猪病的预防、治疗和猪饲料的调配。

这批母猪多数是带孕进队的，不少还带来了猪崽。这些猪崽长了几个月需要劁割。我就去分场把兽医和卫生员都请来队里，把伙房里的炊事员都喊来帮忙，抓的抓，按的按，劁的劁，哇哇嚎叫，乱成一片，猪卵子盛满了一饭盆。猪卵子拿到伙房煮了煮，因为几个月不知肉味了，猪卵虽小，毕竟也是肉食。所以我让在场人员一齐来分享。小范、小邢两位女同志见了盆子就逃走了。连母狗“阿黑”连田鼠都敢于生吞活食，可对这盆卵子只是嗅了嗅，摇着尾巴走了。

只有我和老曹等几个人不知利害，居然享受起“美食”来。可稍一嚼动，一股臊味直冲脑门，全身都抽搐起来，赶紧将猪卵吞进肚内。

虽然柴指导员投入不少精力，老曹吃了不少苦，我也空忙了一番，那批母猪还是没有养成。主要原因是没吃的。1959 年是“三年困难时期”最艰苦的年代，连人都吃不饱，哪有什么东西可供猪吃的呢？所以只好把猪群退回畜牧队，因为专业队是有猪饲料配给的。

于是我这个畜牧兽医练习生只好去照料队里马匹了。当时队里有八匹马，分套两挂马车，日夜奔波，马匹经常生病。照料病马的任务就落在我的身上。

先是一匹青骒马(小公马)在拉帮套时别伤了腿，成为“跛行”(马匹瘸腿的行话)，我就牵了它去分场医治。凡没经过阉割的骒马，一般性格都比较暴烈，不听调教。在快到分场时，青骡马竟然踢了我一脚，使我也变成了“跛行”。

再是一匹红辕马产后流血不止，病得十分严重。我就把分场兽医找来诊治。那位兽医是中国人民解放军吉林兽医大学的毕业生，也是转业军官，很有经验。原来医马同医人是一样的，兽医给病马注射青霉素，不过人的用量是每次几十万个单位，而马匹需要几百万个单位。兽医走后，由我在单设的马棚“陪夜”，时时观察病情的变化。不久这匹病马还是死了，使队里少了一个“强劳力”，损失了一笔固定资产。

不久，另一匹黄辕马也病了。我不敢大意，牵着病马去分场“住院”。

病马的住院处实际上是一个空荡荡的大马棚，大部分是马厩，小部分搁了几只树条床，供陪伴人员住宿。兽医和卫生员则每天来诊治一次，打针、喂药。

一个近百米的大马棚只有两匹马和两个人。另一个人是分场附近的一个生产队的转业军官，他也是陪病马来“住院”的。我俩合作，一起铡谷草，他铡，我喂，虽然慢一点，倒也配合得当。可轮到切豆饼（马的精饲料）时，我却感到十分为难了。我力气小，用切刀（一种两边有把的工具）根本切不动坚硬的豆饼。于是我就与那位转业军官进行“换工”，就是他帮我切豆饼，我帮他值夜，让他回家陪老婆。

每当夜晚，我孤零零地住在大马棚里，冷风在屋中盘旋，病马喘息声声，屋外不断有黑影闪动（实际上是树影晃动），我真怕有饿狼和野猪入侵。身上起着一层一层的鸡皮疙瘩。不由时时盯着床头的一面破钹，一旦发现情况，可击钹报警。

既然睡不着，我就干脆靠在床头，在日记本上写起小说来了。全神贯注后，进入了忘我的境界，什么风声、喘息、黑影，都听不到和看不见了。直到第二天，那位转业军官来上班，我们再一起给病马喂料饮水。

黄辕马终于不治身亡，我非常悲痛。新接任的生产队指导员张四珍（柴指导员调任分场新设的由相近的几个队组成的片主任了）来马棚见到我丧魂落魄的情景，安慰说："黄辕马为生产队尽了力，你为黄辕马也尽了力，你跟我回队去吧！"

黄辕马在分场食堂被肢解了。我们队分到了一大块腿肉，当晚上全队职工分食时，我这个对猪卵子这种"小肉"都在意的人，竟不忍心尝马腿的一口"大肉"。

分场常把各队的畜牧兽医练习生组织起来，到各地参观垦区的畜牧事业，以增加实际知识。我们曾去分场配种站观摩，配种站里养着两匹种马，一匹长腿高身的是英国种，一匹粗壮坚实的是德国种。尽管当时物资十分匮乏，每匹种马仍要每天吃十几只鸡蛋，几公斤麦粒，草料中还要拌上黄豆、黑豆、红豆等精饲料。吃得比人要好得多了。配种站的职工都是久经考验的老军人，宁可自己饿着肚子，也不敢觊觎一粒马饲料。种马不仅吃得好而且不需劳动，它们的唯一任务就是与母马交配。各队的役马几乎都是它俩的子女。

各队的母马陆续牵来了。母马的发情期在春季，发情期较短，所以配马时间比较集中。那天来配种的马很多。每匹马到达配种站先要检查是否排卵，以免种马"放空炮"。这项检查，就成了我们这批观摩的畜牧兽医练习生的实习课目。我因在培训时成绩优异，被指定第一个实习。

先把母马驱进一个类似双杠的护栏内。我挽起衣袖，在手臂上涂上甘油，从马屁股直伸肠内，在靠近子宫壁时，摸到了一个黄豆般大小的物体，那就是母马排的卵，说明可以交配了。这时配种员牵来种马，趴在"双杠"上，伸出它那长达半米多的"大家伙"直插阴门。那时条件较差，不像后来那样，是由配种员使用"假阴道"搜集种马精子的，然后将精液稀释成20份，分别注入母马，而是来一个配一个，所以种马非常“辛苦”。

虽然两头种马轮流交配，但不断交配，也渐显疲色。碰巧的是那个“双杠”式的护栏，因用得太久，已见松散。当那匹壮实的德国种马压上去时，它竟一下子垮掉了，顿时种马压在母马身上。一大一小，直把那匹母马压趴在地上。德国种马也因“纵欲过度”，随之倒下。我们帮着配种员赶紧把种马拉抬起来。尽管这样，种马仍是两腿打晃，站立不稳。我们这才知道为何要好吃好喝供养它们的道理。

我们还去参观畜牧队，看到了他们队修建的养鸡大楼，当时人称孵化大楼。那是一幢二层楼高的红砖楼，比人们居住的马架要气派多了。可那是大跃进的产物，根本没养成什么鸡。像这样的孵化大楼，垦区有许多幢，因为设计不同，并不能住人，都荒废着，所以大家把它叫做“浮佟大楼”。这比起大地作业还是“小巫见大巫了”。1959年全垦区为了大跃进，推广了858农场首创的“裤播机”种大豆的办法，就是种大豆时，每人颈上悬挂一条裤子，两只裤管里装满豆种，随走随撒在地里，只管播种，不计收成，完全是浪费珍贵的粮食。这些粮食能免于多少饥荒，减少多少浮肿病人。

我们还参观了垦区的一个养鹿场。北大荒鹿很多，分梅花鹿和马鹿两大类。鹿茸是名贵的中药材，与人参、哈士蟆(一种形同癞蛤蟆，体形较瘦小的动物，繁殖于水草之中)齐名，名闻遐迩，各擅胜场，都是东北名优特产。尤其是鹿浑身是宝，鹿肉之美味，古今闻名；鹿胎是妇女产后滋补的灵丹妙药；鹿茸属热补药物，可补肾强体，价格非常昂贵，所以才有了养鹿场这样的单位，成了垦区的畜牧业的支柱产业和“创汇大户”。

那天，正赶上切割鹿茸的日子。只见养鹿员把要切割的马鹿驱赶进一个用树条栏住的圈内。把栏门关好后，继续驱赶。马鹿就进入一个相连的小一些的栏圈内，栏圈一个比一个小。马鹿走投无路，只好依次入圈，最后圈栏已小得只能容一个马鹿的身子。前面出现一个窗口，马鹿被逼无奈，只得将头伸出窗外。早有割茸的工人守候在此，当即抓住鹿角，用钢锯把鹿角的尖端锯了下来，这就是鹿茸。这里密布着鹿的毛细血管，也就是鹿身上最具滋补功能的所在。据说割去的鹿茸，像韭菜一样，以后还会再长出来的。

当了畜牧兽医练习生后，与分场的畜牧技术员和兽医相当熟悉。鉴于各队基本上无畜牧业，仅存的马匹，生了病仍要到分场医治，所以分场决定抽调一部分练习生到分场工作。分场的畜牧技术员是一个中专毕业生，他要抽调我去分场畜牧站工作。为此他曾写了一封信给我，征询我本人意见。他在信中首先强调发展畜牧业的重要意义，“是建设垦区的重要方面”。接着称赞我一番“你已掌握了畜牧业的基本知识”，再描绘一番分场畜发展的前景“在农业大丰收的同时，将会出现六畜兴旺的欣欣向荣景象”，最后谈到了具体安排“你来分场后，我们将并肩作战，我驻守分场部，你去畜牧队蹲点，上下配合，相得益彰”。还说：“此事已经征得侯副场长（主管畜牧）同意，征询你个人意见后即可颁发调令。”

850 是垦区最早开发的农场。农场场长、老红军余有清与老农、女技术员在田头。

我们这批下放干部遇到总场和分场来调人，都是求之不得的事。记得刚到生产队不久，总场调张炳祥等两个不满 25 岁的青年党员去当警察。两人连夜步行去东安报到，因为当了警察，生活比较安定，张炳祥还把安徽老家的妻子接来团聚。接着，陈耀祥被总场组织科抽调去搞外调，也引得全队人的羡慕。前不久，当初在滁县集训队与我编在一班的某县的兵役局干部调去分场当了保卫干事，他把忙碌一年修整完好的马架交给队里，自己则带了妻子欣然赴任了。可是我接到畜牧技术员的信并无欣喜之情，而是写信婉谢了这次调动。

我在信中说，我们队的战友都来自安徽军区，共同战斗已结下深厚的友谊，况且，多承领导的照顾，“我不愿离开这个温暖家庭”。我又说，我身体不好，对畜牧也只是懂得点皮毛，“对分场工作，难以胜任，未必对你有所帮助。”最后强调，多承分场领导的关心和你的看重，十分感激。“看重我就要尊重我的意愿，关心我就是取消这次调动。”

我不愿去分场的理由，在信中表达得十分坚决和清楚。“强扭的瓜不甜”，调动之事不了了之。其实，我在信上表达的理由虽是真实的，但只是表面的，深层次的原因是，我志不在此，我想通过生产队的锻炼，走文学创作之路。

开始创作文学作品

我在读中学时就酷爱文学，功课严重的重文轻理。在二军医大和第一陆军医院时担任墙报委员，在文字上有了一些锻炼。我的从文之路始于读书。读书多了，产生了写作的冲动和欲望。记得我做文化教员时，每天都写日记。有一阶段，还以诗的形式来写日记，自名为"日记诗"，当然也写些散文和小说，不过都是写在日记本上，自揣浅陋，从不示人。算是一种素材积累和文字锻炼吧。

1957 年是中国人民解放诞生 30 周年，总政发起"解放军三十年征文"，各部队成立征文办公室。安徽军区也开展征文活动。我很想参加，但资历浅，又无文名，无缘涉足。"反右"时我又被列为重点批判对象，于是就写起成篇累牍的检查材料。居然被认为"检查不深刻，文采倒不错"，同院居住的干部部武科长不避嫌疑，让我去点拨他儿子写作文。其实大家心中都明白，像我这样的人，怎么会是攻击党的右派分子呢。

批判告一段落，有一阶段我比较"消停"，就被指派和干部部的两名干部一起去合肥郊区刘老圩子捉老鼠、打麻雀，除"四害"。心中又燃起写作的欲望。

回到宿舍，就开始写作，主要是创作短篇小说，也有独幕话剧。

同院子的人都暗暗替我担心，因为“反右”中有不少人是因文获罪的，军区征文办公室有一个笔杆子为此打成了右派分子，我这种做法，不啻是“顶风作案”。但我写作的冲动胜过一切，全不顾自己的政治前途，仍要发泄内心的感受。当然，凭着我的出身、经历和对党的热爱，所写的也只是生活琐事，虽然未能发表，但并没引起风波，更没有“罪加一等”。

到了北大荒后，环境和生活变得如此新奇，写作的欲望再度萌生。1958年，垦区提出“文化大跃进”，每个分场都要创作一个电影剧本。我因没有发表作品的经历，无缘参加。我就在日记本自创电影剧本，终因生活底子浅薄，文学功力不足，半途而废。我改弦易张，写起短篇小说来了。根据牵青骡马去分场就医，自己被踢伤的事，写了《牵马就医记》，参照小范和小邢两个女炊事员的事迹，写成了《女炊事员》，自己也感到没有把握，只是给总场主办的《乌苏里江文艺》投了稿，居然一字不改地发表了。这给了我很大的鼓舞，便再接再厉，创作了《四匹马力拖拉机的包车组长》向名声响亮的《北大荒文艺》投稿。

这篇稿子人物的原型是盲流。盲流是那个时代的一个特殊群体，就像现时的农民工一样，但他们是受到严格管制的，各地都设有遣送站，遇到盲流，就要遣送回籍，其遭遇比早年“闯关东”的人还要凄惨。

我们队里有两个盲流，都姓陈，是一个族里的。我们叫他们老陈和小陈。他们吃尽了千辛万苦，从安徽到了东北边陲。859农场人少地多，总算有了落脚之地。享受“青年工”的待遇，每月工资25元，外加百分之十的边疆补贴，这已经是盲流中的幸运儿了。

生产队人员有着严格的等级。依次排列是：转业军官、铁道兵战士、大专院校分配来的专业人员、家属、盲流。盲流是最末的一等，是属于打入“另册”的一类。他们因来历不明，不分到班里，多在厨房、马棚、猪舍打杂差。老陈是运输员，小陈是火头军。

尽管像老陈、小陈在生产队地位低下，但在安徽老家却成了名人，想投奔他俩的大有人在，但关山险阻，竟无一人到达乌苏里江畔。

1958年的大跃进，导致了三年困难时期，最困难的是1959年，据说全国饿死了几千万人。安徽省是受灾最严重的地区之一，一村一村的人因饿、病而悉数死光。活着的人开始逃荒。老陈、小陈两家也冒险逃来投亲，这是他俩接到电报得知的。

一天又一天，一月又一月，老陈、小陈显得焦燥不安。老陈对我说，他父母、妻子、子女出发已三个月，至今音信全无，看来凶多吉少。小陈也说，我父亲年纪大了，经不住长途奔波，可能死在路上了。再看临近的生产队，那些来自河南、山东、四川的盲流，也无亲人到达的消息。

有一天早晨，我去食堂吃早饭，见一老汉蹲在灶门口，大口大口吞食着玉米糊，得知他是小陈的父亲，是昨夜到达我们生产队的。我不免好奇，许多青壮年都未能来到，而一个瘦弱老人竟能创此奇迹。就和老人交谈起来。

老人不善言谈，只是重复说着难啊、苦啊几个简单的字眼。经我耐心采访，终于得知他能幸存而找到亲人的奥秘。

在他们村子里，多半人已得浮肿病死去，剩下的都出逃以求生路，陈老汉是最后一个逃离的，他靠着小陈寄给他的少量生活费，全部用在买粮食上，这是他能生存的基本条件。他从老民国期间就开始逃难，以后日军入侵，国共内战，他又一次次逃难，积累了丰富的逃难经验。他不随大家集体行动，因为人多，哪村哪家都无力接济，而且目标大，易被遣送站发现。他是一个人单走独行的，自带的粮食尽量留着，讨着一点就吃一点，不走大道、城市，而专走穷乡僻村。别看这些村里的人，自己也吃不饱，但众人接济一个老人还是可能的。就这样他出了安徽省界，经河北、过山海关，到达辽宁。但据他说，多数难民没出省界，就死的死了，遣送的遣送了，能出关的廖廖无几。

出了关，情况稍有好转，多数人就留在关东打短工找活路，但这并非长久之计，一旦被发现，仍要被遣送回籍。老人一路上也碰到过遣送站的人，他会拿出儿子小陈寄给他的信，说明他是投亲者，那封皱巴巴的信，便成了他的通行证和护身符。

老人奔波了半年时间，终于到达了哈尔滨，他用身上仅存的钱买了张五等舱船票。航行三天三夜到达东安镇。他不知畜牧分场7队在何处，正巧遇到队里车老板老戴(也是转业军官)驾车到东安拉货。他搭上马车，终于与小陈父子团聚，尽管他已近六旬，但他有种菜的技术和经验，队里留下他当了“青年工”。

老陈可就没有这么幸运了。他的父母、妻子、儿女始终没来到队里。老陈从盼望，到失望，再到绝望。在那时候，像老陈这种遭遇的何止千千万万。近年我从报章上看到有关报道，最少的说是那时饿死2 000多万人，最多的竟有说死了6 000多万人，总之创造了非正常死亡的“历史之最”。

我根据队里盲流的经历写了《四匹马力拖拉机的包车组长》，主要人物就是那个种菜的老人。我不敢也不便真实地反映他们的遭遇，而是把他“美化”为转业军官的亲属，还虚构了一个他的女儿，是个拖拉机手。父亲为了激励女儿，驾着四匹马套的犁与女儿驾着“斯大林80”套的五铧犁，不等量地在菜园子和大地上进行翻土比赛。结果当然是女儿赢了，但老汉也没输，因为他鼓励女儿的目的达到了。这篇小说被《北大荒文艺》录用了，刊登在1959年9月号上。

生产队条件很差。无桌无椅，白天要劳动，晚上没灯火。我就零零碎碎地记在日记本上。我因身体不好，经不住连续的激烈劳动，排长曹木匠（上尉转业军官，队里的兼职木匠）就常让我休病假。生病居然成了我生活中最大的乐事。我就趴在铺上，将零星的记录整理成文。食堂炊事员队花小范来给我送“病号饭”时，见我趴在铺上毫无声息，以为是晕倒了，忙来对我施救，走近时才发现我在写作，便嗔怪地说：“你这这个人，怎么不爱惜身体，病了还要写字，快吃饭吧！”

遇到照顾病马，更是我写作的好时机。因为有一盏马灯可以照明，我在生产队照顾红辕马时，写出了小说《四匹马力拖拉机的包车组长》。陪黄辕马在分场“住院”时，写出了小说《半载》。这篇小说写的是冬天与家属们一起集堆大豆的生活，反映转业军官经过半年的劳动锻炼，思想上得到升华，还穿插一些爱情故事，是日记体的形式，被《北大荒文艺》1959 年 10 月号作为向建国十周年的献礼作品发表。后又与他人合集，书名《展翅高飞》，由黑龙江文艺出版社出版。

我写作文学作品的另一个巨大阻力来自家庭。父母都是文盲和半文盲，但他们知道历朝历代都有文字狱，凭我发配到北大荒劳动的身份，还要游戏文字，岂不是自找苦吃，于是哥哥代表全家给我写了封长信，反复强调，好好劳动，不要写作，争取早日调回南方。

但我认为劳动和写作并不矛盾，劳动为写作积累素材，写作是表达劳动锻炼的成果，至于调回南方，在那时简直是无法想象的。我就继续边劳动边创作，根据曹排长、万班长等转业军官的事迹写了小说《老班长》，在《北大荒文艺》1959 年 12 月号刊登时被改名《生活的浪花》，并被选送《解放军文艺》，因故未用。而我登载在《乌苏里江文艺》上的《女炊事员》于《北大荒文艺》1959 年 11 月号选登，我又根据蔡荣伯去而复返的经历，写了小说《回家》，此后我又写了些散文和特写。这样，我几乎半年多时间，每月都有作品发表。而在劳动上虽然成绩不昭，但态度积极，也被队里认可。

1961 年春节，我回上海探亲，父母还为我没能上成中国人民大学而婉惜。我对老人说，北大荒也是所大学，我没去人大学历史，我却在劳动中学文学。正好那时《北方文学》给我寄来了刊登我作品的期刊，我更有理有据地说，全国每年考上大学的有十几万人，而能在省级刊物发表作品的不足千人。事在人为，只要自己努力，总会有所作为的，不要在一棵树上吊死。父母听了我的话，总算不反对我写作了，但还反复叮属："一定要当心啊！"

我怎能不当心呢？前车之鉴，后车之辙。与我同龄的全国知名青年作家王蒙、刘绍棠、丛维熙都在"反右"中落马，区区后学，怎敢冒犯当局，针砭时弊，我写的都是属于"歌德派"的好人好事，虽也有其一定生活基础和存在的价值，但远谈不上涉及社会本质，记得我还根据前清末代巡抚的外孙媳妇——苏州畜牧学校毕业生，用"秘密武器"吓退饿狼的事创作了一篇短篇小说，却被《北大荒文艺》唯有一次的退了稿，理由是"没啥意思"。我明白了真人真事并非好人好事的道理。当时文艺界的指向是歌颂三面红旗，与此游离在外的作品都遭受冷落，甚至批判。

《北大荒文艺》刊登的作品也概莫能外，850 农场转业军官张惟创作的中篇小说《第一书记上马记》尽管艺术性很强，写出了一位转业军官在艰苦环境中奋斗的历程，在省内引起强烈反响，但被领导认为主人公是右倾机会主义分子，而受到严厉的批判。859 农场转业军官林哨创作的短篇小说《狼窝岛的秘密》被认为是猎奇，也遭到批判。《北大荒文艺》编辑张勤创作的短篇小说《男追女赶》被指责为有轻视女同志的倾向，使张勤的创作热情一落千丈。而我的作品则被认为"朴实""生活气息浓厚""反映了北大荒人的真实面貌"等等，在垦区首届创作会议上备受赞扬。《北方文学》编辑部和《黑龙江日报》副刊《百花园》的编辑相继向我约稿。

其实，我是有自知之明的。我只是个初学写作者，因为长期生活在生产队，写的东西比较原生态，跟本谈不上什么艺术性，而反映的生活也很片面，不敢说真话，粉饰太平，歌功颂德。所以后来自费出书盛行时，有人劝我把五十年代的作品结集出版。我认为那些作品是那个时代的产物，用现在的眼光来看，只是习作而已，并无重新出版的价值。为了圆文学之梦，我便创作了长篇小说《城北白相人》，比较真实地反映一个县级市改革开放 30 年来的变迁，有一定的社会批判锋芒。

然而，我的那些不成熟的作品，确实给《北大荒文艺》注入了一股新鲜的血液。局宣传部为了充实编辑部的力量，计划将我调入。

在正式调入编辑室之前，先召我和 856 农场的郑加真和 859 农场的王水心参加垦区首届群英会，要我们各采写一位标兵作为"面试"，我采写的是 8511 农场养鸡姑娘隋玉展。"面试"合格，作品在《北大荒文艺》发表。我先行回场，等待农垦局正式下达调令。在这期间，我在 859 农场《乌苏里江报》当记者。

山东支边青年来了

北大荒人少地多,虽经 1954 年的铁道兵和 1958 年的 10 万转业军官两批大规模的移民,加上零星进入的盲流,仍感劳动力不足。况且 10 万转业军官毕竟是国家干部,无长期当“农工”的可能。为此垦区决定从山东地区招募大批青年来建设北大荒。

山东人历来有闯关东的经历。不过多在辽宁一带,到达黑龙江省的较少,来北大荒的更少。所谓“盲流”流入北大荒的也是安徽人居多,因为山东沿海生活比安徽、河南一带的内陆地区好些。不愿来到苦寒的边疆。

然而,在三年困难时期,山东人的生活水平也大幅下降,况且到北大荒来是当国营农场的农业工人,可以按月领取工资,比在山东的公社里记工分强多了,所以报名的很多。经过当地县、乡、村政府的层层遴选,来垦区的山东支边青年有六万余人之众。我们队也分配到了来自海阳县的近百名山东支边青年。

山东支边青年来队,无疑是我们生产队的一件大事。队领导分别到东安镇和分场部迎接,指派我在队里等候。那天正下着雨,我们北大荒人遇到夏雨从不打伞穿雨衣的,任雨淋着,正好洗个畅快的冷水浴。我从食堂端来一张桌子放在进队的入口处,为了防止青年散失，来一个就登记一个。从上午等到中午，尽管我已成“落汤鸡”，仍未见一个人到达。

大约下午两点时分，见一个像我一样的“落汤鸡”跨越队口的水线，向我走来，原来海阳青年也是从分场徒步走来的。这个青年是他们的前站。于是他就同我一起等候大队人员。过不多久，大队人员到达了。与他们同时到达的是队里的拖拉机爬犁，爬犁上装载着青年们的行李，在总场、分场迎接的队干部也在照应队伍。

没有欢迎会，没有鞭炮和锣鼓，只有食堂白面馒头的招待。青年们迫不及待地到早就给他们准备的宿舍里，整理行李，准备休息。虽然住宿仍很简陋，没有热炕、没有玻璃窗，但比一年前我们来队时泡在水里强多了。

山东支边青年另组班排，男女分列，这是照顾他们的生活和劳动习惯，班、排长也由他们自己担任。尤其是女工排长（姓名忘了）因其高大、端庄、秀丽引人注目。及至劳动，她更是一把好手，成了支边青年中众星捧月的红人。

支边青年女多男少，垦区领导原是为了平衡一下转业军官男多女少的状况。事实证明，不少未婚转业军官后来都找了支边女青年为妻，那位能干、美丽的女排长应该成为队里未婚军官追逐的对象了吧。

而山东支边女青年呢？他们到东北边疆来，除了找一份固定的工作外，也想找一个转业军官作丈夫，因为转业军官不仅工资较高，而且有发展空间。“嫁鸡随鸡”后，说不定还会有更好的前途。她们来队后的第三天，天空放晴，太阳当空，纷纷拿出行李晒晾。在场部前拉起了一条条长绳，挂满了被面、被单、枕套，花花绿绿，炫人眼目，特别引人注意。原来她们的父母把她们的“闯关东”当作亲事来办的，集全家之力，给她们办了嫁妆，盼她们在北大荒能找个如意郎君，成家立业。那送行时的生离死别的情景该是多么的悲怀！

山东支边青年乘闷罐车到达迎春站

山东支边青年搭乘汽车进入农场

然而女排长的婚事并不如想象中的顺遂，这与我们队人员结构有关。我们队的转业军官是以兵役局的征兵干部为主体的。他们在役时，多数已娶了农村的高小毕业女青年为妻，未婚青年，包括我在内不足 10 人。队里有个军官家属叫杨光荣，她随带了妹妹杨光英来场。不满 18 岁的小杨成了未婚青年的追逐对象，结果被中尉转业军官，彭副队长捷足先登。其他未婚青年分成两类，一类是统计员蓝如晦，因其拨算盘写报表，属文派；一类是同班战友张广瑞，因其劳动能干，属武派。其他队的女青年、属文的如女护士、营业员等向蓝如晦靠，属武的如女工班长、铁腰姑娘等都向张广瑞靠。他俩简直挑花了眼。最后，蓝如晦选中了一个场部的统计员（也是军官家属）。他俩的见面，蓝如晦约我陪同。我们冒着雨在机耕路上来回走了十几里路，完成了“相亲”。三人始终没涉及感情上的一句话，他俩连眼神都没对上一回。姑娘临离开时，留下一字条：“蓝队长，我没有意见。”他俩的结婚已是我离开生产队以后的事了。张广瑞虽然能干，但文化很低，虽也谈过几个人，都未能成功。可能是他眼界过高，也未能在山东女青年中物色到人选。那位漂亮的女排长当然也不会以他为追求的目标。

其他人等，文工团小提琴手出身的赵青在山西老家找到了对象，他曾给我看过他对象寄来的照片，是个年龄很小，十分漂亮的姑娘，照片背后的题词是：“瞧我这个熊样”，亲热之情溢于言表。剩下的只有我和蔡荣伯两个单干户了。我俩都是个子矮小的人，不大上女青年的“法眼”。况且，我俩的家长都千叮嘱万吩咐，要找就要找家乡的人。可漫漫荒原，我哪去找江南人，而蔡荣伯哪去找川妹子呢？虽然队花小范因其丈夫吴多义在“二次反右”时被送去劳改有离婚的念头，也有人向我传递过信息；虽然短训班时，同班学友小魏也类似小范的情况，对我颇有好感，但不属我择偶的范围。倒是畜牧队有众多的 101 医院的女护士，而且都是江南人。但她们有的与原部队的领导或战友挂上了钩，想以此离开荒原，有的在部队或是来农场后失过身。女青年未婚失身，在现在看来似乎平常，可在当时兹事体大，身价一落千丈，几乎无人问津。

那么，那位漂亮能干的女排长也就无人问津了吗？不，喜爱她的大有人在，不过不是我们这帮未婚青年，而是大量的已婚转业军官，那些兵役局的转业干部们的小媳妇多数已回归安徽老家了，虽有鸿雁传书，但仍难熬思念之情。他们就把情欲转移到这位出众的女排长身上。在田头闲谈或是工余聊天时，就会众口一辞地夸赞她。其中含义不言自明，但也到此为止，从没人对女排长实施非礼，最多也只是"口头腐化"而已，因为当时的环境和身受党多年教育的军官们，是恪守着道德和感情底线的。

只有一个人例外，他就是我们的新任队长（因涉及个人隐私，故不提其姓名），这位队长是个 30 多岁中年人，身材匀称，相貌堂堂，出身农民，田里活计样样能干，不论播种、锄草、收割他总是排在第一位，充当领头羊。想不到他对养鸡、喂猪、驯马甚至烧菜做饭都很精通。那天欢迎山东支边青年的馒头宴就是他一手操办的，除了大馒头，他还制作了精美的酸辣"甩袖汤"（是拌以葱姜加着泥的鸡蛋汤，俗称二尾子汤），吃得青年们满口溢香，顿消旅途之疲劳和雨淋的寒气，所以人们称他为"万能队长"。

队里的两匹辕马先后病死了，分场又给调配了两匹辕马。其中一匹黑马桀骜不驯，连车老板老戴都毫无办法。队里的几个老骑兵战士想驯服它，可一上马就被它摔了下来，更可恶的是它只要在马棚中一松手，它便如脱缰的野马，横冲直撞。吓得刚从山东来的男女青年四散奔逃。

一天，黑马又发作了慓劲，在队里四下乱窜。碰巧，女排长正在工余洗衣服。更巧的是万能队长正蹲在一旁欣赏她洗衣时美妙的姿态。说时迟，那时快，眼看黑马就要将女排长践踏于蹄下。万能队长眼疾手快，一把抓住马缰，翻身上马，转道而走，使女排长幸免于难。

黑马岂肯轻易就范，跳、蹦、掀、踢，无所不用其极。万能队长则用伏、揿、夹、击等招术应对。黑马使用出最后一招，就是在地上打滚。在农村呆过的人都知道，役马一天干活完了，就要在地上左右翻滚来解除疲劳。但黑马的打滚比平时的打滚，幅度大多了。稍有不慎，就会将坐骑上的人压死。万能队长煞是了得，马滚他也滚，忽左忽右，就像膏药一样贴在马身上。黑马久战乏力，终于被万能队长驯服了。那天我也在现场，就和战友们一起拍手欢呼。这一“英雄救美”的话题，很快传遍全队。

这个万能队长却是个好色之徒，更因其健美能干也颇得大姑娘和小媳妇青睐，所以绯闻不断。他原是畜牧队队长，因其好色，不适宜在女青年聚集的畜牧队任职；因他能干，所以调到我队，仍当队长。

那时我正在学写文学作品，这样的人物当然是我观察和了解的重点。得知他是东北的翻身农民，参军很早，当时送郎上前线的妻子竟比他大了十几岁。原来妻子是个童养媳，过门时，万能队长还躺在东北三大怪的吊篮里（东北三大怪：生个孩子吊起来，窗纸贴在窗户外，18 岁的大姑娘吊烟袋），妻子又当母亲又当媳妇把丈夫抚养成人，刚圆房，丈夫就参军了。从此夫妻咫尺天涯，再无见面。及至1958 年干部下放，万能队长主动申请，为的是夫妻团聚。但那时候妻子未老先衰，已成为一个白发老太太了，而且裹了小脚，实在与健美朝气的中尉军官很不相配。妻子仍像姐姐般地爱惜着弟弟丈夫，而丈夫久经阅历，对妻子的感情十分淡漠了，但他官卑职小，不能像许多大干部那样，进城后当了“陈世美”。到了北大荒后夫妻凑和着过日子。万能队长的绯闻也就由此而来。从文学的角度来看，我倒是颇为同情万能队长的。

关注万能队长的当然不只我一个人。我听战友们曾议论过他的风流韵事。解放初期，旅顺港是中苏共同驻军的，万能队长是中方驻军的战士。一天傍晚，有个金发碧眼的苏联女郎不期而至，据说她是苏联军官的眷属，外出观景迷了路，当晚就宿在他们班里。班里清一色的中国毛头小伙子，居然经不住她的“诱惑”，个个都与她发生了性关系。清晨，苏联女郎像没事人一样，穿好衣裙走了。万能队长这次算开了“洋荤”。对这种传来之言，我当然将信将疑。但作为文学情节，我还是贮藏在脑中。

无独有偶，秋收时，由万能队长带队去支援外队。转业军官和支边青年的班、排因要完成队里的任务，他是无法带去的，只好把家属们组织起来，凑成一个临时的女工班。主要是铁道兵拖拉机手那些来自穷乡僻壤的家属们。据说在支外的一周内，万能队长以他个人魅力和各种手段，居然把整个女工班的家属们睡遍了。当然，这也是传来之言，我也是将信将疑的。

然而，我也有亲见亲闻的事，那就是队长率队支外回来后，那个白发老太太不断颤巍巍地迈着她那双小脚，频频出没于各个支外女工的家中，好言劝慰，妹妹长妹妹短地频频打着招呼，还把家中仅存的粮食、粮票、衣物送给她们。我知道这是在“封口”、“灭火”，果然并无一人泄露“天机”。这说明，一则女工们也是自愿的，再则她们怕危及队长也势必危及家庭，危及自身。

大批山东支边青年来队后，转业军官随之大批调出了。秋收过后，先是我队半数的转业军官调往嫩红地区讷河县。基本上是文化低而身体差的人。工作分配也不甚理想，像我们班副班长权书法当上了机要投递员，有的在菜场工作，有的在环卫所上班。但总算“劳动锻炼”毕业，恢复了干部身份。为此，我写了一篇特写《告别战友》

登载在《北大荒文艺》上以纪念相聚荒原的难忘情景。接着又有一批精壮劳动力调往总场农校，是作为种子保留下来，准备农场扩大后，安排他们做场、队干部。其实他们只是编制在农校，实际上是前往完达山专业伐木，由外调返队的陈耀祥担任指导员，我班班长万仁林也在其中。这样一来，1958 年来队的转业军官所剩廖廖无几，且大部分担任了职务。我也被正式任命为脱产的文化教员，队里的生产任务由山东支边青年担当主力。不久我也被抽调至分场的文艺宣传小分队。不想我竟一去不复返了。

再回生产队是时隔半年后的 1960 年春季，我是回队办理正式调动手续和取行李的。指导员张四珍为我能调到农垦局而感到高兴，亲自制作刀削面来招待我，在座的还有副指导员中尉转业军官王同山，他们向我盛赞山东支边青年的业绩。许多人已是队里的班、排长骨干，队里的司务长、上士等职务也由支边青年担任，那位漂亮能干的女排长，已升为妇女队长了。

我问及队长怎么不见。两位指导员告诉我，队长正在闭门思过写检讨，不便出来。细问之下，才知万能队长又出了绯闻，绯闻对象竟然是那位山支边青年女排长。

正是春播大忙季节，农工们整天忙在田间，万能队长借故将女排长留在队里。女排长虽然对队长的那次"英雄救美"心存感激，但不甘于做一个插足别人家庭的第三者，曾多次婉绝了队长的殷切情意。她知道队长将她留在队里绝非好事，就向指导员张四珍作了汇报。张指导员找王副指导员商量，决定采用移花接木之计。果然，万能队长摸进女工宿舍，见佳人正在休息，便迫不及待地掀开被子压了上去，谁知铺上的"佳人"竟是副指导员王同山。于是东窗事发。万能队长无可辩驳，只得回家写检查去。以此为契机，党支部又重启调查队长带女工外出之事。正在这时女排长也以队领导的身份来参加为我准备的刀削面欢送宴。我见她变得健壮、成熟，也出落得更加漂亮了，听说党支部已在讨论吸收她为新党员了。

回虎林时，遇到畜牧队的高景云，他原是常州 101 医院的男护士。当初我没调到分场当畜牧技术员，他却调到分场当了助理兽医，因是同行，比较熟悉。他要去饶河总场领取药品，便与我同行。在东安驶往饶河的船上，竟遇到了万能队长。他由两名公安警察押解着，居然露出不卑不亢的神气。我和高景云，都曾是他领导下的战士，见到这种场面非常尴尬，还是队长先开口打招呼："你们都还年轻，好好干吧！不要学我的样！"听了这话，心中不知是什么滋味。

以后再没听到万能队长的消息，但我可以想象到他那小脚老太太焦灼的心情，也没有见过山东支边青年的女排长，也不知她最终花落谁家。

文艺宣传小分队

我当了生产队文化教员后，业务上受分场宣传干事指导，又因在《北大荒文艺》接连发表作品，受到了宣传干事的瞩目。当分场决定成立文艺宣传小分队时，我便被抽调入队。

我是小分队第一个报到的队员。因为我的任务是编创节目，是要先行一步的。分场宣传干事汪烈热情地接待了我。那时时值11月份，天气已经很冷了。我们两人都来自基层，对转业军官的战天斗地的豪情壮志，生产队的好人好事，都了然在胸。对总场下达到生产队的任务、指标乃至垦区的建设方针、策略、步骤也都有所了解。加上宣传干事又拿来了许多文件、资料和各生产队文艺骨干提供的素材，不到半个月时间，就完成了一台节目的创编任务。形式是快报、对口词、诗朗诵、歌曲、相声等等，重头戏是小歌剧，大致与部队文工团的风格相似。

这时，小分队的成员纷纷来报到了，文艺宣传小分队由此宣告正式成立，开始排练节目。队长由汪烈担任，汪烈原是浙江军区驻海岛部队某师的宣传干事。他年轻有为，在1957年鸣放期间，曾受命撰写一篇文章投寄《浙江日报》，反映海岛部队文化生活的贫乏，题目叫《春风不度玉门关》。孰知，党所号召的大鸣大放一下子转变为"反右”斗争，部队要紧向《浙江日报》撤回那篇稿子，虽然稿件未曾度过“玉门关”，汪烈本人却被取消预备党员的资格，发配至山海关外了。

汪烈身高马大，食量过人。在困难时期，像他这种人更感饥饿，就往往嗑向日葵瓜子聊填辘辘饥肠。

向日葵在北大荒是大面积机播的，大家当然不敢擅自拿取国家紧缺的油料作物，但秋收过后，地里尚存残余的干瘪籽盘子，从中能择取若干瓜子可以充饥。汪烈吃瓜子的本事高人一等，几乎可与俄国人比美。因为俄国人特别喜爱吃向日葵瓜子。而且特有技巧，他们一手托着瓜子，一手抓起一粒向嘴里一丢，随即籽仁下肚，籽壳从嘴边飞出。像机枪连射一样，不一会就把一把瓜子吃尽，籽壳飞得满地皆是。据说苏军解放东北时，许多战士不惜用随身着装的皮带、挎包，甚至撸下腕上的手表向当地百姓换取几小盅向日葵瓜子，可见其对此物的痴迷程度，所以在东北，向日葵瓜子称作“毛子嗑”(东北百姓对苏军印象不佳，称呼他们为“老毛子”)，其实，东北人也爱吃“毛子嗑”，几乎每个人的门牙都留有嗑瓜子留下的缺口。我在东北生活了 14 年，门牙上也留有这样的缺口。

汪烈最绝的还不是嗑瓜子。有一次小分队难得一次在分场食堂吃鱼，只见汪烈连肉带骨一块块将鱼送入大嘴内，骨肉在嘴中瞬间分离，大骨小刺统统从嘴边飞出，自然也带出了许多唾沫，全不顾众人向他侧目而视，纷纷躲避。从此他得了个外号叫“脱谷机”。

小分队成员中，来自畜牧队的陈志华最引人注目。她是队里唯一的女队员，年轻漂亮，堪称分场的场花。她原是江苏常州 101 医院的护士。一次她为一个病员备皮(手术前的剃毛)。她一手拿着镊子提起病员的阳具，一手拿着剃刀刮着阴毛。那病员是刚从朝鲜战场上负伤下来的战士，在那血与火的战斗环境中，很少见到女性，毫不夸张地说，即使见到披发的道士也要追逐观赏的，哪经得住美艳如花的陈志华这般“撩拨”，那阳具顿时充盈了血，坚硬挺拔起来，而且还频频颤动。陈志华哪甘受辱，就用镊子狠狠地朝病员的阳具敲去，还说：“谁叫你不老实！”谁知这一敲，把她敲到了北大荒。

陈志华不仅美艳冠分场，而且多才多艺，歌唱得好，舞也了得，只要在舞台上一站，即使不开口，不动作，也十分引人注目。她还打得一手好篮球，曾被选拔为总场女篮队员，不幸她在一次篮球比赛中，摔断了腿骨，遂回常州 101 医院治疗。她这次回归母院是“烧香望和尚，一事两便当”，是治腿和找对象兼而有之。但她“一敲”的风波未平，又加上成了残疾，没找到如意郎君不算，腿病虽接好了骨，但筋仍扭曲，是拐着脚回农场的。

美貌的姑娘一旦成了跛脚，身价自然大降，陈志华不得已而求其次，在农场寻找对象。她不是专攻一人，而是广洒情意，目的是在挑选，惹得许多年轻人纷纷追逐。她第一个恋爱对象是同队的高景云，就是那个调到分场的助理兽医，但始终没有确定关系。到了宣传队后，又成了汪烈的对象，也没有一句肯定的语言。一次她去总场医院治腿病，回归的路上，像那位苏州畜牧学校毕业生那样，遭遇到饿狼的袭击。但她没有那位苏州姑娘可以用爆炸热水瓶当作秘密武器，她只有拼命奔逃。好在她在篮球队是个前锋队员，奔跑速度特快，居然让她甩掉了饿狼，而且那扭曲的腿筋，经过激烈的运动，竟奇迹般地伸直了。从此她摘去了“残废”的帽子，又萌发了回南方找对象的念头，害得汪烈等众多的追逐者空欢喜一场。

经过一遍遍排练，节目已经成形，小分队要踏上征程了。为精干起见，小分队只留下 9 个人。队长汪烈既当领队又要谱曲、又要伴奏，全队唯一的乐器手风琴就是他的强项。陈志华当然是必不可缺的，除了她，全队都是光头了。男女声对唱、小歌剧等节目就无法演出。我也被留在队里。因为每到一地，要现编切合当地实际的节目，所以编创人员也是需要的。

我们的演出不是分场各个队的巡回，而是去慰问伐木大军。这年冬天，照例由各队抽调精壮劳力组成伐木队前往山区伐木。我们分场的人员都是在分场以外的地区劳动，具体地点是小佳河乡，即总场下辖的三分场。

从畜物分场到三分场要横渡小佳河。那时河上已结成坚冰，可以跑车行人，我们一行人先从分场走到6队，即是芜湖速成中学转业军官新开辟的垦荒点。我的难友张模已调至饶河，没能见面。

冰上渡河有许多险情，常发生踩到薄冰而掉入河中的惨事。我们别无选择，只能冒险渡河。汪烈身先士卒，在前面探路，众人亦步亦趋，紧随其后，总算平安过河。这时天色已暗，我们在一家小饭店胡乱吃了一顿，就来到小佳河乡小学借宿。

乡小学空无一人。好在教室并不上锁，我们就自作主张登堂入室，先把炉子烧旺，再将课桌拼成床铺，放开随身携带的简单行李，准备休息。可能是心情过于激动，也许是劳累过度，谁也无法安睡。陈志华提议：我们来跳舞吧。

美女相邀，众人都乐意奉陪。我们在部队都受过交谊舞的基本训练，便在汪烈手风琴的伴奏下，成双作对地跳起舞来。陈志华又成了众人争相邀请的明星，她应接不暇，一曲连着一曲，直跳得面色桃红，气喘吁吁。这可急坏了汪烈队长，他因为要操弄手风琴只能眼看着陈志华为众人伴舞，而自己却不能分享心仪美女的风韵。于是她竟然丢下手风琴，口中哼着乐曲，拉着陈志华跳起舞来。

舞罢，果然大家都安稳入睡了。第二天清晨醒来，乡小的师生尚未来到。我们排好桌椅，熄灭炉火，汪烈还在桌上留下一张字条，表达致歉之意，还包着2元钱，作为柴火费。小分队仍有着军队作风，执行“三大纪律八项注意”是一丝不苟的。

又跋涉了半天，终于到达了伐木队。伐木队的杨队长曾在我的队担任过队长，队里运木的拖拉机手，多数是我队的铁道兵战士。他们在队时，都是新上车的学员，现在身份仍是学员，但实际上都担任了包车组长的重要职责。队友相见，分外亲切。我要紧采访伐木的好人好事，快速编写，好在晚上演出。

晚饭后，演出如期进行，地点在大宿舍内，由一前一后两盏马灯照明，大汽油桶改制的炉子火焰熊熊，全队人员挤在两个对面铺上，中间的过道就是演出场地。先由杨队长致词欢迎。他说，感谢分场领导关心，派小分队送戏上门，他们演出的不是我们平时鬼哭狼嚎的地方戏和民歌，而是部队文工团正规、洋气、精彩的节目，大家要好好观看，深刻领会，看完后还要组织讨论，最好每人都写一份心得体会，简直把小分队夸上了天。

我们受宠若惊，更要认真演出。最受关注的当然是陈志华，她几乎每一个节目都要出场，出尽了风头。我挤在铺上听到一些家属的议论："这么一个娇嫩、水灵的姑娘怎么也来北大荒了呢？她父母怎么舍得呀！"

演出正热烈时，杨队长在铺上找到我，说总场有电话辗转到达队里，说虎林农垦局要调你去执行任务。正好有拖拉机去分场，你就随机去分场吧！我匆匆告别队友连夜去了分场。

当我从农垦局执行任务回归饶河时，分场文艺宣传小分队正在总场参加文艺会演。就在这时，我编写的一只三人相声在《农垦报》上，以一个整版刊登了。全队欢呼雀跃，一是庆贺会演取得成功，再是节目发表，三是战友重新相聚。其实我心知肚明，我所编写的节目都是口号、标签式的，文艺性很差。只是符合上级精神，又有些真情实感的生活气息，如那只三人相声，是无法表演的，即使表演也绝不会引起笑声。就像我那时所写的小说一样，有生活而缺文学。那个时代就是这样，这种作品是时代的产物，并不能引以为窃喜的。尽管如此，我把《北大荒文艺》、《农垦报》付给我的稿费请队里战友在饭店吃了一顿。席间，总场文工团的杨团长还专程来找我们，要我们为文工团提供些作品。我因专致于文学创作，而对曲艺节目了无兴趣，因此没能为自己的文工团出一些力，深感遗憾和自责。

东北农垦总局大楼外景

春播开始，小分队解散了。以后汪烈调入了《农垦报》社当记者，不过那时我已调离垦区了，再见面时是在南京。原来，他因文获罪，但也因文得益。当初那个授命他写《春风不度玉门关》的领导在南京市委当官，见汪烈的"中右"问题已得到改正，又恢复了党员资格，就将他调至南京广播电视台当办公室主任。我因去省出版社办事，曾去找他叙旧。他正在编《广播电视报》，见了我忙把一叠稿件推给我，说："帮我一起编，我们好有时间讲话。"直到午饭时才完工。可见他工作之繁重，态度之认真。

午饭后，他要去《南京日报》印刷厂发稿，我随同前往。他妻子原是山东支边青年，现在正是印刷厂的工人。三人大谈北大荒的经历，庆幸自己能调回江南，不料这一次会面竟成诀别。

不久，我在江阴接到南京广播电视台发来的讣告，说汪烈同志因肝病逝世。我十分震惊，想到他三年困难时期已得了肝病，他又是个工作狂，肝病不断加重，所以在40多岁时就英年早逝，想来真是不胜遗憾。

陈志华也历经坎坷，到了六十年代末，仍在一个生产队当卫生员。虽未能保住“金刚不败”之身，但仍未结婚，依然风韵犹存，楚楚动人。她因美得祸，却又因美得福。一次，她途经佳木斯市，在总局大楼前徘徊。那时，东北农垦总局已改为兵团，由现役军人掌权。有位首长见她气度不凡，谈吐不俗，又得知她是101医院的资深护士，便当即决定将她调入兵团医院（总局办公大楼已改为医院），不久就找到了一个现役营职军官结婚成家。不幸的是那个军官是个病人，是陈志华护理时结识的，正等待着办理转业手续。与陈志华结婚，也有想转业至江南地区的因素。

那时我正在《合江日报》当记者，与陈志华邂逅相遇。一起回忆小分队的往事，追述畜牧分场的境况。想到昔日的战友，病的病，死的死，散的散，偌大的佳木斯市，仅她我两个熟人，所以格外珍惜。那时我们的话题集中在如何调回江南，互相祝福，互相鼓励。终于在七十年代初，她调回原籍镇江，我调到江阴与妻子团聚。

《乌苏里江报》记者生涯

1959年底，我在虎林参加两次会议，先是农垦局首届群英会，我被《北大荒文艺》指派采访和撰写群英会典型人物的特写。接着是参加农垦局第一次创作会议。两会相加，大约半个月时间。

回到859农场所在地饶河镇，我被总场宣传科留了下来，派去《乌苏里江报》社当记者。当时垦区各农场都有报纸，甚至分场也有油印的报纸。因为859农场已与饶河县合并，《乌苏里江报》既是场报，也是县报，规模比其他场报大，需要增添力量。

《乌苏里江》报设在总场场部楼内的一个大办公室内。在我之前，已有4个人在那里工作。具体负责人叫米磐石，原是南京军区《人民前线》报的编辑。1955年"肃反"时，他去中原地区外调，顺便回家乡探亲，有个亲属的孩子见他腰佩手枪，闹着要他取出玩耍。不料手枪走火，那孩子当场命毙。为此，他被判了3年徒刑，刑满释放正赶上1958年的上山下乡运动，于是来到了859农场，因属误伤，不是政治问题，就命他办报，负责编辑时政要闻的第一版。

负责编辑生活和副刊的第二版的是转业军官龚宗涤。他还编辑不定期出版的《乌苏里江文艺》。我去生产队劳动后，最初写出的两篇短篇小说《牵马就医记》和《女炊事员》，就是经他编辑发表在《乌苏里江文艺》上的。

记者是林哨。他是福建人，也是转业军官，原在部队时曾发表过文艺作品。来垦区后，与我同为《北大荒文艺》创作骨干，他就把我所在的畜牧分场（后改为四分场）的采访撰稿任务交给我，而且又一同参加了垦区的创作会议，彼此比较熟悉。

还有一名同志叫吴后桂，原是《人民前线》通联员，在《乌苏里江报》负责通联工作。与我同时抽调至报社当记者的还有一名与我同一分场的柳诗炳，是个文学爱好者和写稿积极分子。

饶河县幅员广大，又值隆冬，交通非常不便。采访工作非常艰苦，往往好不容易到达现场却又回不来，新闻变成了旧闻。好在我们所采访的都是典型人物和典型事件，新闻稿多数在总场各科室采写或是由各分场宣传科转送来的。所以一出去就是十天半个月。记得每当林哨被困在某一地方时，他就会打电话向米磐石告急："老米，快来救救我！"意思就是要老米向各部门联系，用他们的便车（运输车或拖拉机）将林哨捎回来。

尽管视采访为畏途，但这是我们的职责所在，还是要冒着风雪外出采访的。为了安全起见，每逢外出时，我和柳诗炳都是结伴而行。当时采访的重点是伐木。所以我和柳诗炳每每出没于深山老林之中，见到了一幅幅惊天地泣鬼神的热闹场景。不过，战友们的冲天干劲用现在的眼光来看，纯属是乱砍滥伐、浪费国家资源、破坏生态平衡。按规定，每伐倒一立方树木，国家就能拨给垦区 6 元钱。于是大家只顾伐，而不管是否运得出去。结果伐倒的多，运出的少，不知其数的树木烂在山里，而且伐木者多数是转业军官，打仗行，伐木却不行，加之工具简陋，不仅进度慢，产材少，而且多有危险。就以 859 农场来说，每冬伐木，都要死几个人，伤几十个人。当然这些不属我们的采访之列，我们要报道的是翻番的数字和"誓死不下火线"的英勇事迹。

有一次，我和柳诗炳受命去三分场也就是小佳河乡采访一个生活现场会，即所谓的“增量法”和“代粮法”的先进事迹。“吃”的问题也是当时的重点。我们不敢怠慢，但苦于没有交通工具，近百里的路程只好步行前往。为了便捷起见，采取了在乌苏里江“冰上行”的途径。

我对乌苏里江是深怀感情的，859 农场先后的场部所在地东安镇、饶河镇都在乌苏里江边，记得我因病住院，每晨都到近在咫尺的江边洗漱，还在江里戏水洗澡。毫不夸张地说，我如今年迈的躯体内，有相当多的细胞和血液是受到乌苏里江水的滋润而生长的。更使我难忘的是一次美好的航行。

那是 1958 年 5 月上旬，我们安徽军区的转业军官从滁县登上专列抵达哈尔滨后就改乘“开原号”轮船，前往 859 农场。轮船漫游三江（松花江、黑龙江、乌苏里江），日夜兼程，要三天三夜，最后一天是航行在乌苏里江上。如果说松花江优于宽广稍嫌混浊，黑龙江豪迈雄壮略逊妩媚的话，那乌苏里江则清澈至极，风光无限，使我这个生长在黄浦江边见过大海大江大湖的上海人也叹为观止。

应该说，船上的生活是比较活跃的，甚至欢乐的。转业军官中多数人是各县兵役局（即现在的武装部）的征兵干部，他们多年战斗于军营后又常年跋涉在山区中，虽然娶妻生子，却很少有团聚的机会。长途航行的轮船无疑给他们提供了一个临时的“家”，他们一家在五等舱的统铺内，找了一个窄小的空间，各自为营，抚妻戏子，其乐融融。而从军区机关、芜湖速中、第六步兵预备学校等单位下放的小知识分子，虽然身负“反右”中受到批判的“十字架”，但却庆幸能加入开发边疆的“光荣”行列，憧憬着把北大荒变成北大仓的美好前景，这种强烈的使命感激发了大家的热情，一路上歌声不断，笑语不止。相对而言，我比较灰暗，原因是我在“反右”中受批判最多，身体最差，又出生于大城市，工作在机关、学校，肩不能挑担，手不能提篮，连韭菜和小麦都分辨不清的人，要去垦荒，落差实在太大了。在滁县集训时，队里还曾把我作为“典型”，意思说像他这样的人都敢于去北大荒，可见那边并非想象的艰苦。那么大家还有什么可恐怖，可害怕的呢？甚至还有些军官家属的小媳妇和未婚妻大姑娘主动找我比体重、较手劲。她们说，如果北大荒的烟儿泡真要把人刮走的话，那也应该先刮走他。可见当时全队上下是多么充满着激情。

这种激情在船上继续燃烧，居然要发扬军队的传统，建立值岗、巡哨制度，以保证全船乘客的人身安全，还要举办联欢会活跃文化生活。

联欢会安排在晚饭后，大家聚集到船上的餐厅内，你唱一个歌，他出一个节目，非常热闹。军官家属和未婚妻的小媳妇、大姑娘们也踊跃参加，她们唱的基本上都是安徽的地方戏庐剧，又名“倒七戏”，俗称“小刀”。我驻军在合肥时，曾多次观看王少舫和严凤英演出的黄梅戏，当然不会对这些“小刀”在意，但她们的直率真诚的态度和原生态的演唱方法还是深深感染了我。

最爱欢迎的当数曲艺节目和诗歌朗诵，这由芜湖速成中学的教员们担纲。有名教员姓刘，擅说山东快书。他表演的是高元钧脍炙人口的“一车高粱米”，惟妙惟肖，还把他新婚不久的一位苏州姑娘介绍给大家。场上热烈鼓掌，要苏州姑娘“来一个”。盛情难却，苏州姑娘唱了一首江南民歌《好一朵茉莉花》，人们当即给她起了个别名“茉莉花”。

接下来表演的是诗朗诵，朗诵者仍是速中教员。同船的人来自不同单位，互不知姓名，但基本上都知道这个人。原因是这个人长得太精神了，长身、白面、浓眉、大眼，几乎把男人的优点集于一身，按现在的话来形容，那就是“帅呆了”！有些同船的小媳妇、大姑娘多看他几眼，就会遭致丈夫或未婚夫的嫉妒。

他朗诵的是自编的诗歌，充满了“伟大”、“光荣”、“责任”、“使命”等豪言壮语，而且每一两句诗前都要惊呼一声“啊——”，字虽一成不变，但声调和语气都在变化，真是越诵越激昂，越诵越高亢，到后来只听得一声连一声的“啊”字。于是他当场就获得了一个“啊派诗人”的雅号。

当轮船行驶在乌苏里江时，说明航程快要结束了。大家的心情更为激动，恨不能早一点到达神秘的荒原。黑龙江与乌苏里江是中国与苏联的界江，以主航道作为两国的分界线，而主航道中苏两国都可以通航的。所以我们的轮船常能遇到苏联的船只，不过多是货轮和苏联边防军的巡逻船，并没发生什么“故事”。

在最后一天的清晨，当我们的轮船鼓轮（轮船是敌伪时期所建造的，没有螺旋桨，是靠腰部两只木轮击水推进的，是名符其实的轮船）前进时，劈面驶来一艘苏联的快艇。居然快艇上既无军人，也没装什么货物，类似现时的所谓游艇。乘客都是苏联百姓，其中还有一位美丽的俄罗斯姑娘，金发碧眼，身材苗条，正值妙龄，身穿鲜亮的“布拉吉”（连衣裙），真可谓是“美若天人”，而且这位“天人”热情奔放，在远处就频频向我们轮船招手致意。

这种场景，我们曾在电影里见过，现在身临其境，不由忘乎所以，纷纷站立船头，争先恐后地向快艇招手，当然是把更多的热情洒向了那位美丽的苏联姑娘。

两船越来越靠近了，双方都觉得鼓掌欢呼太不过“瘾”了，就互抛礼品表示热情。仓促之间，手头哪来什么礼品（当时还没有易拉罐、水装瓶等物品），就把随身携带的水果、饼干丢了过去。对方则扔过来鲜花和饰品，“来而不往非礼也”。双方越丢越多，江面上物品飞梭似的来回舞动，欢声笑语响彻江面，那位苏联姑娘竟然解下头上戴着的红纱巾扔过船来，我身旁的“啊派诗人”要紧撸下手上戴着的大罗马手表。

手表是五十年代的珍贵物品，尤其是瑞士进口的“英纳格”、“三道士”、“泼爱司”等更为稀罕，其中以“大罗马”为最。看来“啊派诗人”热血沸腾到了极点，竟然要不顾一切来彰显“中苏友谊”了。

我们这些军队中的小知识分子是看着苏联电影成长的，尤其是《幸福的生活》、《拖拉机手》等电影是反映苏联集体农庄美好生活的，更使我们入迷。当时盛传的一句口号就是“苏联的今天就是我们的明天”，况且我们是去北大荒建设国营农场，规模比苏联集体农庄要大得多，前景理应更加美好。我们向往着也能在江上驶着快艇，姑娘们也能像那位苏联“天人”一样，穿上漂亮的“布拉吉”，戴上鲜艳的红纱巾，过着“幸福的生活”，所以大家对“啊派诗人”的热情还是可以理解的。不过他的“热情”还是被身旁的战友阻止住了。战友说：“手表是你最贵重的物品，到农场后，可以解你的急难！”两人正争执时，快艇已飞驶而过。果然，“啊派诗人”在农场遭遇到了想不到的急难，这是后话。

回过头来，再说我和柳诗炳在小佳河采访的乌苏里江冰上行。一到冬天，乌苏里江江面冻结了厚厚的冰层，上面可以行驶汽车、马车、拖拉机、爬犁，当然走人更是不在话下，不过由于地理环境复杂，水流气流的影响，有的地方只是一层薄冰，被雪盖后，看不出异状，车行人走，就非常危险。所以说，我们的冰上行还是冒着一定风险的。为了圆满完成采写的任务，我们也顾不及那么多了。

冬天的乌苏里江与夏天的乌苏里江迥然不同。只见江上白雪皑皑，江边灌林莽莽，冰江曲折蜿蜒伸向天边，四周寂无人烟，心中一片荒凉。我们是午后登上冰面的，沿着拖拉机行驶过的冰路前进。一路上没有遇到一辆车、见过一个人。幸好那天天气晴好，无风无雪，却冷得不得了，大概是零下40℃左右。我们足登毡棉胶鞋，身穿军大衣，头戴狗皮帽，把整个脸捂得严严的，只露出眼睛、鼻子和嘴。好在不断走动，也还能扛得住严寒的侵袭。因地处祖国最东北边陲，冬天的黑夜来得特别早，没走多久，太阳已昏昏下落，江两边的景物，渐渐模糊起来。

所谓江边景物也无多少特殊之处，江这边是一片连一片据说“插根筷子能发芽”的荒原，江那边是一丛接一丛深不可测的灌木林，间或也能看见一些苏式木板房，那是渔民和猎户的作业点。随着黑暗的降临，心中恐惧也在与时俱增。因为冰冻的江面不仅可以行人走车，也是野兽出没之地。不说像老虎、黑瞎子（熊）等猛兽，就是从荒原上和丛林中窜出只狼或野猪，我们也难逃劫数了。更使我们担忧的是唯恐不慎跨越了界江走到了主航道的那一边，就有可能被巡逻的苏联边防军发现，拘捕起来，以“偷越国境罪”或是被送往集中营，或是被送回来，押去劳改队，那就真是倒了“血霉”了。

并非危言耸听，确实发生过这种事，在农场，有个别人在夏天游泳过江，在冬天跨冰过江，想去苏联那边过“幸福的生活”，不是冻死在江边的灌木丛中，就是被押送回来，成了“永世不得翻身”的“偷越国境犯”。

我在总场上听到这么一件事。有个在公安机关工作的转业军官，他在生产队的妻子与人发生了奸情。这种事现在看来是多见不怪，但在当时属“罪大恶极”。那个奸夫也是转业军官，当时就被逮捕，从东安押送饶河的路途也是在乌苏里江上行走的。那位公安军官十分痛恨给他戴上“绿帽子”的昔日战友，竟然私下吩咐两名押解犯人的公安战士，在途中逼迫犯人走在国境线上，当犯人一脚跨越国境，就当场将其击毙。幸亏两名公安战士颇晓大义，不仅没有“照章办事”，而且还将此事揭发出来，结果公安军官也被关进监狱，就与“奸夫”同处一地。这两个昔日的战友，后来同享一女的“连襟”，竟变成一对“狱友”。使人听了感叹不已。警钟长鸣，我和柳诗炳在江上行走，当然不敢越国境一步，亦步亦趋地沿着拖拉机道前进，只是天太黑了，连江上的白雪也反映不出什么亮光来，我们生怕一不小心越过了国境，遭致当场枪毙，把年轻的鲜血，洒在白雪覆盖的江面上。

江路无穷无尽，没有终结，浑身都冷得麻木了。终于走到午夜两点钟，抵达小佳河乡，找到招待所，和衣钻进冷被窝，只觉得浑身疼痛，辗转反侧，怎么也睡不着。我想这下子可糟糕了，莫不是生病了？

第二天准时参加了生活现场会，会议结束赶上了有去总场的便车，返回了《乌苏里江报》社，完成了一次艰难的采写任务，心情当然非常高兴，使我更高兴的，居然没有生病。

然而，我的鼻子却冻坏了。因没戴口罩，鼻子最容易受冻的部位，加之要呼吸，鼻子又是冷热交替处，很会受到伤害。我要紧去总场医院求治。医生告知我说：“已经溃疡了，如果晚来一两天，就要动手术将鼻子切除。”我听了不寒而栗，不过那时候冻坏手脚和冻掉耳朵的事屡有发生。

经过治疗，我的鼻子总算完整地保存下来，但经常发炎红肿，后来得了个“红鼻尖”的外号，这是我在《乌苏里江报》工作过的见证。直到七十年代回到南方后，我的“红鼻尖”才得以“平反昭雪”。

我在《乌苏里江报》前后才三个月时间，在这之前，我早就当了《乌苏里江报》的不脱产的编外记者，有关畜牧分场的重要新闻，我也参与报道的。在采访中得知那位演唱“一车高粱米”的“刘快书”已经死了。他是在1958年的冬天参加队里劳动，苦战了两天一夜，在晚间乘坐拖拉机爬犁回生产队，因疲劳过度，听着拖拉机行进时发生的单调的响声，像是听到催眠曲似的睡着了。爬犁是一个木框架，中间有几根横木，“刘快书”和同伴们都是坐在横木上。拖拉机经过一道坎时，猛一震动，把“刘快书”从横木上震了下来，接着整个爬犁碾压过他的身子。熟睡中的“刘快书”连声都没吱，就倒在黑土地上。同伴也在昏睡中，走了很长一段路才发现情况，回去找到“刘快书”，一位英气勃勃的转业军官早已是血肉模糊，死于非命了。

有一次，我在分场见到了“刘快书”的妻子苏州姑娘“茉莉花”。她头戴白花，神情黯然。据说是到分场部办理离场手续，回归她那江南的娘家去。

我在分场还遇见过那位“啊派诗人”，他在 1958 年冬天伐木时被“吊死鬼”(一棵锯掉的树，挂在另外的树上，随时可能倒下，非常危险)压倒了，锯掉一条腿。我见他一只裤脚管是空荡荡的，两手拄着一副拐杖，蹒跚行走着。据说他卖掉了那只大罗马，置办了这副拐杖。他是请假回南方去和未婚妻“谈判”的，因为未婚妻要与他解除婚约。

不过一年，在轮船上的欢乐景象，变成了如此这般的凄凉模样，真使人有“恍若隔世”之感。

1960 年，农垦局正式来了调令，要我去《北大荒文艺》报到。其实，早就来过几次电话催我去虎林，这时农场宣传科无法再滞留我了。于是我离开了饶河，告别了《乌苏里江报》，开始了我在荒原上一个新的生活。

喜遇学生

我在《乌苏里江报》当记者时，采访过一次总场的会议。会后有余兴节目，我兴趣盎然地观看这些来自各单位的业余演出，其中有一个节目引起了我的注意。

这个节目是安徽黄梅戏《打猪草》，表演一对青年男女在劳动中愉悦的情感交流，唱腔优美，身段多姿，生活气息浓厚，艺术水平精湛，是黄梅戏的传统保留节目。我在合肥工作时，曾多次观看过王少舫和严凤英的表演，留下深刻的印象，想不到在北国边疆的乌苏里江畔能看到长江中游的地方戏，表演者难道是安徽人吗？但来自安徽军区的军官和眷属基本上都在我们畜牧分场，他们钟爱的是庐剧，从没听说有演黄梅戏的。怀着好奇的心态，我在台下守候，想看看表演者究属何人。

节目结束后，演员纷纷卸妆走下台来，原来是两个女青年。我惊奇地发现那个女扮男装的猪倌竟是我在干部子弟学校任教时的学生（姓名忘了），这是怎么回事呢？

女学生早就看到了我，上前恭敬地向我行了个礼："周教员，你也来北大荒了？"交谈之下，得知她们是随父母来的安徽驻军六十军的军官子女，这就勾起了我一段对往事的回忆。

我是1954年秋调到安徽军区干部子弟学校的。当时部队实行供给制，随军家属的子女也享受供给制待遇。于是各军区先后设立了这种干部子弟学校，像北京的八一小学、南京的卫岗小学、杭州的西湖小学等等。我们安徽军区干部子弟学校对外的名称是西岗小学。在合肥市南门，紧挨着军区大院，是个团级建制单位，除勤杂人员外，基本上都是现役军人。

校长朱一是军区司令员刘飞的爱人。后来我调回江阴后，从地方志上得知她原来也是江阴人，还是名闻遐迩的南菁中学的毕业生，是刘飞（京剧《沙家浜》中郭建光的原型人物之一）率部在江南抗日时，相互结识而结婚的。他们的两个女儿朱星星、刘小亮就是学校的五年级学生，我还担任过她们的班主任。

主持校务日常工作的是副校长葛亮，是出身于新四军的正营级干部，配备一个姓李的秘书作为助手。校长下设教务处、总务处和卫生处，都是营级单位。我们教员是属教务处的，是学校的中坚力量。

那时军队干部结婚是有严格限止的，即二十五岁以上，军龄八年以上，团职以上，简称为“二五八团”。孩子能达到上学年龄的基本上都是高级干部。在我教过的学生中有省委书记（兼军区政委）曾希圣的女儿曾小东，省长（兼军区政治部主任）黄岩的女儿黄学艺、儿子黄学勤，主持军区工作的副政委李世焱的女儿李小莉，还有军区副司令员、军区参谋长的儿女们。首长们在作报告时一脸庄严，可来到学校却平易近人，对我们这些教员们是非常和蔼可亲的。副司令员张震东的儿子张卫城也是我的学生，张副司令竟跑到宿舍找我谈心聊天，可见首长们的爱子心切、望子成龙的心态也未能免俗。更有学生漆七军的父母，是某野战军的领导，因伤病在合肥治疗休养，更坦率地告诉我：“周教员，我们这辈子已打拼完了，希望寄托在下一代身上，我儿子就托付给你了。”面对高级首长的嘱托，我这个小小的排干，真感到肩上担子的沉重，所以在工作中从不敢懈怠。

学校的设施是非常好的，教室、礼堂、操场、水泥篮球场，连屋长廊、宿舍等一应俱全，还有儿童乐园、积木室、音乐厅、花圃、洗衣房、开水灶、成衣铺、澡堂等等。这些都是省级单位和军区各部门捐赠的，学生们的校服也很精致，每人还配备藏青色的呢大衣。每当星期天去集体看电影时，路人都会侧目而视。学生统一住宿，每班配一名保育员照顾学生起居生活，学生们称之为阿姨。她们受教务处保育干事领导，又受我们这些班主任指导。学校实行军事化的管理。

学校经常召开家长会、展览会和演出会。对于家长会，我们都噤若寒蝉，面对这么多首长，平时再好的口才也无法施展。往往由教务处主任胡静作一简明的汇报就结束，然后由我们带领首长们去参观学生的成绩单、作业和试卷，心中十分忐忑，生怕批作业时留下什么纰漏。最放松的是演出会，首长们对我们编写，由学生演出的节目十分欣赏。一次，我编写了一只相声节目，无非是学生日常生活加上一些笑料。演出时我在台角把场，看见坐席中干部部赵部长陪同副政委李世焱笑得前仰后后。我知道他们并非是在赞扬节目编演得好，而是夸奖这样的学校办得好。我刚进学校时，曾听老同志说，这样的学校原计划是要像苏军一样，办成少年军官学校的。毫不夸张地说，学校是首长们的“心头肉”。我们能在学校里工作也深感荣幸和骄傲。

然而，随着 1955 年部队实行军衔制，同时也实行了工资制，取消了供给制，学生锐减。正在这时，六十军从朝鲜战场回国，驻扎在蚌埠、滁县、浦镇一带，给学校带来了不少生源。而且逐渐成了学生主体。那位演出《打猪草》的女学生，就是那时候进校的。学校虽还是军区干部部领导，但不可避免地逐渐地方化了。这时朱一校长随刘飞司令员一同调动了工作，葛亮副校长也去第六步兵预备学校担任人事处长，新调来的校长是张吉厚副司令员的爱人折聚英，原来的另一副校长升任为主要领导，学校的级别似乎也下降了，这也是地方化的一个标志。

其实，我们军事化的干部子弟小学与地方化的中学脱节的现象早就存在了。学生从我们学校毕业后要考入地方中学存在很大的难度。因为我们学校一向重视德育，如果教师给学生品德打“4”分（即扣除1分），要经校方批准。学习成绩在全合肥市只能算中上等。而偌大的省会城市只有6所中学，其中两所是完全中学，小升初成了难题。军区副政委李世焱的女儿李小莉竟未能考取中学，李政委贵为军区领导，他爱人还是省教育厅初教处处长，也未能解决女儿的入学问题。可见那时干部作风之正派。后来还是合肥市教育局鉴于社会上这种现象太过严重，开办了第七中学，才将李小莉等学生纳入校内上学。但也是按分数录取的，并无特殊照顾。

我们学校逐渐地方化后，也像地方学校一样开展了家访活动，这是我们最感头痛之事。因为学生家庭多数远在外地，在合肥的净是高级首长，我们怎么能与他们平起平坐地进行家访呢？

但这是学校的命令，又不能违背。我就硬着头皮去省委大院家访黄岩省长。黄省长见到我却非常客气，但很快就去参加重要会议了。由他爱人、省妇联主任接待。交流就在他们住所外的葡萄架下的石桌边进行。妇联主任极为耐心，向我说明，他们工作繁忙，对孩子教育照顾不够，要多让学校和教员费心。经过一个小时的交谈，我总算完成了一次“艰难”的家访。好在六十军的学生家庭不在本地，就免去了我们家访之苦。

六十军原是川军。在抗战时，台儿庄一战打出了名声。解放战争时，纳入了我军建制，但已不是川军了。在朝鲜战场上打了很多漂亮的胜仗。不幸的是在一次战役的交接防时，被美军获得了信息，有一个师刚接到换防的命令，就被包了“饺子”，回国后，部队受到整肃，许多干部被下放至北大荒。我们859农场文工团有个长辫子姑娘就是那个被包“饺子”的副师长的妹妹。下放干部是携带家属来边疆的，我在会上遇到的那个女学生就是其中的一名干部子女。这些干部都是营级以上的转业军官，大多集中在靠近饶河的一分场担任各级领导。

女学生告诉了我许多学生的名字，他们都是随父母来到了饶河。她说：“周教员，我们不知道你也在这里，我可以邀他们来看望你。”

我说：“不必了，我现在是记者，在采访中可能会碰到他们的。”我又问：“你现在在做什么？”她说：“我现在饶河中学上学。我爱好文艺，想向这方面发展。”这使我回忆起她在学校读书时就爱好文艺，有一次学校举行文艺会演。因为我班行将毕业，不想在会演上多费心思，不料她却邀了几个同学自己编排了一个节目，在午休时到我宿舍演给我看。我当然不便泼她的冷水，而称赞她的节目有新意。果然这个节目在会演中得了奖，现在听她有意向文艺方向发展，当然也鼓励一番。

偶遇这位同学后，我就多了一点心思，在采访时，有意打探干部子弟学校同学的情况。在一分场果然找到了一个姓贾的同学。他父亲原是六十军的军官，现在是一分场的场长，这位贾同学在农校学习。

859农场农业学校在大跃进时一度升格为“农大”，但实际上还是个农业中等专科学校。专事培养农场紧缺的农技人员，能在农校学习，将来势必成为农场的技术骨干。我看这位贾同学已从少年成长为了青年，心中很是高兴，他告诉我，农校毕业后，争取到垦区设在裴德的八一农垦大学继续深造。我当然也给予鼓励，他又给我引来了一位同学。

这位同学姓名忘了，因其生得高大给我留下深刻的印象。在学校时，虽然年龄比我小几岁，但个子却高出我一个头，现在我只能及他的肩膀了。他没有继续上学，而是上了拖拉机，成为继铁道兵战士后的新一代拖拉机手。他告诉我已能熟练驾驶拖拉机和使用各种农具，也掌握了维修技术，完全能够独立作业了。

三个同学都有理想，我想他们不像我们满身创伤，而是一身清白，他们这些人必将成为垦区建设的生力军，前途将无可限量。

冻江捕鱼

我在部队时，曾在《新观察》上看到一篇文章《蜂蜜之乡——饶河》，说的是饶河县生产的椴树蜜不仅产量多，而且质量好，是上佳的补品，也是出口创汇的优良品种。我读后不禁心驰神往，想不到1958年我竟会来到了这个神奇的地方。

在饶河工作时，我果然见到了饶河的特产椴树蜜。这是一种白色的胶状物体，大异于我在南方见到过淡黄色的菜花蜜。入口一尝，醇、香、甜、稠，味道好极了，经久难忘。

后来，我了解到，椴树蜜仅是饶河丰富的特产中的一个名种，其他如黄花菜、木耳、猴头菇、榛子等山货也是大宗的资源。记得我们刚到生产队时，家属们成群结队上山采山货，不仅自己大饱口福，还把猴头菇等珍稀物品邮寄给家乡亲人，作为贵重礼品。

其实，乌苏里江畔的饶河生产的大宗物品并非山货而是水货。即江上所产的鱼类，如大马哈鱼、鲤鱼、鳇鱼、鲶鱼、黑鱼、狗鱼等等。记得我在东安住院时，小鲶鱼只有5分钱一斤，即使在困难时期，“高价饭店”出售的溜炒鲶鱼也只有5角钱一盘，对现在视为营养珍品的黑鱼是不屑一顾的，至于狗鱼等低档鱼种，是随捕随扔的。鳇鱼因旧时进贡皇上而得名，数量稀少，大马哈鱼因要出口创汇，都很难吃到。

鲤鱼是桌上名肴，因其生产在黄河以北，其高身价与江南的鲤鱼不可同日而语。焦汁鲤鱼、烧茄子、扒丝土豆、酸菜白肉是东北的四大名菜。现在遍布上海及江南各地的“北大荒”餐馆，就是以这些名菜招徕食客的。

令人费解的是，生产最多的竟不是上述水产，而是鲫鱼。鲫鱼几乎各地都有，在江南一带也是常见鱼类，记得我七十年代初调到江阴时，鲫鱼要卖八角一斤，相等于 5 斤米价，几乎顶上一个普通工人的一天工资，而现在几近绝迹要几千元一斤的鲥鱼，当时也只九角两分一斤，可见鲫鱼身价之高。可在北大荒，鲫鱼因产量大，往往一网就可捕到万斤，所以价格比较低廉。与鲶鱼不相上下。所以江边的居民常以鱼当饭。不过农场多数生产队，像我们的畜牧分场七队一样，不靠江边，是很少有机会尝鲜的。那次我们小分队在分场食堂偶而吃到的鱼就是鲫鱼，使得汪烈这个“脱谷机”大展身手。

饶河的物产丰富，我首先是从文学作品中领略到的。饶河县有三位中层干部姚中晋、王吉厚和老于（名字忘了）是文学爱好者，出于爱国爱乡的情结，写了很多赞美饶河和乌苏里江的文学作品，其中以诗歌为最，如《江上恋歌》、《乌苏里江情歌》等。谁知在“反右”中因文获罪，被点名为饶河的“三人反党集团”。结果，姚中晋被打成了“右派”分子，而其他两人也受到严厉的批判。可见“反右”的触角伸向祖国各地，连最东北角的边防重地也未能幸免。1958 年 10 万转业军官转战北大荒，在掀起大生产热潮的同时，也兴起了文化热潮，特别是《北大荒文艺》的创刊，给广大文学爱好者提供了创作平台，于是姚中晋、王吉厚等人的文学细胞又复活了。他俩写出了更多的民歌式的诗歌发表在省内各报刊上。其中比较著名的，如“啊呀呀，我的妈，这里的土地肥到了家，丢根树棍能结果，插根筷子能发芽”！“野兔钻到灶洞里，野鸡飞到锅子里”等等。他们都是土生土长的干部，对当地的风土人情、物种特产非常熟悉，他们都以诗歌的形式加以赞美，尤其是他们还深入过饶河县赫哲族的聚居点八岔村，把赫哲人的生活状况以文学形式介绍出来，给人以耳目一新的感觉。可见，“反右”的风暴并没有吹灭他们爱国爱乡的热情。

按说，“右派”分子是不能发表作品的，但姚中晋是与当时任饶河县科委主任王吉厚共同署名的，所以说是打了个“擦边球”。《北大荒文艺》的编辑多数在“反右”时受过冲击，感同身受，并不计较，而且还与姚中晋等人结成朋友，其中结交最深的是姚中晋与林予的友情。代表着著名作家和乡土文化工作者的亲密结合。

我在生产队时，并没结识姚中晋等人，调到《北大荒文艺》后，因要组稿去859农场，与姚中晋等人形成了编辑与作者的关系，就有了较多的接触。

北大荒的冬天是十分漫长的，1960年4月我去859农场，住在招待所里，姚中晋登门拜访了我，热情地打探林予的近况。交谈中，我觉得他虽然戴着“右派”分子的帽子，但对生活仍充满信心，对创作仍洋溢着热情。他盛情邀请我同他一起去参加冻江捕鱼，我当然欣喜万分。

于是，我们两人就搭车来到小佳河乡，即859农场的三分场。当年被点名为“反党集团”之一的老于就在小佳河乡当乡党委书记。他先找到老于，要他批了5斤食盐。以此作为“见面礼”，来到捕鱼队。捕鱼队以当地乡民组成，也有少量转业军官参与其中，目的是学习捕鱼技术，以便自组捕鱼队，开拓多种经营之路。

记得我们生产队的转业军官刘宜楚，曾被抽调去一个捕鱼队学习。临行时把我的一个拉链坏了的旅行袋借去装行李。其间他曾回队一次，带回了一条大鲤鱼，由炊事班长老曹、小邢夫妻烹调成美味，让我们在队人员享受一顿。但他始终未能掌握捕鱼技术。可见江上捕鱼是群体性的劳动，还需若干装备，捕鱼技术也是高难度的。

姚中晋与捕鱼队的人本来相熟，他们平时吃的都是江水煮江鱼，无盐无味，全身乏力。姚中晋带来的5斤食盐弥足珍贵，不啻是雪中送炭，所以非常客气地接待了我们两人。

这时江面尚未解冻，正是捕鱼的好时机。捕鱼队就带领我俩去参观他们冻江捕鱼。乌苏里江江水很深，江面虽结了几米深的冰，但江底仍江水流动，鲫鱼群就栖息于此，处于冬眠状态。捕鱼队的乡民们分工合作，他们先用凿子打开一个大洞，将鱼网撒至洞内，然后每隔一段江面，再凿开若干小洞，用钩子撒开鱼网。鱼网长达几公里，然后再收网。将网从大洞内逐次取出，网中尽是活蹦乱跳的鲫鱼。一网竟然有几千斤之多。

乌苏里江捕鱼

鲫鱼离开水面就冻死了。因生死相隔一瞬间，所以它们的形体都是弯曲的，保持着死前的模样。真使我大开眼界。

因是捕鱼丰收，大家都很高兴。冻鱼被送进乡政府库房，捕鱼队留下若干自己食用。这是队员们最欣喜的时候，他们用清水将冻鱼化开，既不刮鳞，也不剖肚，只是用一根筷子从鱼嘴伸入肚内，搅动几下，就把内脏和鱼鳃带了出来。乡民们告诉我，冬天，鲫鱼基本上不进食，所以肚内并无脏物，尽管放心食用好了。

丁聪的北大荒画作《冰下捕鱼队》

鱼宴开始了。一盏马灯高悬，热气腾腾的江水煮江鱼一盆盆端了进来，我像乡民一样上炕高踞在他们的被褥上，因鱼中有盐，鲜味被吊了出来，我便有滋有味地吃起鱼来。

在场的人每人都分到一小脸盆的鱼，约 5—8 斤，有 10 来条之多。人人都把脸盆搁在膝腿上，一手持筷，一手拿着只玉米窝窝头。主副食完全颠倒了，其实鱼的量也尽能吃饱。吃窝窝头纯粹是象征性地吃“饭”，适应中国人的饮食习惯罢了。

大家边吃边聊天，聊天的内容还是离不开捕鱼。从交谈中，我得知像这次捕鱼丰收的现象是不多见的，往往是十网九网空。这主要是没有找到“鱼窝子”。而找鱼窝子一是要靠眼力，二是要靠运气。遇到空网，捕鱼人白辛苦不说，还会出现许多险情。在冰上跌倒，跌伤是“家常便饭”，甚至还会掉进冰窟窿里，一旦掉进洞里或是踩到薄冰，坠入江中，很快就会被江水冲走，性命难保，所以捕鱼队拒绝妇女、孩子参加，并且在捕鱼之前要祭拜江神，以求保佑。捕鱼队中有许多忌语和切口，一般也不让外人参观的。所以我感到很幸运，但也怕出言不慎，犯了忌，所以只听不语，只是默默地吃着盆里的鱼。

我不会捕鱼，连吃鱼也不会。只见乡民们用筷子挑着鱼身，不一会就能吃食一条鲫鱼，而我则保持南方人吃鱼的习惯，一点一点地夹食着鱼肉，剔骨、去刺、细嚼、慢咽，尽管这样，仍常常被刺卡住喉咙，不得已咽下一口窝窝头来解除险情。这使我不由想起分场文艺宣传小分队队长汪烈，有他食鱼“脱谷机”的本领就好了，最要命的是吃不到两三条鱼就已“饱”了。只得望鱼兴叹。

姚中晋见我这副模样，悄声对我说：“在捕鱼队吃鱼是不能剩的，剩鱼是犯忌的。”我说：“我吃不完怎么办？”姚中晋说：“你尽可拣肉段吃，头尾剩下不要紧的。”说着把筷子伸到我的盆内，帮我吃起鱼来。好不容易，我勉强地完成了任务。

吃毕，我俩告别了捕鱼队。临走时，捕鱼队长送了姚中晋小半麻袋冻鱼。姚中晋将我送到招待所，从麻袋中取出十来条鱼，放在向招待所借来的脸盆里，在炉子上煮着，说：“我找老于要叙叙旧，商量一下写作题材，你明天吃罢鱼，搭便车回饶河，我们那时再见。”

盆里的鱼煮了一个小时已经烂了，我哪有胃口再吃。正好招待所有个妇女带着个病孩，要去总场医院治病。那孩子闻到鱼的香味，哭闹不已，我便将整盆鱼送给了他们母子两人。连招待所的其他住客也得以分享。

组稿任务完成后，我要回归虎林了。去向姚中晋告别时，他交给我一摞稿件，这是他半个月里埋头写作的成果，其中一篇散文就是记述冻江捕鱼的。同时他把从捕鱼队带回来的半麻袋鱼交给我，要我转赠给林予。

北国原住民

北大荒人烟稀少、地多、林密、洼地连片、江水穿行，是野兽出没之地。是鱼类栖息之所。但在转业官兵大规模开发之前，已有许多当地的原住民，所以设立了一些县治、镇所和村屯。像我所在的859农场就在河饶县境内，场部先后设在东安镇和饶河镇，其他还有著名的小佳河乡和八岔村等。还有些是日本开拓团的遗址。我们畜牧分场部附近有一个胜利屯，所以一度曾从859农场划分出胜利农场。在这些村屯里居住着当地的原住民。

这些原住民，除一些是土著外。如八岔村的赫哲族人，多数也是早年从关内迁入的“闯关东”者，他们择地而居。开荒种地，繁衍子孙，形成村屯。他们的生活基本与我们这些后来的转业官兵是隔阂的，他们无需求助于我们（除医药），也不希望我们去打扰他们。保持着“鸡犬相闻，老死不相往来”的状态。我因在《乌苏里江报》当了几个月的记者，才对他们的生活状况有了一些了解。

这些原住民的生活条件比我们好多了。有保暖良好、烧着热炕的土墙草顶房屋，有自种的粮食和蔬菜，有腌腊的野物和水产，有各种山货和菌类。只是现钱不多，但也能自给自足，温饱无忧。

他们在高寒地带经营多年，应对恶劣的自然环境，形成了一套行之有效的办法。所谓“生个孩子吊起来，窗纸糊在窗户外，18 岁大姑娘吊烟袋”的“东北三大怪”即由此而来。

青壮男子下地劳动，妇女在家操持家务，那婴孩怎么办？她们就将孩子放在东北特有的吊篮里，用绳子悬挂在梁上，她们就可以在做菜、烧饭、喂猪、养鸡之余，推一下吊篮，使其不断晃动，让婴儿安睡。比南方人不断用手推摇篮要方便多了。

每到秋天，严冬来临之前，为了保暖，他们都要泥墙糊窗户，“针眼大的洞，巴斗大的风”，对此决不能含糊。窗纸若糊在里面，经湿热的气温一稠，几天就烂了，所以必须糊在窗户外，寒流一冻，结结实实，保暖过冬。

至于大姑娘吊烟袋，是为了驱散小咬、蚊虫和牛虻，起蚊烟香的作用。加上关东烤烟全国闻名，吸者辛辣过瘾，闻者香气扑鼻。女孩子从小“陪吸”，到了十七八岁，自然也养成吸烟的习惯。随着年龄增

丁聪画作：边疆村屯

长，烟瘾越来越大，烟杆越来越长，有些老太太的烟杆有一米多长，自己的手够不着烟锅，要子孙辈代为点火。

这些好办法，我们生产队的转业官兵想学也学不来，因为住的是马架，无梁可挂吊篮；窗户虽有，但难配玻璃，往往用泥巴封住。糊窗户纸之事也就免了；至于大姑娘吊烟袋，总觉得不雅相，不习惯，况且男人们抽的都是烟卷，或是自卷的"大炮"，所以也无从效仿。

"东北三大怪"转业官兵无从效仿，但当地乡民的一些习惯，颇使人们感到方便易行。人说："东北有三宝，人参、貂皮、靰鞡草。"人参、貂皮因要出口创汇，我辈无缘问津。但靰鞡草，大批生长，附拾皆是。所以称之为"宝"，是因其吸水性好。东北的寒冷由湿而传导，尤以脚为甚，将靰鞡草加以捶打，使其松软，垫在鞋里，一股暖气自下而上，由内而外，所以成为上佳的防寒物品，我们便纷纷效仿。村屯妇女在农忙时也要下地劳动，她们就将孩子背在身上，便于照顾。这种做法启发了转业官兵，家属们外出办事，也将孩子背在身上，渐成风气。局文工团有一对夫妻，从虎林乘火车去探亲访友。妻子身背婴儿，来到车上，将背带解开，将婴儿放在凳上，此时婴儿身体裹在"蜡烛包"内正睡得香甜。车到站了，夫妻俩要紧将婴儿再度背起，步行十数里到达目的地。解下背带一看，婴儿竟已然死了。原来他们在慌忙之中，将婴儿倒背了。经过一路奔波，全身血液直冲脑门，岂能活命。夫妻两人懊丧至极，后悔不已。这说明当地的风俗习惯并非轻易能学到手的。这种背孩子的习俗，造成了许多孩子长大成人后变成了"罗圈腿"。可见背孩子也是种没有办法的办法。

当地还有一种不得已而为之的习俗就是叫"拉帮套"。男人们常年下地劳动，气候寒冷，加上吸烟过多，许多人患了气管炎，到了40多岁就成了"吼巴"，丧失了劳动力。而妻子又无力担负一家的生计，便招进了一个年轻穷困的"跑腿"（单身男子），结成"搭子"，担负起种地养家的责任，把有病的丈夫安放在炕头上，名之为“大哥”，给吃给喝，并且给予养老送终。这是种“一妻共侍二夫”的习俗，国家不予干涉，邻里也不讥讽，认为此事是“合情合理”的。当然，这个习俗，转业官兵是不敢尝试的。

饶河县还有一些朝鲜族聚居的村屯。其习俗则另有一番景象。不仅穿着有异于汉族居民，一眼就能认出，其生活习惯也自成定律。如女人下地劳动，男的在家。“男尊女卑”的封建意识十分浓厚，妇女下地归来，还要照顾孩子，侍奉丈夫，附首帖耳，低声下气，动辄还要挨骂受打，完全是个小媳妇的模样。但她们出门则打扮得十分光鲜，短褂长裙，飘带拽地，头发梳得溜光，脸上扑着白粉。为的是给丈夫“长脸”。转业军官很羡慕，恨不能也找个朝鲜妇女为妻，限于习俗不同，朝鲜族女子是不与汉族人通婚的。

我在小佳河乡曾采访过一户朝鲜族家庭。他们对客人礼貌备至，招待周全。逢到年节，都会杀狗会餐。朝鲜人特别爱吃狗肉，所以流传着一句歇后语，叫“高丽棒子过年——要你的狗命”。因为日本侵华时，有些人当了日军的翻译、爪牙，成了朝奸，所以汉人称朝鲜族人为“高丽棒子”，这实际是一种民族隔阂，当时在东北，汉人当汉奸的也不少。这是战败者的必然现象，亡国奴的一种生存状态。

我采访那天，非年非节，当然没有狗肉，但主人还是连连道歉。拿出了他们自己种植的大米干饭来招待，颇合我这个南方人的口味。朝鲜族人擅长种水稻。虽然是撒播，是直接把稻种撒在水田里，没有南方人插秧种稻产量高，但由于阳光足，透气好，肥力强，一年只种一季，稻质特好。中国种水稻的地方很多，是世界第一产稻国，质量最优的当数无锡大米、天津小站大米和东北大米。我是吃无锡大米长大的，天津小站大米也曾吃过，但口感都不及东北大米，尤其是朝鲜族种植的大米。但见端上炕桌来的岗上冒尖的一大碗米饭，晶莹透亮，香气直扑鼻端。加上下饭的菜是一盘酸辣腌菜，非常爽口，吃得我吃了还想吃。我不由向煮饭的铜罐望去，用铜罐煮饭也是朝鲜族人的一大特点，其保气性优于铁锅、铝锅，所以口味更好，营养价值也更高。我见铜罐已见底了，这也是朝鲜人的习俗，量米做饭，吃光为宜。客人尽多尽少，只是一碗，如果再要，就显得不知趣了。

采访完毕，我辞别出门。见邻家几个汉族妇女在看热闹，而且议论纷纷。我只听到她们在说："原来这家朝鲜户来了'戚'了。"东北人把亲戚简称为"戚"。因为我们南方人长相颇似朝鲜人，而且南方普通话，也很像朝鲜汉语，无怪乎她们把我视作朝鲜族人，是这户人家的"戚"了。

饶河县的八岔村是全国最少的少数民族赫哲人聚居的地方。可惜我没有去过。859 农场有一名姓李的医生（也是转业军官）因工作需要常去那里。他写了不少有关赫哲人的文学作品刊登在《北大荒文艺》上，因是文友，又在同一农场，李医生给我讲了不少赫哲人的生活状况。赫哲人是蒙古族的一个支族，生性剽悍，游牧为生，狩猎为业。解放前濒于消亡，解放后才定居下来。政府对他们作了许多政策倾斜，赫哲人数逐渐增多起来。物以稀为贵，赫哲人的生活以各种文艺形式见诸报刊和舞台。来自军营的哈尔滨话剧院剧作家白辛，曾以创作电影《冰山上的来客》风靡全国，他创作了歌剧《赫哲人的婚礼》，绘声绘色地反映赫哲人的奇特习俗和幸福生活。在采编过程中，他考察到了自己也是赫哲人的后裔，从此在姓名前面加了个乌字，成了"乌·白辛"。但有关领导并没对此而改变对他"政历问题"的追查，他被迫在"文革"中自杀了，他是在旅游胜地太阳岛上饮下毒酒而告别苦难人生的。而 8511 农场有一位转业军官（他也是我的文友）因在《收获》上屡发表作品，调至省林业报社工作，"文革"开始，即遭无情打击，他是带着年幼的独子，在哈尔滨大街上一齐撞向飞驶的卡车上身亡的，所以像我们这样同命运的人能活在世上真可谓是“幸运者”。还有郭颂的歌曲《乌苏里江船歌》一直视作黑龙江民歌的经典，只要“哈依拉，哈依拉，阿赫依拉”歌声一起，天南地北，操着各种方言的人们都会跟着哼唱。我们垦区文工团的王成军，他曾创作过有关赫哲人的歌剧，《北大荒文艺》编辑室的张勤写的长篇小说《三擒尤鞑子》也是反映赫哲人生活的，可惜是有佳作在前，加之资料不足，都没能完成，或是完成了，影响不大。

我采访时，曾遇到一个来自江苏的村屯住户。这也是罕见的事，因是“同乡”，他向我直言不讳。他说，这里村屯的原住民对外来户是非常排挤的。他只身一个“盲流”到此，开始只能流动于各村打零工，后来好不容易在一个屯梢头开垦了一些荒地，搭了一个马架安下身来，并把妻子从老家搬迁过来，凭着南方人的精明能干和刻苦耐劳，生活得比原住民还要富足。这就遭到了嫉妒和攻击，加上风俗习惯和性格的差异，常常引起矛盾。他寡不敌众，打算离开村屯，去下煤窑挖煤。他问我，是不是受过当地人欺侮。他还告诉我一件奇闻轶事，说他们村屯里曾有一个县政府科级干部来蹲点。使当地居民很是不爽，拒绝不能，留下嘛心里又有疙瘩，相处颇不融洽。一天，干部住的那家人全去开夜工打场了。留下干部一个人睡在炕上，及至午夜，那户人家嫁在外屯的女儿回家了。就摸黑上了炕。就在这时，全家人呼隆一阵响，全都回家了。见到炕上一男一女挨近睡着，不由分说，将那科级干部四肢捆绑在一起，用一根杠棒串了起来，大声喧哗穿村游屯。那女儿更像受了委屈似的，哭哭啼啼跟在身后，各家各户都开了门出来观看。弄得那个干部百口莫辩，第二天就灰溜溜地回县城去了。

江苏同乡的这番话，引起了我的联想。一次外出采访，住在一家大车店里。北国的大车店格局基本是一样的，即进门是登记和收账的柜台，接着是一铺大炕，是个统铺，人们挨个躺下。对面也是一铺大炕，不过炕上面用苇席间隔着各个小间，是容夫妻同住的。晚间，单间里的一名女子出屋方便，回屋时，稀里糊涂走入了隔壁的一个单间，要紧钻进热被窝取暖。接着就被一个沉重的身体压了下来。完事后才知走错了房间，当场就闹了起来，男方夫妻和女方夫妻都想互指责对方是“蓄意勾引”，以至于四人扭打在一起，最后还是不了了之。那位干部深夜行事也是个说不清道不明的事。因为东北有多人挤睡在一炕的习俗，可是单身男女同住，还是遭猜忌的。有一点是清楚的，原住民为了保护自己的切身利益，排外情结是根深蒂固的。

我一直在想，排它情绪各地都有，是我们中国人的一种劣根性，是民族发展、国家兴旺的障碍，只不过在东北边陲表现得更为明显，更为突出而已。

《在南泥湾的道路上》的编写回忆

《北大荒文艺》曾是垦区一张响亮的名片。其编辑部创建于1958年，至1963年解体，历时5载。先后调入编辑室有18人，其主要任务是编辑出版《北大荒文艺》。这本文艺月刊刊登的文艺作品，以恢宏的时代背景，炽热的生活场景，鲜明的人物形象反映转业官兵战斗在北大荒的豪迈气概。每当期刊一出版，垦区的荒友们都争相传阅，还多次购买后送给全国各地的亲朋好友，成为一种流传极广的文学刊物，其中一些打头的作品，如《荒原上响起了号角声》、《第一个主人》分别在《人民文学》和《解放军文艺》选载，其他作品也多数结集，交由各出版社出版，如《展翅高飞》等。其质量之上乘为有目共睹，发行量一度超过许多省级同类文艺期刊。真可谓是风靡一时，成为垦区几十万群众不可或缺的精神食粮。

1960年6月，因三年自然灾害，物资匮乏，纸张紧缺，《北大荒文艺》停刊了，但编辑部仍予保留，伺机复刊(期间曾两度筹备复刊，因风景不再，没能如愿，及至改革开放的八十年代，《北大荒文艺》才以全新的面貌面世。这期间，编辑人员主要从事文艺创作。如林予的《雁飞塞北》、符宗涛的《大甸风云录》、王忠瑜的《鹰击长空》、王观泉的美术史编写、林青的《荒乱年月》、张勤的《三擒尤鞑子》、丁继松的散文集《完达山中》等等。郑加真的《黑龙江畔》，即后来轰动全国的《江畔朝阳》也在此时萌生。区区我，是编辑室里年轻最稚嫩的成员，在学长们的引领下，也由此走上了专业文化工作之路，但与创作却渐行渐远了。在沉寂50年后，推出了长篇小说《城北白相人》。此书虽成稿于江阴，却可以说是加盟《北大荒文艺》编辑室后长期对文学感悟和生活体验积累而成的。现在，除杨昉、王水心、朱彩滨、林青、林予等人英年早逝外，其他诸位，有的成了出文集的知名作家，有的当了著名期刊的主编，有的成了著作等身的学者，有的成了享受国务院特殊津贴的专家。与他们相比，我的成就微不足道，但我曾跻身于这些大家的行列之中，在相互的聚会和通电话时，当他们得知我在古稀之年仍坚持创作，还出版新著，兄长们对我这个小弟弟还是非常鼓励的，为之我深感荣幸。特别是丁继松老兄嘱我写一篇关于当年编写农场史的经历，于是就有了这篇回忆文章。

编辑部除了编辑《北大荒文艺》期刊和个人创作外，还有一项重要工作是编写带有文学性的农场史。1958年，10万转业军官刚到垦区，就适逢其时赶上了大跃进年代。大生产、大伐木、大修水库是垦区大跃进的标志，同时又开展文化大跃进。垦区的文工团、京剧团、《北大荒文艺》、《北大荒画报》、《北大荒电影摄制组》都是文化大跃进的产物。1959年垦区党委又决定大编垦区带有文学性的农场史，各农场分场乃至生产队都建立编史办公室，农垦局的编写组织指导任务则落实到《北大荒文艺》编辑室。由于当时编辑室的主要任务是编辑期刊，农场史的编写计划实施交给符宗涛负责，由我协助，其他编辑兼顾。

我是1960年初从乌苏里江畔的859农场调至《北大荒文艺》编辑室的，当时农场史的编写已经启动。我们定点在852农场，又以该场的二分场和一分场八队确定为三级试点单位以带动全局。我当时只有 24 岁，对编辑业务一窍不通。好在符宗涛原是《解放军文艺》编辑，其创作的多篇小说已结集出版。由他带领，我只要跟着做就行了。于是在严寒中，我跟着老符就频频下场了，重点当然是 852 农场。

852 农场作为垦区编写农场史的试点单位，当然非常重视，党委宣传部组织了编写班子。由冷子澄、甄科、黄金鲁、刘洛生等同志组成。各分场和生产队也抽有专人负责，特别是二分场和一分场八队，更是视之为一项重要的政治任务。

冷子澄是 852 农场的宣传干事，也是农场史编写办公室的具体负责人。在此前，他已与王忠瑜合作写了一篇示范性的农场史《初探荒原》。写的是农场场长、原铁道兵三师代师长黄振荣初到农场勘探荒原的景象，史实性和文学性都很好。甄科原是铁道兵文工团员，是为数不多的建场人员之一，也写了篇《北上荒原》，写的是铁道兵某团在南方修成鹰厦铁路后，奉命挥师北大荒垦荒，于是在穆团长的带领下，进入 852 农场，组建了一个分场，事迹可歌可泣，文学性也很强。黄金鲁是农场文工队的编剧，多才多艺，也写了若干基础性的篇章，如《大豆姑娘班》、《铁腰姑娘孟庆芬》等。刘洛生是位画家，其创作的彩色木刻《运木出山》被视为北大荒版画中的精品，刊登在《美术》杂志上，内定为 852 农场史的插页。符宗涛有一篇《为大豆而战》的选题，是记述农场耿书记谈农场的生产战略构想和实施历程，但尚未动笔。我初调农垦区时，为《北大荒文艺》写了篇报告文学《钢》，是写农垦部北京双桥拖拉机配件厂全厂迁至 852 农场后从炼球墨铸铁到炼钢的经历，从而解决生产配件原材料缺乏的困难，也被纳入了 852 农场史中。这些就是当时的全部家底了，离编写计划和出版要求相差甚远。而 852 农场主管这项工作的宣传部黄部长鉴于耗时费力，怕出版不了，难以交差，老是催问符宗涛："是否能保证出版？"尽管八字没有一撇，老符还是咬住："保证出版。"当时出版量极少，尚没有"买书号"、"自费出版"的说法，从现实状况看，实难以"保证"，实际上老符是倍感压力的。只是开弓没有回头箭，只有顶着困难向前走了。

怎么向前走？就是广泛发动和深入实际，于是我跟着符宗涛前往二分场。二分场不仅是个点，而且生动事迹多，在提纲上几乎占了852农场史三分之一的篇幅。

这是个细雨霏霏的夏天，符宗涛带着我步行去二分场。几十里路走下来，浑身湿漉漉，肚子咕咕叫，我们就到路边的一家食堂吃饭，无非是苞米楂子和菜汤，无油无味，清汤寡水，我俩仍食之如甘饴。这时有一青年过来向老符打了个招呼。老符告诉我，这人是个文学青年。不一会，文学青年拿来一只热气腾腾的白煮鸡送给我们。我们也不客气大快朵颐，一扫而光。再看那个文学青年早就离开了。我知道他不只是对老符的友情，而是出于对《北大荒文艺》，对我们编农场史这份工作的崇敬。这个插曲，我至今难忘。在当时，确实鼓舞了我们工作勇气和信心，坚定了老符所说的"保证出版"的决心。

在二分场，我们受到了贵宾式的接待。分场金书记亲自接见，负责编农场史的组织委员白桦一陪同活动。我们采访了一些人和事后就原路回归。在归途上转去了一分场八队，虽然队里也有专人负责，力量就相当薄弱了。我们就亲自采访，我连夜写了一篇稿子，留给他们参考，第二天就回总场了。

不久，符宗涛把各农场写得比较成功的稿子，包括852农场《初探荒原》等，编辑一组，刊登在《北大荒文艺》上，也选编一组有基础的稿件，包括我在一分场八队采写的那篇稿件选登在编辑部办的《创作简讯》上。总之，1960年上半年前，农场史的编写处于发动阶段。

1960年6月，《北大荒文艺》停刊了。而此时各农场的场史编写、该搞的搞了，不能搞的也纷纷下马了。852农场史当然是属于该搞的一类，其根据提纲的素材也基本收集齐了。于是进入了编辑加工阶段。仍由符宗涛负责，我协助，又增派了林青、罗炽晶、王观泉三位编辑参加。

一行5人来到852农场安营扎寨，照例安排在招待所食堂用膳，照例酒宴欢迎。不过酒是草籽酒，菜也是土豆白菜，“动物尸体”乏善可陈。然后，农场领导安排我们住在农场小招待所。

1958年，诗人艾青在852农场南横林子落户

说起这个小招待所，颇有来历。场部建造了四幢夹板填木屑的苏式木房。前两大间后两小间，中间是一条走廊，烧火墙取暖。四幢房子，书记、场子各占一幢，一幢为艾青夫妇居住。一幢则是小招待所，专为农垦部和垦区首长所用。因为首长们来去都有小车，一般都住在城市里，这幢房子便成了我们的写作室和宿舍，可见场领导对编写农场史的重视。黄金鲁告诉我们，艾青所以能住一幢小楼，据说是他以北京的住宅与农垦部某副部长交换的，我们都姑妄听之，姑妄信之。

这时艾青已去新疆了，黄金鲁曾与他接触频繁。除众所周知的一些写作、工作和生活状况，还有一些秘闻。如艾青和高瑛夫妻吵架相骂时难以启齿的对话，还有夫妻初到农场时，登记人员受当时极左思潮影响，故意戏弄说：“你们一个48岁，一个才24岁，是不是小老婆啊？”等等，听来颇觉真实。这并非我们对大名人的隐私有兴趣，而是反映了他们从天上坠入地下后，严重失落和烦燥消沉的一面，并不像后来舆论宣传的那样，他们始终保持着坚定的意志和高昂的姿态。联想到我们《北大荒文艺》编辑室聂绀弩、丁聪两位“老右”，虽然饭照吃，觉照睡，但沉默寡言，即便是其他包括我在内的编辑们，何曾慷慨激昂，意气风发过，每人肚里都有一本难念的经。

852农场史进入到改写和编辑的阶段。所谓改写，就是把原来一些总结、报告、通讯、报道式的基础材料，改写成文学性的农场史，即报告文学。所谓编辑就是将原来基础较好的稿件、编辑加工达到出版要求。后者好办些，难就难在前者。所谓报告文学，当时学术界有两派意见，一派认为可以像小说那样，完全根据需要来虚构。这派的代表是苏联著名作家《无脚飞将军》的作者波列伏伊。另一派认为文史并重，大事必须真实，细节可以虚构。这是多数学者的看法。我们编写852农场史是本着后者的理论，总的感觉是史实性好办些，文学性就难办了。要把一些通讯报道、经验总结写成报告文学谈何容易。

在符宗涛的主持下，农场的同志继续补充史实，我们5人则进行改写和编辑，每人都有5到10篇的任务。我分到的任务是《大豆姑娘班》等篇章。《大豆姑娘班》类似后来经常出现的“铁姑娘”的事迹，是黄金鲁写的初稿，但文学性不强。我和他反复切磋，数易其稿，虽有提高，但仍是有“报告”，少“文学”，不像报告文学。于是我再次到二分场一个孤岛上，也是大豆姑娘班的所在地，与她们一起劳动，深入体验，回到总场后，我花了一天时间，重写了一遍，怀着忐忑的心情交给符宗涛审阅。老符一口气读完后，满意地说：“小周，这次写好了！”我的心情当然更加激动，后来这篇稿子和其他两篇稿子组成一组，作为852农场史的一部分选登在《北方文艺》上，为全书出版造舆论。

于此同时，罗炽晶也在苦苦改写一篇描述一位女大学生改革小麦耕作制度的文章《异想天开天真开》。罗炽晶也是个年轻女大学生，与那位示范农场的场长，经历相似，按说可以驾轻就熟，可是数易其稿，也是文学性不强。后来她干脆不受真人真事的限止，用同样的篇名写了一篇万余字的小说，居然在《北方文艺》上以显著篇幅刊登了，可见报告文学在某种程度来说，比创作小说还要艰难。

符宗涛和林青都是写散文见长的，也陆续作出了成绩。老符终于完成了全书的骨干文章《为大豆而战》。林青主要负责"拾遗补缺"，凡农场史中必不可缺少的题材，但现存稿中尚未涉及的都由他和黄金鲁负责撰写成文。王观泉是个评论家，在讨论中和编辑上颇见功力。

总之，编写工作是艰巨而紧张的，唯一的休闲，就是到场部周围转转。如果看到食堂外挂起一只剥了皮的狗，就得知王震部长来了。852农场是王震非常心仪的农场，场长黄振荣是他的老部下、老战友，他每年都要来场视察，黄场长总是根据老领导的喜好，准备狗肉招待。

852农场场部所在地叫南横林子，在一片美丽的白桦林中。据黄金鲁介绍，王震部长已把墓地选在这里。于是我们突发奇想，要在"墓地"上合影留念。于是依次排列，正襟危立，等待摄影者刘洛生"咔嚓"。刘洛生对好镜头，觉得众人眼光注视不齐，就发令道："大家都看着我身后最绿的树。"众人依言注目，但符宗涛仍目光游离，飘忽不停，他说："我不知道哪棵树最绿，我简直没看到什么绿树啊！"大家才恍然大悟，老符原来是个色盲，连他本人也像发现新大陆似的，成为一时的趣谈。

我们在场部也不免接触到一些工作人员，其中有位电影放映队的女队员。细谈之下，知道她是新中国第一批女飞行员之一，她告诉

852 农场场长黄振荣带领勘察组勘测荒原

我们，1954 年的 12 个女飞行员中有 7 人下放到了北大荒，她的处境是最好的。

在采访中，我们还遇到了志愿军的第一批的坦克手，也遇到过新中国第一批的潜艇驾驶员，听到他们的遭遇后，不胜唏嘘。想当初，这些人国家花了多少财力和精力，好不容易培养出来的，他们也在战场上流过血流过汗，时过境迁，这些国家绝为稀少极为珍贵的可用之材，竟像破屐一样被扔在荒原上，即便“锻炼”结束后，也不能再回到原来的岗位。国家需再花更大财力、更多的人力来培养新的人才，这是多大的浪费和不公平啊，当然这些我们是不便写进书内的。

直至1961年冬天，终于完成了852农场史的初稿寄给了北方文艺出版社，我们就回归虎林了。几个月后，接到出版社的复函，说他们准备去852农场定稿，要我们参加。于是符宗涛带着林青和我们几个人又去了852农场。

出版社是由编辑组长缪天民带队，他原是大尉军官，也是奔赴北大荒的10万转业军官之一。不久他就调去了黑龙江人民出版社，因为大家都是战友、荒友、文友，相处得非常融洽。

缪天民还带来了两位美女编辑，一位叫王石原，是黑龙江大学方校长的夫人，一位姓张，是中文系刚毕业的大学生。这次是住在852农场新建的办公大楼空房内。相对而言，定稿任务并不重，出版社的同志非常谦虚，事事尊重我们的意见。缪天民私下里还曾同我们谈及调我们去出版社的可能性。

其实，自《北大荒文艺》停刊后，不少单位都有意从中调人。垦区的主管领导也有意放人，但不愿“拔尖子”式地调走，最好是“连锅端”，及至1962年，差不多有一半人调去省文联当了专业作家，带职去基层体验生活，1963年，剩下的一批人，基本上调去了正待复刊的《合江日报》社，我就是其中的一人，只有郑加真一人留在合并后的总局宣传处作为“种子”。

在定稿时，正遇北大荒八九月份的小秋收季节，即上山拾山货。符宗涛带领一行人到附近的山上采榛子。两位美女编辑更是兴高采烈，可她们的时髦装扮却成了极大的障碍。那纤细挺立的高跟鞋无法在山上作业，不是蹩了脚，就是拐了腿，尽管她们兴致很高，乐此不疲，但收获无几。符宗涛虽也是个“白面书生”，毕竟在军旅中受过锻炼，他眼疾手快，动作麻利，一人所得几乎超过众人之和，结束时，他把采得的榛子悉数分给两位女士，大家尽兴而归。

不久，852 农场史定稿已毕，出版社同志带稿回社。过了一段时间，852 农场史出版了，定名为《在南泥湾的道路上》。书名是局宣传部的书法家刘仲贤书写的。

于此同时，郑加真和 8511 农场宣传科肖沉合作编写的农场史《少年垦荒队员》由上海的少年儿童出版社出版，林予和 853 农场宣传科杨荣秋合作编写的农场史《雁窝岛》由北京的解放军文艺出版社出版，前者是故事集，后者是类似《志愿军一日》的散文集。一时间三本文学性农场史同时出版，成为垦区文化界的一件盛事。

事隔 20 年，全局开展了大规模的编志工作。我们六十年代的编写农场史的经历，可说是编志工作的前奏和试点，可巧的是，主持这项庞大编志工作的主编、副主编，正是当年《北大荒文艺》的编辑郑加真和丁继松两位文友。而此时的我，早于七十年代初，为照顾病妻，从《合江日报》社调回江苏省江阴县，从事儿童文学的组织和辅导工作，无缘共襄盛举，至为遗憾，就以此文表达心意吧！

难忘虎林大食堂

我于1960年初从859农场调至《北大荒文艺》编辑室。工作住宿在虎林城郊偏于一隅的原日军气象站的小楼里，一日三餐则就食于农垦局大食堂。大食堂是当时垦区在虎林最宏大的建筑，是一座十来间的大通屋，红砖亮瓦，屹立于虎林县政府办公楼通往大街的路口。两头分别是有间壁的厨房和附带放电影的会议室，中间是局机关和下属单位职工用餐的场所，摆了几十张方桌，可容数百人同时进餐。那时正值三年困难时期，吃的是高粱米，大馇子等粗粮，更多的是豆渣饼、烘糕之类的代食品。至于菜蔬，几乎是一成不变的冰得透明的白菜帮子汤。不仅难以下咽，而且很难果腹，往往放了几个响屁，肚内就空空如也。即便如此，大食堂仍是大家最向往的地方。

伙食虽然简陋，但大食堂的接待非常上档次。每当开饭时，人们择桌坐下后，食堂管理员即带上服务员（基本上都是山东支边姑娘）端着碗盘，排成一字长龙，沿着桌子由远而近蜿蜒而行，来回穿梭给每人端上食物，形成了一道独特的风景。其待遇绝不亚于当今社会高级宾馆待客的规格。这可能是出于"饭菜不好，服务优，物质匮乏，精神补"的考虑，可见局领导安抚职工的良苦用心。

《北大荒文艺》编辑室在虎林县旧址

其间，局领导为了体恤下情，也偶尔来大食堂用餐。我有幸与王景坤等局领导同坐一桌。那天，吃的是烘糕。烘糕的名字颇讨人喜欢，似乎类似蛋糕，起码也可与苞米发糕相比，其实是一种树叶、秸秆、酒糟加上少量粗粮混制的代食品。当我们都狼吞虎咽吃毕这种“徒有虚名”的食物时，王景坤等领导还皱着眉头在对烘糕细细品味。不过是只品不尝，可能这些食品与他们平时在小灶食堂吃惯的大马哈鱼、狍子肉、鸡蛋、米饭、白馍等差距太大。最终坐了一会，留下丝毫未动的食物走了。包括我在内的同桌们，虽然觊觎着局领导留下的烘糕和冻菜汤，却不敢越雷池一步，伸手去拿这些弥足珍贵的食品，眼睁睁地看着服务员将它们收走了。宁可花一分钱和一两粮票，去勺食稀如清水的由草籽和苞米粉混合熬成的“粥”。一分钱对我们这些每个月 60 多元工资的就餐者来说是不成问题的，成问题的是那一两粮票，尽管“虾有虾路，蟹有蟹道”，能拿出这区区一两粮票的尚属少数，像编辑室的聂绀弩、丁聪两位“老右”，我就没见过他们喝过“粥”。至于我的粮票，是我上海的老母亲，从全家人的牙缝里省下来寄我的。

星期天休假，照例由一日三餐改为两餐，可以吃点细粮。一般为上午是 5 两米饭，下午是 4 两馒头。那时，每逢吃米饭时，显然是职工的盛大节日。高规格的接待，因为“华而不实”已自动取消了，职工要排队去窗口取食物。打饭的是个矮老头子，姓毛。只见他拿起一把木板饭勺，一板就能把碗盛得满满的。然后再一刮，几乎刮去了一小半。所以大食堂盛行一句口头禅：“天不怕，地不怕，就怕老毛刮一刮。”这种情况，周而复始，一直到我 1963 年 3 月离开虎林时，仍墨守成规，依然故我。变化的倒是就餐者的不断流动，而且伙食还有所改善，不再吃烘糕之类的代食品了。

大食堂因为宽敞，可作多种用途。早晨被文工团作为练功场地，只见一个曾是著名舞蹈演员的大姐姐带着一群刚入团的小妹妹（多数是局机关干部子女）穿着宽腿裤在食堂里走步、扭腰、搁腿、劈叉、跳跃，有时我们去吃早饭时，她们还在那里做功课。上下午不开饭时，许多桌子还留着不少人。有的在划“豆芽”（五线谱），有的在作画，有的在拨拉算盘，还有些人在排练节目，我们编辑室的月度编务会议，有几次是在食堂里召开的。

大食堂还是人际交往的场所，吃饭时相互交流工作情况，因为我们属于文艺圈，交谈的无非是“最近有什么新作品”、“这次演出是否成功”、“全国美展何时举办”等等问题，还有你向他索一支烟，他向你借点钱，场面颇为活跃。最有趣的是文工团的“老右”尹瘦石，原任内蒙古画院院长，曾任柳亚子的秘书，珍藏着两帧毛泽东赠柳亚子的诗词原稿，就是人们耳熟能详的“牢骚太盛防断肠”等名篇。老尹可能是为了重温当年的荣光，居然将这两帧诗词原稿拿来食堂，向大家展示。这是我第一次看到无比敬仰的毛泽东手迹，但心中不免为老尹暗暗担心。果然不久，中央档案局来人将那两帧手迹收走了。同样张扬的还有电影演员李景波。因为在某电影杂志上刊登过他的二十四种笑法，被视为表演的经典。有时在吃饭时，被人起哄当众表演，他也当仁不让地展示了一下演技，其夸张程度超过杂志上刊登的，引起哄堂大笑。倒是吴祖光比较含蓄，同样都是“沦落”为“右派”的名人，又都在文工团工作，同在大食堂吃饭，他吃饭时总是悄无声息，目不斜视，默默地来，悄悄地走，似乎已经悟透了世态人情，一切都与己无关了。

大食堂更是局机关开展文体活动的场所，常在这里举办一些体育赛事。记得 1960 年夏天局机关党委举办了一届体育比赛，有象棋、乒乓球、篮球等活动。我自小下棋，但既无名师指点，也不学棋谱，毫无章法可言。可能是年轻气盛，居然在编辑室独占鳌头，在众人的抬举下，到大食堂参加了象棋比赛。总算不负同仁们的期望，一路过关斩将，杀进了前四名。裁判介绍双方选手时，我不由大吃一惊，我的半决赛对手竟是局宣传部副部长郑亢行。郑部长是全局众多文艺工作者最崇敬的领导，在他的主持下，办起了二团（文工团、京剧团）二刊（北大荒文艺、北大荒画报）一组（北大荒电影摄制组），开创了垦区繁荣昌盛的景象。我能从乌苏里江畔的生产队凭着几篇不成熟的作品而被选调至人才荟萃的北大荒文艺编辑室，也是得到他首肯的。虽然调至垦区已半年了，尚没有如此近距离接触过他。面对年龄几乎超过我一倍，又是一个“三八式”的团干，作为一个排杈子的我，不免心慌意乱，未待排阵布局，即已败得落花流水，只得丢子认输。事后得知，郑部长当之无愧地获得象棋赛冠军。我不免庆幸，输给冠军，就是亚军，至少也是季军。

怀着虽败犹胜的良好感觉，我走过一旁去观看鏖战正激的乒乓球比赛。参战者不乏高手，攻守有序，扣削自如，银球飞舞，眼花缭乱。我也是个乒乓球爱好者，但是个手握硬板，泥土台子出身的野路子，是上不了台面的。但当看到参战的女选手中，居然也有初学的“老爷球”、“抄抄手”，而且动作如此夸张，不仅手舞足蹈，而且还娇声连连。我不免心中发痒，跃跃欲试，不过这也是想想而已，男的怎能与女的同台比赛呢？

踱步走出食堂，来到旁边的一片空地上，这里正进行篮球比赛。场上尘土飞扬，狼逐豕突，10 个人你争我夺。四周却有几百人围观，尤其是文工团的那帮俊男靓女都坐满在圈内，欢声雀跃，气氛比场内还要活跃。就像现时的篮球赛，每逢休息或暂定时，总有美女进场歌舞一般。与其说是看球，不如说是看人。我进得人圈，也注目看一个人，不过不是看文工团的那帮俊男靓女，而是一个近旁在看球的老头子（当时因自己年轻，看到中年以上的，都称之为老头子）。此人看球非常入迷，而且动作怪异。当球穿篮入网时，他就狠狠点一下头；当球碰筐而出时，他就将头撇向一边。或左或右，或前或后，他撇头的方向也丝毫不差。当球在筐边转圈时，他的头也随之转了起来。球进，则点头；没进则撇头。可能是我加盟北大荒文艺编辑室后，受到师长们的教导：要善于观察。我就随着他的头转动认真观察起来。到球赛结束，不看牌子，也精确地得知双方的比分了，可真谓是乐在其中。

图为早年虎林县内牡丹江农垦局大楼外景照片（吴祖光、丁聪回访时，郑加真、吕向全陪同）

（当年办公楼为东西两幢，一幢为行政楼，一幢为党委楼，《北大荒文艺》编辑室曾从郊外的独立碉堡式小屋迁到党委楼里办公了一段时间，后迁到佳木斯市东北农垦总局大楼里办公）

大食堂举办的活动，最持久、最活跃、最吸引人的应是周末舞会，在舞会中引出不少故事，我将另篇叙述。

我是大食堂长期的就餐者，也是在大食堂举办各类活动的积极参与者。大食堂是广大职工生活的缩影，聚集了垦区政治、文化、经济的某些侧面，折射了当时人们的价值观念和道德评判。在这里，我度过了最美好的青春年华，在这里，我结识了同甘共苦的妻子。无论物质上，还是精神上，大食堂都给我留下了不可磨灭的印象，甚至是刻骨铭心的。现今我已 76 岁了，又在远离北国的南方小城江阴，仍会想起虎林的大食堂，真是魂牵梦萦。

难忘虎林大食堂!

周末舞会

大食堂办的文体活动最经常最备受欢迎的是周末舞会。舞会由局文工团主办，当时文工团的团员来自各总部、各军种的文艺才俊，许多人曾参加过世界青年联欢节，享有盛名。记得我初到虎林时，总政文工团正在国外访问演出，局文工团被借调至总政，由叶剑英元帅带领至南方执行演出任务，人称总政第二文工团，而局文工团的空缺，则由 859 农场文工团取代。859 农场文工团是由前线歌舞团和从朝鲜归国不久的 60 军文工团下放人员组建的，出手不凡，居然演出了大型歌剧《红霞》。那时，《北方文学》的编辑来垦区组稿，我陪同他们观看演出。他们看后惊叹不已，遗憾没有机会看到局文工团的演出。可见局文工团的声名之显赫，由局文工团主办的舞会，其规格之高，可想而知。

其实不然，交谊舞是群众的自娱自乐，舞会水平的高低取决于参与者的舞技。而参与者都是业余爱好者，有的甚至连舞都不大会跳，而是来凑热闹散散心的。我也是个交谊舞爱好者，不过是“三脚猫”的水平。记得我学交谊舞是在五十年代初期，那时什么都学苏联，据说苏军中盛行交谊舞，于是也在我军各单位掀起了交谊舞的热潮。我当时在中国人民解放军第一陆军医院任文化教员。有一天晚饭后，政治处胡主任命令吹哨全体集合，大家以为有什么紧急状况，当时我们最企盼的是命令“全院立即开赴朝鲜，抢救伤病员”。结果，在立正报数后，胡主任下令“双数出列”、“向后转”、“靠拢”，形成了无数一对一的场景。此时操场的大喇叭响起广东音乐的乐曲声，胡主任接着命令：“跟着乐曲跳舞”。这真是使人大出意料之外。

北大荒老一代文化人合影：郑亢行(原牡丹江农垦局宣传部副部长，左 2)，林予(左 3)，王玉琦(原北大荒电影摄制组组长，左 4)，马杰(原文工团团长，左 1)

我那时还不会跳舞，偏偏与我对立的是一个上了年纪的炊事员，两人与其说是跳舞，不如说是在摔跤。就这样经过多次“苦难的磨练”后，总算会走走“四步”、“三步”了。后来经过“反胡风”、“肃反”、“反右”一系列政治运动，跳舞一事早就抛到九霄云外，舞技也早就荒废了。我想大食堂舞会的参与者的从舞经历大抵与我相似，也是只能走走所谓的“军舞”步子。那时没有现时盛行的探戈、伦巴、桑巴、恰恰、吉特巴、迪斯科等新潮舞步，稍难一些的“颠四”(福克斯)大家都把它当作“中四”来跳，因为节拍不对，场上混沌一片，简直是“群魔乱舞”了，至于难度更高的“快三”，全场舞者几乎听到乐曲就望而生畏，不敢下场了。

尽管舞技不高，大家参与的热情甚高，宽敞的大食堂往往人满为患，舞会不需门票，凭脸孔入场，因为都在大食堂用餐，“低头不见抬头见”，彼此都认识，但对地方人员则谢绝入场。这明显是“排外主义”作祟，县银行有位女股长是个舞迷，不满足他们自办的冷冷清清的舞会，而要涉足大食堂，都被“礼请”出场。有一次不知怎么的，被她“混”了进来，居然无人同她作伴起舞，她只得自讨没趣地退出了大食堂。

舞会开始前，早有人把饭桌叠放在两边，前面摆满了就餐坐的方凳，人多坐不下，更多的是站立在那里，还有人则高踞在桌子上，人山人海，蔚为壮观。

别指望文工团那帮俊男靓女、舞林高手会在场上给你伴舞，或是指点一二，他们都是享有盛名的独舞和群舞如《红绸舞》、《提灯舞》的舞者，是不屑参与这种下里巴人式的集体舞的。倒是乐队因是文工团的职责所在，不敢怠慢，有民乐、有管弦乐，还有打击乐。三乐齐奏，不仅民乐的《步步高》《彩云追月》《雨打芭蕉》奏得像模像样，而且西乐的《莫斯郊外的晚上》《红莓花开》《三套车》等演奏得可与唱片比美，真是一种美好的艺术享受。所以许多人不是来跳舞，而是来听音乐的。

大食堂舞会还是个交流信息的好去处，人们经历过多次政治运动，参舞者不少是政治运动的受害者，对国事噤若寒蝉，所谈的都是私事。一时议论的热点是文工团出演话剧《北大荒人》的男主角出轨事泄，被发配至生产队劳动。其妻快速与之离婚，继之闪电般与一位大尉科长结婚了。因此人们怀疑其是否先于丈夫“红杏出墙”了，对此种传闻，我因政治包袱压在身上，不敢参与议论，但听听还是有兴趣的，因为这是舞会必不可少的“佐料”。

正议论着，舞会穿插着的文艺节目开始了。第一个节目是女声小组唱。只见一排四个女士站立到食堂中央，为首者年龄较大，已经三十多岁了，而穿着比较时髦，紧身花棉袄，薄花呢西裤，半高跟鞋，使看惯了黄军衣裤的在场人等顿时眼睛一亮。也不由我想起了幼时听到的流行歌曲：“三轮车上的小姐真美丽，西装裤子花棉衣，眼睛大来眉毛细……”此女唱得并不高明，但声音软糯，一听就知道是我的同乡上海人。好奇地向旁人探问之下，才知道此人就是舞会中被人议论的焦点人物，即那个离婚又结婚的“红杏”。看到她那种欢乐的景象，不由使我想起了她那在生产队受苦的前夫，说不定那个舞台上的英雄人物正冒着严寒在开夜工哩。

大食堂舞会穿插着小节目，无疑是人们感兴趣的。然而，最感兴趣的是联欢会演。有一次鸡西市的领导来访，带来了一个剧团。鸡西市是离虎林最近的城市，剧团原是唱东北二人转的曲艺团。那时候的二人转不像现时被赵本山等人炒得那么红火，正走着下坡路。为了不致淘汰，统统转型唱整本的大剧。如吉林的改称为吉剧团，黑龙江的改为龙江剧团，鸡西的则称之为鸡剧团。那天鸡剧团倾巢而出，严阵以待到大食堂舞会来参加“联欢”。

局方尽东道主之谊，率先表演，是一名乐手的板胡独奏。板胡属稀有乐器，一般剧团都不用其伴奏，会者很少，尤其是独奏，许多人简直是闻所未闻，见所未见。可该乐手不愧是个中行家，只见他左按右拉手指舞动，美妙乐声随指流淌，时而高亢如洪钟大吕，时而婉转似鸟语花香，而且头、肩、手配合自如，眼、眉、嘴张合有致。一曲下来，掌声雷动，吓得鸡剧团的演员不敢上场。我倒很为他们抱不平的，拿号称总政第二文工团的出过国的专业演员去压一个地方小剧团，这不是太欺侮人了吗？

不敢上场也要上场，东推西让之下，鸡剧团的当家花旦终于上场了。唱的当然是鸡剧，无非是“私订终身后花园，落难公子中状元”的那一套。二人转不像二人转，评剧不像评剧，她卖力得汗流两颊，只博得稀稀拉拉的几声掌声。我心中又不平了，大家虽然听不惯鸡剧，但起码的礼貌还是要有的嘛！

下面又轮到农垦局出节目了。报幕员报道：“下一个节目是京剧清唱。”全场观众顿时精神一振，以为局京剧团哪位名角要出场了。当时农垦局的文工团当然名震寰宇，自不必说，京剧团也是赫赫有名的。有人评价其阵容比由与赵燕侠齐名的著名花旦罗蕙兰担纲的新疆建设兵团京剧团还要略胜一筹。尤其是挑大梁的青衣范玉媛是梅兰芳的关门弟子。梅大师因年事已高，由梅派传人张蝶芬代师授徒。名师出高徒，非同凡响，范玉媛无论嗓音、扮相、手、眼、身、法、步都堪称一流，更具优势的是年轻，比当时同样年轻的我还要小一两岁。记得农垦部组宣处的皮处长来垦区公干，总要邀请她至张保进任主任、张国璋任摄影的北大荒美术摄影部去清唱一曲。于是范玉媛奉召，带着一名琴师应邀演唱。我是个喜欢轧闹猛的人，因演唱需要观众的，否则演唱者提不起情绪来，于是我就成了为数不多的观众之一。范玉媛的演唱，真是像古诗所形容的：“此曲只应天上有，人间难得听几回。”一般都要唱上两曲，是否还要接下去唱，要看皮处长的意思，往往唱到结尾时，皮处长击节和着一起唱了，说明演唱到此为止。

当报幕员报到京剧清唱时，大家原以为不是范玉媛出场，定是另一名与其齐名的高手程派青衣出场。殊不知出来一个名不见经传的精壮毛胡子。此人在文工团属于龙套角色，演唱的居然是京剧铜锤经典《铡美案》。当他脱口唱响“包龙图打坐在金銮殿上……”时，声震屋瓦,如雷贯耳。接着他行云流水地演唱下去,倒板、原板、垛板一句赛过一句。一曲唱完,大家如醉如痴,连鼓掌都忘记了,弄得鸡剧团的演员们简直无地自容。我在震惊之余更为可怜的鸡剧团鸣不平了:拿一个龙套去比人家的当家花旦,岂不是更欺负人嘛!

这就像排斥虎林银行女舞迷参加舞会一样,仍然是"排外主义"在作怪。"排外主义"说到底是"军老大"思想的表现。那时垦区上下一片黄军装,多数还是军官。虽然在苦难之中,但行政级别仍在,"高工资"照拿,确实有高人一等的自我感觉。当初我在859农场劳动时,场部的公章是与部队一样的大方形关防,上刻"铁道兵8509部农场",有了这枚大红印章,即便是家属,在乘火车时也可享受军人的半票待遇。这种"军老大"的气势,比起后来的"粮老大"以及现在的"电老大"来是有过之而无不及的。舞会上的表现还只是小事一桩,在其他方面发挥得更加淋漓尽致,如荒地随开随撂,森林乱砍滥伐,水库修修停停。垦区名义上已局县合并,隶属于牡丹江地区,但不受地方党委管辖,甚至对黑龙江省委也不听招呼。这里举一个小例子。局文工团当初的首席报幕员(那时不叫主持人)周如燕是科学家周培源的女儿,原是总政文工团风光无限的报幕员。不知什么原因,也被下放到了垦区。其实也无需什么原因,连总政文化部部长陈沂少将也戴了"右派"帽子在黑龙江劳动(因怕他与众多的老部下串连,所以没让他来垦区),何况一个年轻的尉官姑娘呢?有一次周总理观看总政文工团演出,向左右随口问了一句:"怎么不见周如燕?"这下有关部门慌了,急忙向垦区召回周如燕。人称报幕员是舞台的灵魂,周如燕这个"灵魂"一来垦区,就被省委领导看上了,她那时正在哈尔滨办理调省手续哩。局党委宣传部部长立即亲赴哈市谎称给周如燕做些服装以作留念,当着省委领导的面,诓走了她,连夜送回北京,而对省委未作任何交代。以小见大,可见"军老大"的思想来源于局领导,其趾高气扬，可见一斑。

大食堂舞会中小龙套与大花旦的 PK 可算是高潮了吧？不，那只是个浪花，而真正的高潮是王震部长来垦区视察，参加舞会。不过那是专场，文工团的俊男靓女悉数到场，围着部长转。并非我辈“闲杂人等”可以参与的。虽然无缘共襄盛会，但通过大食堂这个“信息平台”，还是能了解舞会的一些内情的。人们传说着这样一个话题，说昨晚的舞会上，文工团某女演员，拿到王部长的调动工作批条，今早就去北京报到了！这种传言似乎太神奇了，听的人都将信将疑。不过，我倒是宁可信其是真的，因为我曾亲眼见过王部长批条子调人的事例。

大食堂舞会继续举办，不过由文化馆主办了。原文工团的洋乐队也换成了文化馆的土乐队了，还是要比唱片伴奏气派得多。参舞者则逐渐少了。我仍乐此不疲，每每涉足舞会。每次举办舞会，文化馆都会贴出海报，这是丁继松的杰作。丁继松是作家、画家集于一身的，廖廖数笔就画出了一对男女相拥入舞的形象，非常传神。他原在局宣传部任职，曾作为设计专家赴越南布展北大荒的成果。期间写的散文《还剑湖畔》刊登在《黑龙江日报》上，我读后心驰神往，犹如身临其境，是我尊重的前辈文友。可能是为了增加局县合并后县级部门的力量吧，此时丁继松已调任文化馆代理馆长，也可能是文化馆事多人少，组织舞会竟然也要他出场主持。每当舞会开始，他就和另外一位女馆员小曹，带头入舞，等大家纷纷入场，秩序正常后，他即离场回家又去理头于他的创作了。

跳舞是公开的男女之间接触面最多的行为，日久生情，在所难免。所以舞会也是滋生风流韵事的场所。文化馆有一名女音乐工作者叫小罗，原是某品牌音乐学院的毕业生，在文化馆难以施展才华，一直郁郁寡欢，加之夫妻关系比较僵化，更显郁闷，她在舞会邂逅了一位县委副书记（书记是王景坤局长），这位土生土长的地方干部，见到来自大城市的大学生，而且是个善弹钢琴的文化人，不免怜香惜玉。小罗也觉得副书记体贴入微，远远胜过自己的丈夫，两人就产生情愫，在舞会上形影不离，为人所周知。文化馆有个馆员叫王学德，在舞会中打击大鼓小鼓，是个敲打"蓬哧哧"的脚色，却是个好事之徒。有次，当一首中三舞曲响起，副书记和小罗这对恋人边说边跳，转圈转到王学德跟前。王学德张开耳朵，听到了一句窃窃私语："散会后在老地方相会。"王学德当然知道所谓"老地方"就是县政府大楼的副书记办公室。舞会散后，他居然饶有兴趣地要去"老地方"窥看"西洋镜"。县府有人值勤，岂容旁人登堂入室。王学德"艺高人胆大"，他攀着屋檐爬至二楼，向副书记办公室看去，只见两人卿卿我我，男欢女爱。破窗而入系私闯县府，毕竟不敢。但他的嘴却无人可管，遂将所见所闻绘声绘色传导给他人。一传十，十传百，闹得满城风雨。副书记不久就离职了，小罗则羞愧难当，几乎要自杀。不过在舆论上，似乎对副书记和女大学生无过多指责，倒是对王学德的"英雄"行为嗤之以鼻，颇为不屑。议论到他时，不叫他王学德，而称其为"王缺德"，带累文化馆另有一名叫曾学德的馆员，被人称呼为"真缺德"。

凡事久盛必衰，大食堂舞会终于由盛转衰，至1962年底，几乎停办了。人们开始议论牡丹江农垦局与合江农垦局合并的大事，关心个人何去何从的问题，再也无兴趣参加舞会了。

一次始料未及的文艺座谈会

上文谈到我曾见过王震部长批条子调人之事，在这里需补述一下。我曾在852农场编写《在南泥湾道路上》农场史时，曾多次见过王部长。还曾在南横子他亲定的“墓地”上合过影。他始终精神饱满，步履矫健，保持着一个老军人的姿态，是我们转业官兵心中的偶像。这时他显得较为苍老一些，可能“三年困难”时期，他也经历了不少折磨。那是在1962年的秋天，王震部长在诗人郭小川（曾任王部长秘书）陪同下来垦区视察，下榻于局办公楼的一个套间里。碰巧，我们北大荒文艺的残存人员（多数已调至省文联当了专业作家）也住在那幢楼里。郭小川为创作需要，并了解垦区的文艺动态，召集我们开座谈会，王震部长也兴致勃勃参加了会议。参加者还有文工团的创作人员，我有幸忝陪末座，不免受宠若惊。照例先由首长讲话。王部长对垦区的三年“灾荒”先是感叹了一番，又说我这两年来得少了，不是不关心，而是一直在做调研。话头一转，又说现在最困难时期已经过去了，应该把生产搞上去。我听后觉得部长果然高瞻远瞩。先政治后经济，下面应该谈及文化了吧，譬如说，创作应该描绘广大官兵如何战胜天灾的动人事迹，如何服务于现实的政治和经济形势，诸如此类等等。

谁知，王震部长接下来却说，在当前形势下，你们这些创作人员，应该统统改行，到企业去，到生产队去，现在基层单位最需要的是会计，你们有文化，能耍笔杆子，当个会计是最合适的。

大家听了，不禁目瞪口呆，场上鸦雀无声。这时参加座谈会的文工团编剧王成军的爱人王某某不速而至。她原是铁道兵文工团员，在朝鲜战场上曾跟随过王部长。当时在局文工团搞场务工作，听到老首长来了，定要来拜见王部长，热情地向首长汇报自己的思想和工作状况。

因为王部长还在讲着文艺工作者改行当会计的话题，于是顺着他的思路继续发挥，对她说："听老首长的话，你去当会计吧！"

王某某久历军营，举止比较随便，言谈比较泼辣，说："要我去当会计，恐怕单位未必要呢？"

王震部长当即拿起一支粗大的铅笔，写了一张纸条："××单位，兹介绍王××到你处担任会计。王震"。王某某拿起纸条笑了笑，塞进了口袋，当然她是不会去某某单位报到的。

王震部长见让大家去当会计，无人响应，而且颇不以为然，于是给与会者上了"手段"，说，你们这些小知识分子都是有问题的，应该在基层好好改造思想。为了证明他的论点正确，竟向在场的人逐个询问起："你有什么问题？"

在场的包括我在内，当然心知肚明，自己正存在着某种问题，而遭到军队清洗，被"发配"至北大荒的，在王部长的逼问下，一个个呐呐地向首长汇报自己的所谓政历问题。果不其然，有的是社会关系复杂；有的有历史污点；更多的是在"反右"中受过批判。这些问题都记载在档案中，并非可以当众曝光的，知识分子脸面薄，况且对这些所谓的问题是有看法的，在众目睽睽下，要自揭脸面，真是显得十分尴尬。

我与已调省文联当了专业作家的符宗涛坐在一起，他是为了搜集创作素材，正好来垦区，由我陪同他采访，也参加了这个座谈会。我嗫嚅着向王震部长汇报了“反右”时受批判的情况，当符宗涛汇报时，刚说了一句：“我原是《解放军文艺》编辑，现已调省文联……”就被王部长打断话头：“你是客人，不用讲了。”可见王部长仍把我们当作他的兵，甚至是“孩子”，可以任意管教的，可是孩子大了，也是有自尊心的。

轮到朱彩滨了，这时老朱虽已调离《北大荒文艺》，但仍属文化人，而且是写诗的，很想向大诗人郭小川请教，所以也参加了会议。他讲话口齿不清，要他自揭“问题”时，更显得侷促口拙。他结结巴巴地说：“我在新疆打人了。”说完垂下头来等候批评。谁知王震部长听了哈哈大笑，说：“你很像我的脾气。”原来，王部长在新疆主持工作时，也是触犯了民族政策而调任的。朱彩滨就此顺利“过关”。与会的张勤比较调皮，当轮到他“自报家门”时，咳嗽一声，走出门外，去“吐痰”了，总算逃过一劫。下一个轮到虞伯贤了。虞伯贤是新四军老战士，下放前是驻上海的空四军文化处助理员，上尉军官。为人直率，敢说敢为，省委曾在《黑龙江日报》撰文《美丽富饶的黑龙江》，虞伯贤则认为这是在说大话，粉饰太平，于是在《北大荒文艺》上发表《艰苦奋斗在北大荒》与之唱对台戏。这时他敢于“犯上”的犟脾气又发作了，居然说：“我没有任何问题！”

王震部长身为中央领导人，清楚地知道我们这类人如何会来北大荒的缘由，当然不会言尽于此，继续向虞伯贤追问：“‘反右’中有没有言论？”“没有！”“历史上有什么结论？”“清白！”“有什么社会关系？”“都已查清！”一问一答，问者直逼要害，答者理直气壮。可能王部长觉得一个小尉官居然如此桀骜不驯，谈吐如此锋利，就开始“查三代出身了”。问：“你父亲是干什么的？”虞伯贤说：“资本家！”王震部长接口就说："我说是嘛，这就是问题。"虞伯贤却不依不饶："我父亲是民族资本家，是统战的民主人士。"

座谈会给王某某闹了个开场，又给虞伯贤闹了中场，看来是难以收场了。这时在里屋的郭小川见场面难堪，甚至剑拔弩张了，忙走出外屋，打了圆场。他让王部长进里屋休息，自己则回归到座谈会的本题，谈起了有关创作的话题。

1958 年王震在密山广场召开大会，动员 10 万官兵徒步进军荒原

郭小川是著名的诗人，正值盛年，儒雅温婉，一派知识分子的气质，他先谦虚地自我批判了他的诗作《望星空》，认为有"不健康的小资情绪"，继而从国际到国内论述创作形势，比较详尽地剖析了苏联作家柯切托夫的《茹尔滨一家》和《州委书记》两本畅销书，希望大家也能写出好作品来，这正是大家希望听到的内容。座谈会到此结束。

散会后，虞伯贤与我同回宿舍，在走廊里他对我说："小周，想不到我一个普通党员居然能与中央委员进行舌战。"欣喜之情，溢于言表。回到宿舍，我还对张勤的"调皮"大加赞赏。事后我曾与参加这次会议的 856 农场的创作骨干董纯谈及过此事，老董向我摇摇头说："王部长也太那个了。"彼此心照不宣。会后"改行当会计"的话题当然不了了之。我见到报刊上登载的王震部长在北大荒的言行，都是歌功颂德推崇备至的，我的这段记述可能比较另类，但我不想为尊者讳，更不会信口雌黄，自信是比较真实的。这段记述，当然也不会抹煞王震部长领导广大官兵开发北大荒的功绩。或许是他当时的思路，不被我们所理解，所以这次座谈会是我们始料未及的，也没达到预期的效果。不过，郭小川就是在这次座谈会后写出了著名的长诗《刻在北大荒的土地上》，在全国引起强烈的反响，更有许多文友事后写出了反映建设北大荒的许多文艺作品。说明了文艺创作在荒原上还是十分需要的。

亲眼目睹过王部长在座谈会上批条子的场景，所以我相信在大食堂舞会中，他是会给某女演员开条子调动工作的。

一段有待发掘的史实

1961年春，我在牡丹江农垦局《北大荒文艺》编辑室工作。经人介绍，结识了局外贸处的出纳员唐琴惠。得知她是从地质部正定干校来北大荒的。他们并非毕业分配，而是像我们一样，“下放”来的。

850农场“右派”队合影

当时在人们的印象中，批量来垦区的，先是1954年的铁道兵，再是1958年的10万转业军官，接着是1959年的山东支边青年，从未听说还有从学校整批来的学生。原来他们都是所谓的问题学生。

开发荒原，当然需要劳力，让转业官兵进军北大荒，让支边青年"闯关东"就是为了这个需要。也还兼有安置的意义，朝鲜停战，大规模裁军后许多退伍军人安置是个重大的课题，让这些人垦荒，无疑是个很好的出路。更有流放、惩罚的意思，像我们这种经过"反右"冲击的小知识分子，还有中央机关的1500名"右派"分子，包括唐琴惠在内的正定地质干校的几百名"问题学生"，都属于此类性质。将他们流放至古称"黑水靺鞨"流放人犯的苦寒荒原，实施劳动改造，正是最合适的地点。

对于"问题学生"，我比较敏感。因为本人既属于10万之列，也是个"问题学生"。1957年7月，我已接到通知，被录取于中国人民大学党史专业。适逢"反右"，因我平素偶有不服领导的言行而遭到批判，报到期至，运动尚未结束。领导通知我，校方表示不接受"问题学生"，所以我未到北京，而来了北大荒。那么唐琴惠他们的情况又是怎样的呢？

唐琴惠1955年在江阴县中初中毕业，没能考取招录人数极少的高中，成了"社会青年"。1956年春，地质部正定干部学校到苏南地区大规模招生。于是，唐琴惠同许多往届初中毕业生一样，被招录入校。

江阴县被招录的学生有300多人。4月21日乘汽车到无锡，汇合苏州、无锡等地的学生，总数不下千人，登上专列，来到河北正定。

地质部正定干部学校规模很大，有5000多人，半数来自周边地区，半数来自苏南。校长是地质部的田苏司长。学校分设会计、计划统计、人事定额三个专业。名头虽大，人也很多，但设施十分简陋，连

江阴城区学生在正定大佛寺前合影(一排左五为唐琴惠)

校舍都没有,学生们上课和住宿都在帐篷和庙宇内,其他如伙食及文体活动等都无从谈起,与招生时所宣传的相差甚远。

失望之余,苏南学生,尤其是女孩子不免哭哭啼啼,吵吵闹闹,不过苦熬两年就能当上地质干部的信念仍在支撑着他们,所以在恶劣的环境下,大家仍能用功学习。

谁知到了1956年底,人数极少的人事定额专业(200多人)提前毕业分配了,包括唐琴惠在内的另外两个专业却停办了。而且不予分配,不予转学,不作安置,各人自找出路。所谓自找出路就是无路可走,否则,那么多的苏南青年何苦千里迢迢来正定上学呢?

经过多次诉求、交涉都无法更改当局的成命。这分明是学校盲目招生,供大于求所造成的局面,却要无辜的学生来承担后果,大家感到实在冤屈。

这时，政治形势发生了变化。各地区在党的号召下，开始了大鸣大放。无路可走的学生们便以大字报、小字报、集会、游行等形式，把心中的冤屈“鸣放”出来。甚至有了恶性发展，竟发生了卧轨事件。这就是所谓的“北质学生闹市”。

正定是靠近北京地区的铁路枢纽。卧轨闹事妨碍交通，影响首都，兹事件大，惊动了高层。中央委派刘少奇到正定处置，当然关的关，押的押，为首的还有被枪毙的。

但闹事者究属少数，多数学生此时正回家度暑假，唐琴惠此时也在江阴，并无亲历，所知的也是在返校后，听到校方公开宣示的内容。

虽然大多数学生并无亲历，但返校后的日子很不好过。这时全国“反右”斗争正趋高潮，他们就在校方的主持下，人人检查，个个过关，小会斗争，大会批判，一个个搞得灰头土脸，成了“问题学生”。悬而未决学校停办之事也就迎刃而解。

学校给学生的出路有两条，一条是“自动退学”，一条是到北大荒垦荒。当地学生回家的居多，而苏南的学生则去北大荒的多。唐琴惠曾告诉我，他们之所以不愿回家是爱面子，认为退学是受处分，而去北大荒则非常“光荣”。于是，就像我们当年一样，经过“报名”、“批准”、“欢送”等程序，大约有数百人来到垦区。

同样是垦荒战士，这批“问题学生”比起我们这些“问题军官”境遇更差。首先，10 万军官进入垦区的时间大致是在 1958 年的 3 至 5 月，而他们来到垦区是最寒冷的 1 月份。那时荒原上大雪纷飞，烟儿泡卷地，滴水成冰，拉屎成山。唐琴惠等一批人分配在 858 农场一个生产队。为了修缮住处，仍要冒着严寒去割草，春播时，双脚整天浸在冰水里作业，她不久就得了风湿性关节炎，侵袭了原本不好的心脏，染上了严重的风湿性心脏病。但仍坚持在“抗涝”第一线。幸亏遇到了下队检查工作的局外贸处董处长，这位大尉处长见这个中专生实在可怜，将她调到外贸处当了出纳员。

虽在机关工作，待遇仍很低。他们这批“问题学生”连最低的一级农工工资都评不上，只和“盲流”及家属一样，无论老少都称为“青年工”，每月工资 24 元。当时又处于三年困难时期，生活之艰辛可想而知。

在虎林期间，唐琴惠还领我到一个在工具商店当营业员的女同学那里去玩，得知她俩是同学中的幸运者，其他人数众多的同学还在荒漠的生产队战天斗地哩！

好景不长，1962 年赶上了职工下放，唐琴惠身份“特殊”，首当其冲，属下放之列。领导找她谈话时，是要将她下放到生产队去。那时我们已经结婚，我看了下放通知书，上面并没有去生产队的规定，而按照当时城镇职工下放回原籍的惯例，她就于 1962 年夏天回到了江阴。虽然无工作，却报上了城镇户口，算是不幸中的大幸了。

这时，唐琴惠的心脏病愈发严重了，经过了“十年分居”，及至我 1972 年从《合江日报》社调回江阴时，她就开始了“十年病卧”，终于在 1982 年撒手人寰，离我而去。她的经历只是“问题学生”的一个“个案”，至于其他人呢，就难以说清楚了。

更不幸的是，对于这些学生的所谓“问题”，即使在拨乱反正后，也没有任何“说法”，更谈不上什么“平反昭雪”、“恢复名誉”，甚至他们这些人连档案都没有的，我只见过唐琴惠仅有一张手写的所谓“肄业证明”，这给他们以后的再就业造成了极大的困难。

我在江阴曾碰到过唐琴惠的一个同学，名叫孙富荣。他是当年“自动退学”回家的，基本上做了一辈子的临时工。我也采访过提前毕业的刘仁良医生，他分配后的处境也不好，后改考了医专，辗转回到了江阴。他是当年江阴学生的领队，本文有些资料是他提供的。

10 年前我看到《北大荒文艺》文友郑加真撰写的《北大荒移民

录》。此书史料翔实，文笔生动，可对正定干校的学生大批“移民”，却只字未提。为此，我曾去信询问，不得要领。最近我在电话中向另一文友丁继松查询此事。他说，郑加真与他主持编写《垦区志》时，曾看到过一些正定地质干校学生来垦区零星的记载，却无详细资料，更无来龙去脉，遂成了悬题，希望我能提供有关史料。

我因机遇巧合，结识唐琴惠这个“问题学生”，但她只是一个普通学生，所知也只是一鳞半爪，星转月移，物是人非，继续采访，也收获不大。但我相信，只要不断发掘，这一段鲜为人知的史料终会真相大白。

创办人

《北大荒文艺》人物印象之一

《北大荒文艺》编辑室先后调入的有 18 人。我是中期调入的，与每个人都有接触。现就从我的视觉角度，从相互的交往中记述对他们的印象，只是一孔之见，难免挂一漏万。先从三个创办人谈起，他们是林予、符宗涛、杨昉。

林予，江西人，本名汪人以，发表作品就以名字的谐音作为笔名。上海解放前夕，他从老家到沪考大学，因家中薄有田产，所以能有机会外出求学。住的是小旅馆，吃的是饭店剩菜烩就的大锅菜，喝的是自来水。当时蒋家王朝已面临崩溃，上海学生运动频起，林予接受了新的思潮，竟然放弃了高考，与许多热血青年一样，投奔江北，作为解放军的一名宣传队员，参加了淮海和渡江两大战役。而后转战西南、驻军云南。开始了文学创作，写出了许多中短篇小说和电影《边寨烽火》，成为新中国第一批青年作家。在年仅 25 岁时，就加入了中国作家协会。

林予曾与我谈起，他的创作源泉来自两个方面。一是云南地处边疆，又是少数民族聚居地区，生活多姿多彩，为他的创作提供了丰富的题材。二是领导有方，当时西南军区的文化部长是冯牧。他既是领导者，又是文化人，为作家的成长和创作提供了良好的环境。所以当时西南军区涌现了成批的青年作家，如白桦、姚冷、彭荆风、周良沛等，林予也是其中的一员主将。这颇像1958年后的北大荒，出了那么多的作家和画家，也是生活丰富和领导有方，凡是现在成名成家、在文坛占有一席之地的当年的转业军官，无不感激农垦局宣传部副部长郑亢行的关怀和支持。

林予

林予于1957年调至总政创作组，成了军营的专业作家，在“反右”时，遭到批判而下放至北大荒。《北大荒文艺》创办时，以他的文名，成为首批进入编辑室的成员。

我1960年初调入《北大荒文艺》时，林予已调离了编辑室。在局宣传部从事专业创作。当时他正在创作长篇小说《雁飞塞北》，以每天3000字的速度书写，而且卷面整洁，很少修改，可见他的文思敏捷，功底深厚。初稿完成后，作家出版社和解放军文艺出版社争相索稿出版。为此，解放军文艺出版社派出一名中校军官为首的编辑组，在我们《北大荒文艺》编辑室召开座谈会，盛赞《雁飞塞北》的现实意义和艺术性。他说：“这本书既然由作家社出版了，我们期待着林予的下一部作品。”果然，不久，林予和杨荣秋合编的散文集《雁窝岛》由解放军文艺出版社出版了。

1962年，林予调任哈尔滨市任作家协会主席，很少谋面。我再一次见到林予是在1972年6月，我调回江阴时，途经哈尔滨，与在哈的一些文友告别。在耀景街16号省文联驻地见到了王观泉、林予等人，在一起午餐。林予鼓励我回江阴后，要坚持创作，情深意切，使人难忘。1976年我去上海少儿出版社洽谈出版江阴儿童文学短篇小说集时，听说林予在上海电影制片厂写电影剧本，我就顺道永福路去探访。当时他与谢树两人正在改编他的长篇小说《咆哮的松花江》为电影剧本。当时正值初夏季节，久居东北的人非常怕热，林予因长期在南方生活，比较适应上海气候，而谢树则赤膊裤衩，还挥汗如雨，他见楼下有人招呼，慌忙套上衣裤，一看是我，因是熟人，又将衣裤脱了，亲切地交谈起来。林予写电影剧本是个老手，除了早年拍摄的电影《边塞烽火》外，还出版过电影文学剧本《山谷红霞》。"文革"后期，拍摄过电影《奸细》。我祝愿他将《咆哮的松花江》早日搬上银幕，也期待他有更多更好的作品问世。想不到这一次会面竟成了永诀。他患癌症去世的消息是他妻子罗炽晶告诉我的。

罗炽晶与我同龄，是个漂亮的四川妹子，云南大学历史系毕业生。当年林予追求罗炽晶另有一功，就是不声不响地看着罗炽晶。其实林予是很喜欢言谈的。可能他认为追求美女，不必花言巧语，而是要靠执着的盛意。他的一言不发正代表着心中的千言万语。果然，罗炽晶被林予的丘比特箭射中，跟随他一起来到垦区，成了一名《北大荒文艺》编辑。林予调哈尔滨时，她也调至省文联工作。

我与罗炽晶在编852农场史时，相处近半年时间。平时在工作中也互相关心，互相帮助。她是学历史的，我也酷爱历史。她的一本《李秀成自述》成了我们交谈的主要话题。她家中常有林予从外地带来的罐头食品和挂面。她便邀我去家中，一边听着26届世界乒乓球赛的实况转播，一边品尝她家中的美食。这是我在虎林所能享受到的最高待遇。我每次回上海探亲，也代她购买她所需的衣服物品。

罗炽晶现在与女儿定居上海，我曾与她有过几次聚会，虽然彼此都年过古稀，仍像当年一样“小周”“小罗”亲昵地称呼着。

林予还有个弟弟叫汪人玉，也随兄嫂来到垦区，在852农业技术学校读书。因与我年龄相仿，彼此颇为要好。我去852出差时曾去探望过他。我们两人席地坐在教室外的太阳底下，互相捉着虱子取乐。北大荒条件艰苦，生虱子是常有之事。当地人称它为“革命虫”，认为“不长虱子是没有人味”。所以捉虱子成了亲朋好友之间的一种乐事。当然，这一切都成为历史。

符宗涛，湖南人，来垦区前在《解放军文艺》任编辑，擅长小说和散文，在部队时已有小说集出版，也是最早调入《北大荒文艺》的成员，任散文组长。新奇的北疆生活更激起他的创作热情，先后写出《荒原上响起了号角声》和《第一个主人》，除登载本刊外，分别被《人民文学》和《解放军文艺》转载，一时声名大振，当选为黑龙江省作协理事。

他的散文是小说化的散文，他的小说是散文化的小说，最典型的是《第一个主人》在本刊登载时标明为散文，而在《解放军文艺》转载时却被放在小说栏目中。这说明他把小说中的人物形象和散文中的景物描写结合得多么严丝合缝。在写作了多种短篇后，他又埋头写作长篇小说《大甸风云录》，题材与林予的《雁飞塞北》相仿，但成稿比《雁飞塞北》早。大型文学期刊《收获》有意刊登，当时刊物登载作品，要征求单位领导意见。就在征询的过程中，《收获》因三年困难时期，纸张紧张而停刊了。他就把稿子转寄作家出版社，作家出版社也因削减出版量而对来稿提出了更高要求，符宗涛获准创作假回北京家中修改稿件。

1961年春节，我回乡探亲，途经北京，造访符宗涛。他正在家中为改稿而苦恼。由于他的长篇小说过分散文化而显得不够集中，而

符宗涛(笔名：钟涛)

出版社因纸张紧张不愿出过长的书稿，这就形成了矛盾。他见了我非常高兴，竟向我这个初出茅庐的文学青年征求意见。我从功利出发，也竟然向他提出了一个馊主意，即把长篇压缩成为中篇。既可集中人物和情节，也比较符合出版社的胃口。符宗涛接受了我的意见，朝着中篇的方向修改。改至中途，发现走了弯路，原来他的作品框架结构是长篇，怎能在一个大地基上造一所小房子呢。但这样的修改，也有好处，就是情节更加集中，人物更加丰满。回过头来继续扩展为长篇，变得比较容易了。所以当《收获》复刊后，即予以发表。

1962年下半年，黑龙江省文联抽调了《北大荒文艺》半数人员去各地蹲点，从事专业创作，符宗涛也是其中之一。几年后，他写出了反映东北农村生活的长篇小说《千重浪》。我读后觉得比《大甸风云录》又更上一层楼了。

我调到《北大荒文艺》后，分配在散文组。协助符宗涛组织编写文学性农场史。符宗涛是我的领导，也是我的师傅。关于编写农场史的经历，我在另文中已有详细述及。他在组织全垦区编写农场史的过程中功不可没。尽管在《在南泥湾的道路上》一书中，符宗涛署名最少，但出的力则是最多的。

杨昉，河南人。原是解放军文艺出版社编辑，由于他调来《北大荒文艺》最早，年龄又最大，我们都尊称他为老杨哥。在部队时他曾是冯德英的长篇小说《苦菜花》的责任编辑。冯德英当时是个文化不高的排长，所以杨昉为《苦菜花》倾注了大量心血。他还为丛刊《志愿军英雄传》撰写了许多稿件，无论在创作还是编辑的经历上，杨昉都堪称大家的“老大哥”。

杨昉在《北大荒文艺》任小说组长。实际他担任了所有的编务工作。组稿计划的拟定，栏目设置，篇章安排都由他统筹。他本擅长小说创作，出于工作需要，却担任刊物拾遗补缺的任务，曲艺、小剧本什么都写。出版后，他还将优秀稿件选送给《人民文学》等全国性刊物，把相关篇目组成书籍交付出版社出版。作者来访，多数也是他接待的。垦区的广大业余作者包括我在内，都是对他心存感激的。

杨昉(前排中,笔名方文)

杨昉个子高大,当时尚不满 40 岁。但身体很差,有严重的哮喘病,却嗜烟如命。三年困难时期,买不到烟,他就把烤烟的根茎切成细条用纸卷起来抽,这样他咳嗽更加剧烈。往往工作到半夜,咳嗽都要到天亮。从我们住地到食堂来回要跨越一道小的坎沟。有一次,他去吃饭时,带回一热水瓶开水,以备服药之用。在过坎沟时,下去了竟无力爬上,费尽了九牛二虎之力,好不容易走过坎沟,那只热水瓶却打碎了,可见他身体状况之不佳。

他也是上调省文联,担任专业作家的成员之一。他选点于友谊农场(后为三师十八团)五分场,挂职副场长。该分场是全垦区机械化程度最高的地区。他计划写部长篇小说来反映农业实行机械化的过程和方向,但受身体条件的限制和家庭的拖累,进展很慢。

杨昉结婚很早，妻子无工作，家中子女多。那时他最大的儿子已考取北京钢铁学院，其他子女也已上学，负担很重，加上他调去省里时，家属仍留在垦区，两地开支，经济更显拮据。为解决入不敷出的困境，他来信，有意将他保存于编辑室内的一大箱子书籍出让。这个任务就由我担任。

我事先通知书籍爱好者，在住地择日卖书。求购者很多，多是在宣传部、文工团、农垦报社等文化部门工作的人，彼此都很熟悉。由于他的藏书比较珍贵，而同志们都出于对老杨的关心，出手都较豪爽，绝无压价之嫌。我则秉持公平的原则，按书本背面标出的价目收款。有一本书是民国时期的版本，标价是法币。薄薄的一本书要两元八角线。宣传部干事刘达志笑了笑，还是将书购去了，杨昉还有一套《契诃夫小说集》，有的同志要挑选其中的若干种，以补自己的藏书缺，我坚持要买就整套购买，否则，选剩下来的便无人问津了。果然有人当场把整套书搬走了。这次卖书所得共 300 多元，这对杨昉而言，不无小补。但我知道，文化人都是爱书的，此举对老杨来说，也是不得已而为之。当初他选购珍藏这些书是花了多少心血呀！当他来虎林搬家时，特地邀请我到他家中，让我饱餐了一顿油炸苞米饼，表示感谢。

1972 年，我已接到调回江阴的调令，在移交工作的过程中，抽空去了一次友谊农场。因为我三妹周丽英是上海的 68 届初中毕业生，1969 年下乡，成了黑龙江建设兵团的支边青年。我回江阴也要对她作些安排，同时也想探望多年不见的“老杨哥”。

在“文化大革命”期间，老杨早就不是什么副场长了，而且创作也难以为继。他只是生产队的一个普通队员，和妻子及小的女儿住在普通的农舍里。我是带着妹妹周丽英一起去探访他的。老杨见到我们兄妹两人非常高兴，热情招待。杨大嫂按着他们家乡的习俗，变着法儿做着面条、馒头、疙瘩、油饼等食物给我们吃，做到副食老三样(白菜、萝卜、土豆)主食顿顿不重样。

老杨与我叙述着别后的经历。他对目前的处境无怨无悔，倒是对我作了很多鼓励。他说："你现在年纪还轻，正是干事业的好时机，回到南方后，不管分配在哪里工作，都可以从事文学创作的。"他也很关怀我的妹妹(其实我妹妹比他的长子长女还要小)。说，你妹妹在这里，我们可以就近照顾的。

其间，连队(生产队)通知杨昉去参加一个黑板报组稿会。我也随同一起去到连部。指导员布置任务，老杨认真地听着，还掏出笔记本认真地记录。我那时已在《合江日报》当了9年编辑、记者，对一个连队的黑板报是不在乎的。但见老杨这样认真的态度，心里充盈着对他深深的崇敬，再联想到老杨曾是在全国知名的大出版社当过编辑，又编辑过著名的长篇小说《苦菜花》，如今只是一个小小的黑板报通讯员，心中也为老杨的遭遇忿忿不平。

我回江阴后，妹妹周丽英果然很得老杨的照顾，这一年的春节，妹妹就在他家中过的。

第二年春节过后，我得到妹妹来信，说是老杨死了。原来春节期间，老杨得了风寒，哮喘病突然发作，家人急送营部(分场)卫生所。因是放假，卫生所竟无医生值班，再转团(总场)医院时，因拖延了时间，老杨窒息而死。那时他还不满50岁。

我常在想，老杨之死，是死于环境恶劣和情况巧合，是属于意外事故。如果老杨不死，他将是个德高望重的离休干部；如果老杨不死，他将以他资深编辑的经验和功力，编出多少本像《苦菜花》这样的好书；如果老杨不死，一本描绘国营农场实施机械化的长篇小说必将问世。

负责人

《北大荒文艺》人物印象之二

《北大荒文艺》创办之初，是林予、符宗涛、杨昉“三架马车”共同负责的。随着人员增加，编辑室经常保持着十余人的编制，这就需要一个负责人来主持日常工作了。为什么称负责人而不叫主编或主任呢？因为主编是农垦局宣传部副部长郑亢行。但他管的文化事业太多，只能方向性、原则性地领导，而具体事务就由专人管理。按照惯例，这个专人还必须是党员，于是编辑室就先后有了两位负责人，他俩是虞伯贤、郑加真。

虞伯贤，浙江人，从小随父生长在上海，早年参军，经历过抗日、解放和抗美援朝战争，是个年轻的老干部。在战争时期，他长期在文工队工作，先是创作员，后是队长。来到垦区前是驻扎在上海的空四军上尉文化助理员。以他的经历和身份，较早地调入了《北大荒文艺》编辑室，名义上是评论组长，实际上是主持编辑室的日常工作。遇到重大问题也是由他与郑亢行副部长请示和汇报的。像人员调入、创作会议的召开、每月期刊的安排等等。我的调动也是他所竭力主张的。经过那次采写群英会的典型人物“面试”后，在一个集体劳动场合，虞伯贤当着众人的面说：“小周调动的事就这样定了吧！”

因我年龄最小，又是同乡关系，虞伯贤虽与他年龄相仿的编辑们或多或少存在着某些芥蒂，但对我却是十分关怀的。他为人直爽，敢想、敢干。想象力非常丰富，他来垦区后写了一篇童话《北大荒爷爷和解放军叔叔》由少儿出版社出版。虽然是薄薄的小册子，却是转业军官来北大荒后最早出版的书籍。

他的爱人段孝宣是上海美术电影制片厂的摄影师，曾拍摄过美术片《大闹天宫》和《哪吒闹海》。作为厂里的领导和业务骨干是不可能到北大荒来的，所以，虞伯贤每年都要回家探亲。有一次他在返沪途中，先到他劳动单位牡丹江种畜场转一转。场领导照顾他，批给了几斤鸡蛋。他总算有了探家的礼品，可是没有容器。亏他想得出，拿起一只办公室的字纸篓，装了鸡蛋，急忙赶往火车站。眼看要到点了，又亏他想得出，在路上拉住了一个骑自行车的行人，说：借你的车用一下，请到火车站候车室前领取车子。在车上乘客与餐车工作人员发生矛盾，影响到整个列车膳食供应，更亏他想得出，他站在餐桌上登高一呼：我是共产党员，请共产党员站出来，共同来解决矛盾。果然，矛盾很快就解决了。

虞伯贤一直谋求能调回上海与家人团聚。上海美影厂有意引进，不过还处于同垦区商调阶段，八字尚无一撇。他在探亲时却在美影厂上班了，职务是编辑组长。那天我也趁探亲之便去看望他。他坐在办公桌前看着剧本，一位资深导演恭敬地向他提出剧本拍摄的若干问题，他一一作了解答，俨然已成了美影厂的一级领导了。

虞伯贤终于没能调入美影厂。于1963年通过老战友的关系调到了《安徽日报》副刊部，这算是向上海靠近一大步。副刊稿件以散文为主，善写儿童文学的虞伯贤开始很不适应。但他自有办法，到合肥新华书店，将书架上所有散文集全买下来回宿舍解读。居然在三个月后，成了报社写散文的行家里手，几乎每期都有作品发表。他曾

虞伯贤

寄给我《捕蟹时节》等篇章，读后感觉确实不同凡响。以后他又给我寄来了《安徽日报》，整版刊登了他撰写的关于淮北实施耕作制度改革的消息和通讯，原来他调任上海《解放日报》驻安徽记者，这又向上海跨近了一步。

“文革”时，《解放日报》驻各地记者都回上海本部“造反”。他在造反中冒了尖，组织并参加了《解放日报》的夺权，被上海市革委会任命为报社第二召集人，自此，他正式回到了上海。那时他既要领导运动，又要为报纸写社论。日以继夜地工作，写社论全凭信息通畅，但当时谣言多于真言，他便千方百计到军中探听，有几篇社论居然还得到中央的首肯和表扬。

1967年夏天，我返南探亲时曾去报社造访他。他给了我很多资料，使我大开眼界。他正与我热烈交谈时，有一报社干部进门对他说：“开会时间过了，大家的歌也唱得差不多了，你看——”他当即回答:“你让大家继续唱歌,我要同北大荒战友说话!”又交谈了一会,还是我识相地告辞了。

虞伯贤的造反之路并不平坦,后来他卷入了“炮打张春桥”事件,被定为“反革命分子”关进“牛棚”。而后他又下放到上海南洋电机厂劳动锻炼。再后调入上海交通大学筹建交大出版社。离休后,又被聘国务院(上海)经济研究中心,当课题部主任。不仅有专利还有专题著作,从编审的高级职称变成了研究员。我们北大荒的老战友在上海聚会时,罗炽晶惊讶地说:“老虞,你还会写这样的书!”虞伯贤笑笑说:“只要用心,没有什么学不会的!”现在老虞以 83 岁的高龄还为一家杂志当顾问,更多的时间则用于写作。他写了一本回忆录性的长篇散文《我的造反史》,给了我一本电脑打字稿。他在文中表达的观点主要是:现在人们一提“造反派”就好像都是一帮打砸抢之徒,比当年的地富反坏右还要不齿。其实多数是像他那样的普通干部、平民百姓和基层群众。他们是响应党的号召而起来造反的,“炮打司令部”和“夺权”都是毛主席倡导的,有错,也是党错了,所以“造反派”也是受害者。当“文革”结束后,报社领导要他去“说清楚”。他却坚持不去,他认为最应该说清楚的是毛主席。上面不说清楚,下边如何能说得清楚。他对我说:“我的稿子是没有一家出版社敢出版的,但我自费印刷一些。给亲朋好友留作纪念,也寄给报社的新旧领导和当事人,看我写的是否真实,广大的造反派究竟应该如何定位。这就是我要‘说清楚的’东西。”

最使我感动的是虞伯贤为我南调之事费尽了心机。他因饱尝夫妻两地分居之苦,我因妻子患严重的心脏病不能适应东北的环境而导致长期两地分居,所以他是非常同情的,千方百计为我南调而劳心烦神。在垦区时,他以单位负责人的名义到江阴县委组织部说明我和家庭的情况,希望给予照顾。由于当时干部调动秉着“调女不调男，调南不调北，调内不调边”的三调三不调原则。像我的情况，一时无法解决，后来在“文革”期间，人事调动基本上冻结了。

尽管如此，虞伯贤还是广找门路，联系我的南调。他调任《安徽日报》后，曾向报社领导建议，也将我调入副刊部，那时他自己立脚未稳，何况我呢？他又联系，将我调至芜湖话剧团或芜湖越剧团当编剧来征询我的意见。芜湖地处江南，我当然乐意，但我担心当不好编剧。他鼓励我说，《北大荒文艺》出来的人，没有什么文化工作干不成的，他的话激起了我的自信。可是芜湖话剧团和越剧团相继解散，此事也就不了了之。

虞伯贤仍不灰心，他有个老战友在浙江温州地区平阳县当县委书记。通过他联系，表示可以考虑接收我。我想平阳离江阴甚远，又不知干什么，而我在《合江日报》被视作骨干，所以并不积极响应。随着我妻子病势日益严重，老虞又与在安徽定远县黄梅戏剧团工作的沈默君联系，将我调到安徽再说，至少探家方便多了。

沈默君原是前线话剧团的编剧，五十年代曾因创作电影《渡江侦察记》、《南征北战》、《海魂》等影片而闻名。1957 年在“反右”时落马，从大尉军官一撸到底，在 850 农场劳动改造。我曾在编辑室与他见过面，也看过他写的手稿。不想这位鼎鼎大名的作家写的字歪歪斜斜，而且错别字很多。原来他读书不多，完全是由军队培养成才的军旅作家。这使我联想起在省军区干部子弟学校工作时，曾邀请安徽著名作家陈登科来给学生讲述他的成才之路。我早就读过他的成名作《活人塘》，但亲见其人，亲听其言，也是个文化水平不高，口才一般，穿着十分普通的人，是党培养出来的工农作家。这使我觉得，写作并非取决于学历，而是要扎实的生活、勤奋的态度和对文学长期的体验及感悟。这无疑对我的创作增添了激励的力量和信心。

沈默君在农场与转业军官罗国士合作创作了电影《自有后来人》

(京剧《红灯记》前身)调入了长春电影制片厂。可能是“右派分子”的“紧箍咒”套在头上,辗转到了安徽。虞伯贤在淮北采访时,遇见了他,向他谈到了我夫妻两地分居的困难。沈默君很仗义,表示愿意让出定远黄梅戏剧团的编剧位子给我。但这仅是他本人意愿,根据他当时的处境,又有多少说话的分量呢?

由于这层关系,虞伯贤是我在《北大荒文艺》同仁中接触最多的一位。我奉他为领导、老师和兄长。即使我调回江阴后,他和他妻子段孝宣还给了我很多帮助,这里就不一一赘述了。

郑加真是浙江温州人,从小随父生长在上海。解放后考入复旦大学中文系,有很好的文学功底。1951 年响应抗美援朝号召,赴朝参战,在防空军当参谋,并发挥其特长,编辑军中内部刊物。在“反右”中受到冲击,于 1958 年下放至垦区 856 农场。在劳动之余写了篇散文刊登在《新观察》上,遂成了 856 农场《青山文艺》的主编。

郑加真几乎是与我同一批调入《北大荒文艺》的,也是奉调参加群英会采写英模典型人物的。不过他比我早报到几个月,这几个月我被留在 859 总场,在《乌苏里江报》当记者。

当我在 1960 年初到农垦局宣传部报到,宣传部助理员刘达志说:“你去《北大荒文艺》找郑加真,他现在是刊物的负责人。”我想郑加真是名牌大学的文科生,是上尉军官,又是共产党员,当负责人是合适的,那么原来的负责人虞伯贤呢?

原来,虞伯贤并未免职,郑加真的加入,是加强领导,但后来,可能是老虞一直在谋求调动,而郑加真则将爱人刘安一从北京调来垦区,也可能老虞性格过于直爽,容易得罪人,尤其是《北大荒文艺》停刊以后,一半人员调去了省文联当了专业作家,负责人的位置逐渐由郑加真取而代之了。

郑加真写作非常勤奋,他所写的东西不急于发表,因其住处是别人让出的厨房，只有 6 平方米，十分狭小。他怕稿件遗失，就将原稿一篇篇都装进一条裤子里，自称为“裤子书库”，让其慢慢发酵。实际上，他是在积累素材和锻炼文学的基本功。

但也并不尽然，有次《中国青年报》来垦区约稿，他仅花了一天时间，就写出了散文《太阳从这里升起》，很快就发表了，使我感到非常羡慕，非常钦佩。

当符宗涛率领我们费了九牛二虎之力编写 852 农场史《在南泥湾的道路上》时，郑加真却不动声色地与 8511 农场宣传部科的肖沉合作，由上海少儿社出版了 8511 农场史《少年垦荒队员》，可见他出手之快和文学功底的深厚。

1962 年，《北大荒文艺》半数人员调省文联当专业作家，在调令上，郑加真的名字列在第一名，因垦区要留他作为“种子”，而他正在酝酿写垦区的长篇小说，仍留在北大荒。两局合并后，他虽在宣传处工作，仍返回他的生活基地——8511 农场的一个生产队参加劳动。

长期的生活积累和辛勤的耕耘，郑加真终于取得了丰硕的成果。1965 年他写的长篇小说《黑龙江畔》被上海文艺出版社列入选题，他赴上海改完了稿，谁知书稿将要出版时，“文革”开始了，书稿就此搁浅。

郑加真是个豁达乐观的人。尽管北大荒条件如此之差，但从没听他说过“困难”两字。我常在虎林电影院门口见到他，他非常爱看电影，那时文化娱乐相对贫乏，他就以看电影来充实自己，从中吸取营养。1963 年春节，我们每人分到三斤肉。我拿到他家中煮熟，看见他正一个人拿着一个铝汤匙一块一块地做着“扒丝土豆”，以欢度春节。

郑加真对我也非常关怀和照顾。1962 年初我结婚，正值林予夫妇调去哈市。他宁肯自己挤住在小厨房里，而将林予十几平方的房子让给我住。同年夏天，我因妻子退职回乡，经济拮据，他就将人民美术出版社约稿编写《北大荒人》连环画的文字脚本任务交给我，让我得了近200元的稿费，使我妻子退职回家有了路费和安家费。这年夏天，我去机关农场劳动，因妻子离别，心情惆怅，又因痔疮发作，劳动不符合要求。想不到这很平常之事被机关的某个积极分子汇报给机关党委，于是机关党委有意将我下放机关农场劳动。幸亏郑加真从中斡旋并及时提醒我，使我进一步明白了自己的"定位"，更懂得了要夹着尾巴做人，稍一不慎，就会产生不可想象的后果，工作更加卖力了。年底，全室评比时，他又代表宣传部给了我"口头表扬"的荣誉。两局合并后，他又竭力推荐我去《合江日报》社工作。郑加真为我的发展成长花费了大量的心血，至今回想起来，仍心中感觉非常温暖。

东北农垦总局时期，从虎林迁至佳木斯的郑加真夫妇在松花江畔留影（吕向全摄）

“文革”中，总局改组为兵团，由现役军官掌权，原总局机关的干部悉数下到基层劳动。郑加真担任了一个生产队的副指导员，他爱人刘安一原在农垦局工业党委工作，下放当了女工班长。生活又回复到了刚来北大荒的艰苦年代。所幸他的长篇小说《黑龙江畔》解冻了，经过再度修改后，改名《江畔朝阳》由上海文艺出版社出版，这是“文革”后继浩然的《艳阳天》后出版的第一部长篇小说，顿时轰动全国。标志性地告诉广大文艺工作者就此告别了八个样版戏和一本书的年代，具有里程碑式的意义。后又经美术家贺友直出版了连环画。郑加真成了家喻户晓的名字，我们作为战友，更是欢欣鼓舞，觉得无比的骄傲和自信。

1970 年，我返南探亲，得知郑加真在上海文艺出版社招待所创作《江畔朝阳》续集，便与王观泉结伴前往打浦桥招待所(原上海科技出版社)探访。他每天工作到深夜，两眼熬得通红。见了我俩非常高兴，畅谈他的写作构想和写作的艰苦。他说，有时就像演员一样，一会儿要扮演这个人物，一会又要扮演那个人物，而且要交融在一起，可见他已完全进入角色了。谈着谈着，连吃饭时间都耽搁了，他要请我们下馆子吃饭，当时生活仍很艰辛，我们不便打扰，结果他领我们到街上，给各人买了两只包子果腹。事情虽小，很值得回味。

我回到佳木斯时，听说郑加真在兵团招待所修改长篇小说，便忙去探望。好不容易在一个僻室找到了他。他仍是那么认真地笔耕不缀，谈起了他在生产队的生活非常艰辛。“三棵白菜全家过一冬”是他生活的真实写照。我当时所在的《合江日报》社条件较好，每年冬天，每个人都可以预购冬菜。我因在食堂吃饭，没有购买。此时我非常后悔，为何不订购若干冬菜，以解战友之困，不得已我将贮存的一辫子紫皮大蒜头送给了老郑，老郑也不客气地收下了。事后他对我说：“这些蒜头真是帮了我的大忙了！”

“文革”后，农垦局恢复了机构，郑加真当了宣传处长。他不迷恋官位，担负起编写垦区志的重任，并且在创作上有所发展和提高。他将撰写的书籍《东北角》托人捎给我。其中对10万转业军官转战北大荒有着真实而动人的描述，看后引起深深的共鸣。

最近，我创作并出版了长篇小说《城北白相人》，在寄书给郑加真的同时，还打电话告知。我原以为我在75岁时还能创作长篇，颇为自得，孰知82岁的老郑也在创作长篇小说，而且是上中下三集的大部头作品，我自愧不如，深深感到，郑加真永远是我的领路人。

编辑室的“老右”

《北大荒文艺》人物印象之三

我1960年初调至《北大荒文艺》编辑室时，发现有两个年岁较大的长者，原来是文化部下放至北大荒的两个被打成“右派分子”的文化名人：聂绀弩和丁聪。

聂绀弩当时已60岁上下了。原是人民文学出版社副总编辑兼古典文学部主任。我很早就读过他的杂文，觉得其文笔的犀利，堪可比鲁迅，是我崇敬的老作家。凭我的资历和年龄做他的学生都不配，想不到竟在一处共事。所以我对老聂是十分敬畏的。

聂绀弩有着非常传奇的革命经历，他是黄埔军校的教官，参加过北伐战争，在南洋办过报纸，留学苏联时，与邓小平、蒋经国等人是同学。回国后，从事文化工作，与鲁迅、胡风等文化名人过往甚密。抗战时，担任新四军文委会秘书，是坚定的共产党人和稀有的文化专家。1955年，因受“胡风反革命集团”的牵连，被解除领导职务，留党察看，“反右”斗争时又被“升级”为“右派分子”，开除党籍，于1958年发落至北大荒劳动改造。

聂绀弩在北大荒的经历也颇“精彩”。那年冬天，他以60高龄的老迈身体，也被派往完达山参加伐木战斗，干着“归楞”的劳动，即将伐下的木材用手撬肩杠的原始方式集堆，等待拖拉机爬犁运出山去。这种超强劳动，使得老聂佝偻着腰，两腿直晃，这就影响了集体作业，使同时抬着一根巨木的十几个人无法随着号子齐步行进。这是非常危险的。领导上就指派老聂留守宿舍，给大家烧火坑取暖。

劫后余生的聂绀弩和夫人周颖

聂绀弩善提笔杆子，却不会拨弄烧火棍，竟然把房子烧着了，被认为是“阶级敌人”故意放火，蓄意破坏，把他抓进公安局法办，被虎林法院判了一年徒刑，关进了监狱。他妻子周颖在北京得知消息，忙赶来虎林，就住宿在文人聚集的《北大荒文艺》编辑室内。

周颖在“反右”时，也成了“右派”。因她是中央民革的发起人之一，仍保留政协委员的头衔。为统战需要，法院对聂绀弩的“纵火”事件进行复查，将他放出监狱，并征询周颖的意见：你看怎么安排？周颖说，我住宿的单位不错，于是老聂就成了编辑室的一员。

聂绀弩是个高大精瘦的人，脸上布满饱经沧桑的皱纹。在编辑室做着来稿初阅和分发的工作。他初见我时，问：“你是×××吧？”原来他所问的那个人，是某农场一个青年作者，曾有一部长篇小说投寄《北大荒文艺》，老聂看后觉得不错，所以留下深刻印象，从而把我视作为此人了。其实，那时候垦区的文学青年很多，我只是机缘巧合被调入了编辑室，比我文学基础好的、功力强的大有人在。我对老聂说：“我是从859农场来的。”老聂鼓励说：“那是个紧靠乌苏里江的好地方，希望你能写出好作品来。”

聂绀弩睡在小说组靠门的一张木床上，保持着老年人的慢动作，无论生活起居或是说话举止都要比我们年轻人慢半拍，参加劳动更嫌迟钝了。一次，丁聪在现场替老聂画了一幅速写。老聂见了不禁大笑，当即写了一首《丁聪画老聂上工图》的短诗：

驼背猫腰短短衣，鬓边毛发雪争飞。
身长丈二吉诃德，骨瘦痕三南郭綦。
小伙轩然齐跃进，老夫耄矣啥能为。
美其名曰上工去，恰被丁聪画眼窥。

（诗中的南郭綦是《庄子》中的一个人物，其人形同槁木）

尽管这样，但谁也没有嫌他。可是参加集体劳动，动作慢了就会影响单位形象。遇到这种情况，单位负责人虞伯贤总要在他身旁不断鼓劲。后来，干脆留他看家值班，免除他参加劳动。

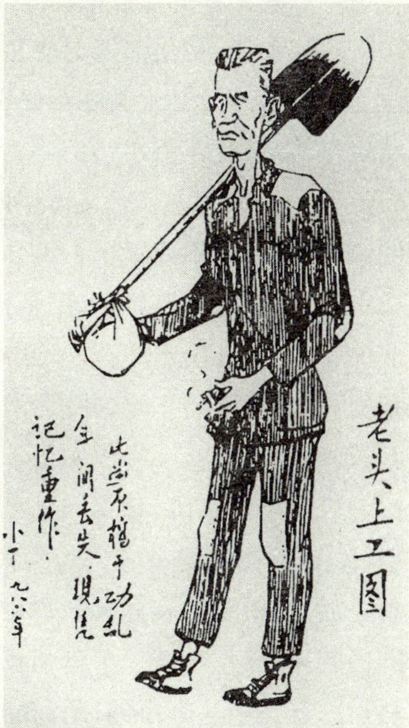

丁聪画作《聂绀弩上工图》

一次，我们劳动回来，看到聂绀弩一个人在写着思想汇报。我好奇地凑上去观看。我见稿纸上赫然写着：“我是名共产党员……”我觉得十分惊讶，他不是被开除出党了吗？再一想我明白了，他虽然在组织上被开除出党，在思想上，他始终认为自己仍是名党员。理想和信念仍在坚持，这不由引起我对他深深的崇敬。

聂绀弩处事非常低调，很少与人交谈。空闲时只是与符宗涛、王忠瑜两人下围棋“手谈”。他赢不骄，输不急，不像符宗涛输棋时脸红脖子粗的，也不像王忠瑜争执时拂袖而去。真是修炼到家了。

那一年，由崔嵬领衔在垦区拍摄电影《东方红》。我在街上经常看见崔嵬戴着假胡子，穿着戏装与剧中演员说戏。崔嵬与聂绀弩是老朋友，又都是党内知名的文化人，崔嵬来垦区很想会会聂绀弩。

崔嵬是通过剧中的女演员秦文来邀请的。秦文是著名演员秦怡的妹妹，因在电影《青春之歌》中扮演角色而走红。当时她只有30多岁，那天她穿了一件格子衬衫和一条蓝色工装裤（可能是戏装吧）来到编辑室，适逢其会，由我接待。老聂却避而不见。我想，这大概是他感到心理落差的缘故吧！

这年冬天，文化部把下放在北大荒的文化名人召回北京，分配工作。只有丁玲及其丈夫陈明仍自愿留在汤原农场聂绀弩就此离开了编辑室，以后我在报章杂志上看到过他的作品，也看到有关他的报道和评论。知道他返京后又历经磨难，发生了许多“故事”。因不是我的亲见亲历，就不重复了。

丁聪是画家，原是《人民画报》副总编辑。“反右”时落马，发配至北大荒，先在云山水库劳动，后参加编辑《云山水库画册》，再调《北大荒文艺》担负装帧工作，并以“学普”和“阿农”的笔名为刊物插图。因其绘画风格独特，一看便知是丁聪的作品。

丁聪与符宗涛、林青同住在散文组的一个统铺上，我调入编辑室后，就挤睡在丁聪身旁。因为太挤，翻身时，我必须招呼丁聪一起行动。后来，符宗涛和林青分别在他们的办公桌后边各搭了一个小铺，既当卧床，又作座椅。丁聪和我是没有专设办公桌的，就用统铺的材料靠门各搭了一个小铺，两人隔着一尺多的走道相对而卧，成为最接近的人。

因同睡一处，又都是上海人，交流比较方便，话题就多了起来，主要是他讲我听。断断续续，归纳起来有如下内容。

丁聪告诉我，旧时中国文化界有四大神童，分别是万家宝（曹禺）、吴祖光、丁聪和黄苗子，在 20 多岁时就以文名享誉全国。现在除了曹禺外，其他三人都成了“右派”，都发配到了北大荒。丁聪与我朝夕相处。吴祖光在局文工团工作，都在大食堂吃饭，我曾见过。黄苗子（画家郁风的丈夫，名作家郁达夫的侄婿）我未曾交往。想到他们的遭遇，我不胜感慨。

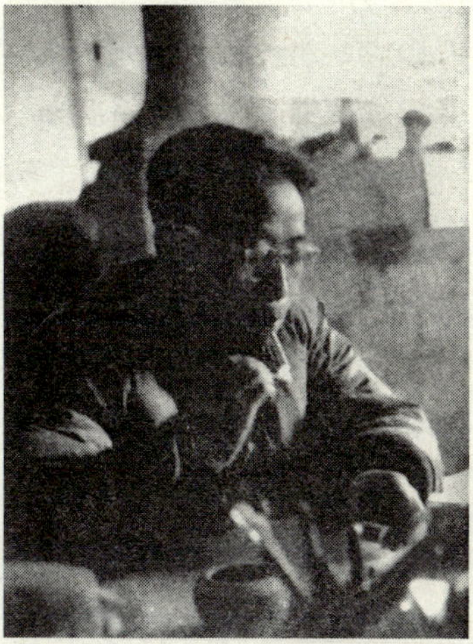

丁聪在《北大荒文艺》编辑室（身后是一面火墙）

丁聪还说，他们这些人所以沦为“右派”，与抗战时的“二流堂”旧事有关。那时在重庆，一些青年文人经常在一起聚会，谈论以文抗日之事。一次郭沫若也来与会，开玩笑说：“你们这帮二流子，又在干什么了。”自此，这帮年轻文人，干脆把聚会场所称作为“二流堂”。不想“反右”时，“二流堂”被定为反党宗派团体，于是丁聪等“二流子”就厄运难逃了。

丁聪还谈到建国后美术界的趣闻。那时齐白石年事已高，他原配夫人和续弦的几位夫人都先后去世。不想齐白石以 90 高龄还要续弦，而且在住院时看中了一个年龄不满 20 岁的女护士。美协领导认为不妥，丁聪就与华君武等美协领导人轮流到医院陪伴齐老，与他说天谈地，分散老人的注意力，终使齐白石打消了续弦的念头。我听了，觉得美协此举有干涉婚姻自由之嫌。但当时的年代就是如此，从爱护老人，避免家庭矛盾看，丁聪等人也是有着良苦用心。

徐悲鸿则是个潜心艺术的大画家。他对政治和各项运动似乎不甚关心，他说过能震撼他心灵的只有三样东西：原子弹、地震、模特。我听了感到，原子弹虽是军事的，也是政治的，徐悲鸿未必对政治不关心，而是从大的方面关心，他更多的关切是艺术方面的，无愧于他会成为享誉世界的大画家。

丁聪给我看过一幅在垦区劳动时的画作，题名《大礼拜》。当时垦区并不每星期休息一天，而是实行大礼拜制度，即每十天休息一次，因为劳动紧张，往往要几个月才会休息一次。他画的是，在某个大礼拜日，职工们在马架内下棋、看书报、洗衣服、聊天、拉琴，有男有女，有老有少，个个神态逼真、生动，显示出北大荒生活的一个侧面。我看后觉得他过分美化当时的生活了。因为我在生产队时，碰到难得一次的大礼拜，连洗衣被、捉虱子都来不及，那有空闲来看书报、下棋和拉琴。但我想各地情况也有不同，况且，即使丁聪美化生活，也正说明他对生活充满着信心。

丁聪当时 44 岁，正当盛年，又是矮矮墩墩的个头，参加劳动不输我们年轻人。他生活比较随意，可是钱总觉得不够花。他原是文艺 4 级，降级后月工资仍有 140 元。但文化部将 100 元发至他家中，仅给他 40 元生活费。按说当时在北大荒，伙食费每月不足 10 元，40 元钱是很充裕了。可是他要买书，还要吃些高价食品，就显得拮据了。所以他常常要问我借钱。我当时的月工资是 60 多元，不嗜烟酒，除了每月寄给在青岛海洋学院上大学的大妹周良芳 15 元生活费外，还可有余款调剂。丁聪基本上只向我一人借款，而且月中借，月底还。第二个月再借，再还，每次都是 20 元为限，周而复始，直到年底，他还我款后，不再借了。因为他也调回北京了。

丁聪有一双红色的高筒胶皮靴，下水劳动很得其利。我是生产队出来的人，对这种高筒胶靴情有独钟，因为北大荒多低洼地，生活、

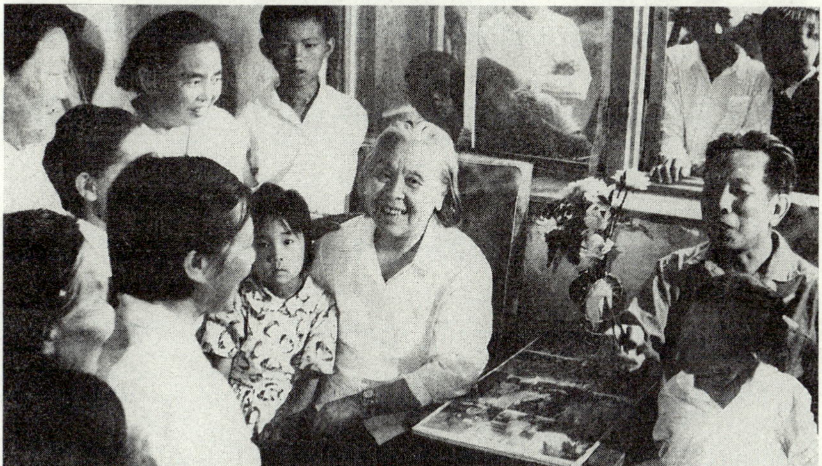

1960 年，大批“右派”文化人调回北京，丁玲与丈夫陈明仍留在北大荒汤原农场。下图为丁、陈夫妇重回故乡。

劳动都离不开此物。简直是“不可一日无此君”。父亲好不容易在上海为我购到的一双短筒胶靴也早已坏了，所以我很眼热丁聪的这双靴子。我认为他回到北京大城市，已无需这种装备，很想用他最后一个月的借款来换取这件“宝贝”。丁聪可能看出我的心思。他说：“小周，按我俩的关系，这靴子送给你也无妨，不过我头上还戴着‘帽子’，返京后仍需参加劳动的，所以我离不开它。”

丁聪离开后，因我俩关系比较亲近，所以我一直都很想念他。隔了几个月，1961年春节，我回上海探亲，绕道北京小住数日，由王忠瑜陪同去拜访丁聪。

此时丁聪已分配在全国政协文史组工作，可以在家研究著文。他夫人上班去了，他一个人在书房里埋头写作，见到我非常高兴。他指着书房的四壁书架说：“小周，你看我的书比起王观泉如何？”

王观泉是我们编辑室藏书最多的，抽屉里、书架上全是他的书，其中还有不少珍品，可与丁聪的藏书相比，真可谓是小巫见大巫了。

由于彼此相熟，谈话比较轻松，时而谈到别后的各自经历，时而又谈到他的藏书。他走近书架，如数家珍地讲述一些书籍的来历和内容，使我获益匪浅。忽然在一本书中翻出一张照片，那是毛主席与丁聪亲切握手的画面。丁聪告诉我说，那是他从香港刚到北京时，毛主席接见他时的场景。

我惊讶地说：“这照片多么值得纪念呀！”

丁聪说：“值得纪念的东西我还有很多。”为了满足我的好奇心，他把一件件“宝贝”拿给我看。

首先是一幅毛主席的手迹。是在一张宣纸上书着“孙中山先生展览会”几个大字。原来在五十年代初，丁聪设计和布展了“孙中山先生展览会”，会额由毛主席亲笔题写。展览会后丁聪便将它留了下来。我在垦区时曾在尹瘦石那里看到过毛主席题写给柳亚子诗稿的手迹，不过诗稿手迹被中央档案馆收走了。在丁聪家中我第二次看到了毛主席的手迹。赠柳亚子的写得龙飞凤舞，题展览会的则比较端庄凝重，笔体厚实，各有千秋。尤其是这幅题额将中国近代史上的两位名人联结在一起，弥足珍贵。

丁聪接着又拿出一张八寸照片，拍摄的是宋庆龄搂着丁聪脖子的图像，照片上的宋庆龄是个美艳少妇，而丁聪则像是个大孩童似的青年。其实，丁聪那时已在《良友》等进步杂志上屡屡发表作品业已成名，又参加了抗日爱国团体。宋庆龄当然要像大姐姐似的关爱这个小弟弟了。

接着，丁聪又让我欣赏一件实物。那是茅盾先生为鲁迅先生《阿Q正传》所作的序言原稿。原稿上是茅盾先生用毫笔书写的蝇头小楷，文如其人，非常秀美严谨。《阿Q正传》有多种版本，其中最著名的最受读者欢迎的当数丁聪插图本，茅盾就是为丁聪插图本所写的序。

我看了丁聪的这些宝物，陷入了久久的沉思。我想当初丁聪被列为文坛“四大神童”，并非浪得虚名，他在文化界的骄人业绩是早就被权威肯定了的，也是被广大读者所认同了的。

告别时，丁聪送我一本《丁聪漫画集》。这本画册出版于五十年代初期，主要是描绘解放全中国和抗美援朝的。我在上海时，在《解放日报》多见米谷的漫画，在《人民日报》上常见华君武的作品，今见丁聪的作品，觉得他的风格独具一格，是完全有资格林立于著名漫画家之列的。

丁聪在画册扉页亲笔题词：“小周留念，小丁敬赠”。我看后十分感慨，此小非同那小，小周是名不见经传的小字辈，而小丁则是丁聪成名成家的笔名。遗憾的是这样的礼品在“文革”动乱时遗失了。

此后我与丁聪再无联系。拨乱反正后，我常在报章上见到丁聪的作品和评介文章，庆幸丁聪能够长寿，能为文坛再作贡献。前年我得知他去世的消息。凭着我和他虽则短短一年，然则过密的交往。本想写些东西以作吊唁，再想吊唁他的人一定很多，未必有人会注意我这个在县级文化馆工作的小人物。但心中一直耿耿于怀，就借着写自己回忆文章之机，寄托一点小周对小丁的缅怀吧！

上海同乡

《北大荒文艺》人物印象之四

《北大荒文艺》的编辑人员有三多：来自总部的多，空军的多，上海人多。前文提及的丁聪、虞伯贤、郑加真等人都是上海人。本文要记述另外两个上海同乡，他们是王观泉、张勤。

王观泉是地道的上海本地人。他自学成才，在美术和文学两个领域都有造诣，特别在文学评论上有独到的见解。1949 年参军，1958 年从训练总监部下放至北大荒。以其特长，从劳动岗位上调入《北大荒文艺》编辑室，在评论组担负评论指导垦区的文学工作。

我报到后，他见我一口上海话，于是“老乡见老乡，两眼泪汪汪”。开口就说：“你比我弟弟还要小啊。”其实王观泉生于 1932 年，当时也很年轻。然而，在他这个哥哥的眼里，弟弟永远是个孩子，而我这个比他弟弟还要小一岁的人当然更加是个“小赤佬”了。事实上，他把我这个上海老乡一直当作弟弟看待的，他的东西我可以随便用，我有什么难办的事，可以找他帮忙。在他那里，我体会到了回家与亲人相聚的温暖。

王观泉与我还有一层关系。他参军后曾在皖北军区文工团搞舞台美术。后来皖北军区与皖南军区合并成安徽军区。此时我调入了安徽军区干部子弟学校。虽然前后交错，没有共事，可他在文工团中的不少战友如方月娥、蔡秀碧等人也调入干部子弟学校任教，成了我的战友，彼此就有了共同的话题。他十分怀念解放初期的那段生活，他告诉我，皖北文工团解散后，许多新文艺工作者注入了成立不久的安徽省黄梅戏剧团，为黄梅戏的繁荣发展增添了新的活力。像编创人员王冠亚把全新的理念带入了地方戏，成了黄梅戏剧团急需的业务骨干。后来他与著名演员严凤英结婚，辅助严凤英成名成家，功不可没。可是王观泉却在此前调离了安徽，这与他的经历有关。

王观泉家境贫困，初中没毕业，就进入社会，过着流浪生活。解放前夕，竟然让他混入一艘开往台湾的货轮，在台湾漂泊了几个月，这几个月的经历是他在参军后永远不受信任和备受质疑的“政历问题”。为此，他被调离了皖北文工团。

好在王观泉有一技之长。部队不能不用，又不予重用。就不让他与人打交道，而让他专门绘制军队的队列图案，与纸和笔来往。他在济南军区成天绘制这种枯燥的图案，居然被总监部相中，遂被调到北京，并被授予少尉军衔。但“政历问题”阴魄不散，1958 年下放至北大荒劳动。

王观泉生活非常随意，甚至是落拓不羁，他成年穿着条黄军裤，衬裤也是一条黄军裤，不过穿得久了，那条衬裤按他自己的话说，破烂不堪，已散裂得变成“裙子”了。他在总监部时，袜子一上脚就不再洗涤，发工资后就去部队供销社买一双新袜子换上。把破旧不堪的旧袜子，当着营业员的面，丢在供销社里，扬长而去。在编辑室时，胡子拉碴，几天不刮，就成了个“刺猬”。他母亲实在看不过去，从上海给他买了一条双面可穿的灰色卡其茄克衫。他非常喜爱，但为了让我交女朋友谈恋爱，忍痛割爱转让给我了。这件衣服我一直穿到了江阴，成为我俩友情的见证。

王观泉和林青都爱好杯中之物，时不时两人相约去“喝二两”。那时正处于三年困难时期，“喝二两”的代价甚为昂贵。王观泉就从他众多的藏书中，找出重复的或是类同的画册出让，以付酒钱。

尽管王观泉生活上颇有些“文人无行”的作派，但在业务上是非常刻苦和严谨的。他每期刊物都有评论文章，把握垦区文学创作的方向，而且每月要给《美术》杂志寄一则“希腊神话故事”并配上画用“伊之美”（泉水意）的笔名发表。那时他正在做《希腊神话故事》，结集出版的工作，一到晚上，他就伏案写作，将一床旧毯子盖在膝上以挡风寒，常常通宵达旦。累的时候，他就玩赏自己所收集的邮票，以作消遣。

王观泉是一个集邮爱好者，邮票之多是我见所未见的。他基本上收集齐了日本的战后邮票。他集邮的专业水平也很高，一张邮票到他手中就能讲出它的历史和价值。有一天我们都在熟睡中，忽听到他一声惊呼，我好奇地过去察看，原来王观泉在朋友送给他的一信封邮票中，发现了一件精品，叫什么“×××三里拉”。待我到他身旁时，他已恢复了平静。他发现那张邮票与所谓的精品，图案相似，面值相当，但还是有一些差异。只是张普通邮票，可见他对集邮的挚爱和邮票的熟悉。有一次我与他同回上海探亲，他带我去南京路集邮公司领行情。只见他穿梭于众多的集邮爱好者的行列之中互相交换看集邮本，探讨着如何互补互利，最后他将一张晋察冀有毛主席头像的邮票卖了30元钱，他说当时收购时只有花了几分钱，使我羡慕不已。他带我去南京路外滩的德大餐馆去吃西餐，这是我平生第一次“开洋荤”。

王观泉也是1962年调省文联的，但他没有挂职去当专业作家，而是分配在黑龙江省文学研究所从事文艺理论工作。1967年，我们《合江日报》全体采编人员去省里造反。他却因“政历问题”被发落至美术馆看门。我们都是造反派的观点，所以谈得很投机，互相支持、互相鼓励，这就成了我后来被对立派别指责的一大“罪状”。

1972年我调回江阴时去省文联大院向他告别。那时他正在撰写《鲁迅与美术》和《鲁迅年谱》，很快就出版了。接着他一发不可收拾地撰写《郁达夫传》、《瞿秋白传》、《陈独秀传》等名人传记，成了著名的传记作家，而且当上了陈独秀研究会的会长。可惜他的眼睛出了毛病，视力只有0.02，几近瞎了，但他仍用放大镜照着，继续写作，要比常人付出几倍的辛苦和汗水。这种执著的工作态度，使我十分感动。

以后我们很少见面，但王观泉对我仍非常关心。1981年我长子周雁考取南师大中文系，他把我孩子当作他的孩子，趁着一次学者聚会的机缘，他托南师大的中文系主任照应我的儿子。并写信告诉我，让我儿子去找这位系主任，以便得到更多的教诲，或在分配工作时有更好的照顾。可惜，这封信在邮寄途中丢失了，我虽然没有接到信，但对王观泉仍是非常感激的。

王观泉晚年定居上海，我们常有聚会的机会。他的《陈独秀传》虽然已在台湾出版，但在大陆出版要经中央文献委员会批准。他赠我一本电脑打印稿，也给我看了中央文献委员会的复函。我看后，不仅对陈独秀的生平及其主张有了较为全面的了解，还得知了许多鲜为人知的党内斗争和苏联控制中共的情况，看来十分翔实丰满和真实可信。但与国内公开出版的党史资料多有相左之处，所以中央文献委员会认为不合宣传口径，不予批准出版。但王观泉坚信，随着国家改革开放的不断深入，他的《陈独秀传》终将会在大陆面世。

现在王观泉的关系仍在黑龙江文学研究所，是个资深的研究员。虽早已退休，仍要担负黑龙江的文学研究工作。最近我得知他眼疾开刀未愈，视力稍有恢复(仍离不开放大镜)，就参加了《肖红全集》的

晚年在上海定居的王观泉和夫人鲁秀珍

编纂工作。

张勤是浙江绍兴人，中学未读完就到上海的一家书店当练习生。所以他也可算为是上海人，从此他与书本结下了不解之缘。他在上海解放后参军，在南京步兵学校当教员，开始文学创作。据他对我说，是因为与一个右派分子同时刊文在《解放军文艺》上而被下放至北大荒。但我想事实并非如此简单，还有深层次的原因。凭他在人众杂处的书店工作，又爱弄文舞墨，就此一点，就可作为发配的理由。他的说法仅是表明他自视清白的一种高姿态而已，无怪乎王震部长在召开作者座谈会时，眼看将要追查他的“问题”了，他干咳两声，至室外“吐痰”而逃过一劫。

张勤的姿态确是高人一等，他从云山水库调至《北大荒文艺》编辑室后，即抢占“高地”，采访了农垦局局长王景坤，要写王团长（即

《林海雪原》小说中的王团长）三擒尤韃子的长篇小说。他曾和我谈起过这部小说的内容梗概，即是王团长取得剿匪斗争胜利后，再接再厉进军饶河，遇到了一个强大的对手尤韃子。尤韃子是当地赫哲族的头人，因党的民族政策，王团长不能一剿了之。而是效法诸葛亮“七擒孟获”之举，对他三擒三纵，以服其心。故事颇具传奇色彩，被解放军文艺出版社予约出版。张勤还两次赴长春电影制片厂改写电影文学剧本，终因生活不熟悉，对这段历史难以把握，该小说写了十万字再难以为继，改编电影也有始无终。但张勤在长影也颇有收获，第一次写了个电影短剧《赫哲人之歌》在《电影文学》上发表，第二次写了短篇小说《九月风暴》在《长春》杂志发表。这说明他文学创作还是颇具功力的。

因写饶河赫哲头人尤韃子的缘故，所以他常来859农场，我便成了他联系的重点作者。我的调动，也是由他敦促而成的。我参加垦区首届群英会后，就回饶河了，被总场留在《乌苏里江报》当记者。虽然《北大荒文艺》编辑室已决定将我调人，但总场宣传科迟迟不肯放人。那天我正参加机关的集体劳动，即拖着小爬犁装载着城区的杂草、枯叶、垃圾等所谓肥料，运送到郊外的大地里。一个上午只能来回一趟，象征性的锻炼，大于实际意义。我在食堂遇见张勤，他劈面就说：“你怎么还没去虎林报到？”我说：“宣传科没有通知我。”张勤说：“我已跟宣传科说好了，你快去找武科长。”我吃了饭就去找武科长，果然给我放行了。

在编辑室共事时，张勤与我相处也很好。他处处照应我，事事关心我。无论我的生活、恋爱和婚姻，他都像兄长般地加以关切。我探家时将存款折子交他保管。他则要我到上海后去他姐姐家中代为问候。他探亲时，则将衣物交我照料。他有个亲戚是北方大厦的领导，所以他偶尔能得到少量的高级香烟。为了节约抽烟，他把香烟交给我，定时定量向他发放。他还把解放军文艺出版社给他寄来的好稿纸分送给我，鼓励我创作。

使我难忘的是一次我腹泻不止，他陪我去局门诊部治病。短短的一二里路，我却走了一个多小时，主要是沿途我还不停地拉肚子。小树林、屋角、僻巷我随时随地都会蹲下身子，张勤为我把守。最后我衰竭得连路都走不动了，他就半扶半背地搀着我，好不容易捱到了门诊部。

治病的医生是王景坤局长的夫人。她给我开了药方，说："如果再腹泻不止，就要去裴德总医院住院。"我拿了药方去配药，给药的是刘副局长的夫人，她吩咐我每次服用的剂量。在两位首长夫人的医治下，在张勤的照料下，我在回来的路上就再也不拉稀了，而且不久就好了。原来我患的是过敏性结肠炎，精神作用十分重要，正是他们像亲人般的关怀，看似十分严重的病却不治而愈。

编辑室部分人员调往省文联后，在此前后，其他人也先后调出，至 1962 年下半年，只剩下郑加真、虞伯贤、张勤、丁继松和我五个人。郑、丁两位都在家写作。留在办公室(兼宿舍)的只有三人。张勤发起了一天一文的写作竞赛。我们三人围着断了一条腿的方桌子，各据一方埋头写作。张勤写的是 1～2 千字的散文，每天一稿投寄各地报刊，虞伯贤则童话、寓言、随感什么都写。我却犯规了，花了一周时间写了短篇小说《牧马姐妹》。大家也算各有所获，写作之余，就是读书。虞伯贤看到精彩处，总会笑出声来，张勤与我凑过头去看，觉得并无可笑之处。那个特定的时段，虽然人少，但过得也算充实。

张勤先于我们，调入了省群艺馆。馆领导因他见识不凡，出手又快，就问他，像他这样的人才，能否要从垦区调几个来。张勤一口气写了十个人的名字，把我也名列其中。只是两局合并后，我调入了《合江日报》社当了记者，不过我还是十分感激张勤的盛情。

张勤在省群艺馆可能因事事不买账的“高姿态”，得罪了一些同仁，不久就被调至鸡西市群艺馆。一次我去虎林采访，归途时曾去鸡西专访他。他的家在市区的一座小楼内，当时他已经结婚，据说妻子是个日本遗孤。我没见到她，只看见屋内有一双当时极为稀罕的女式皮靴。可见这位“遗孤”是个时尚漂亮的姑娘，张勤告诉我，他们生活得很幸福。

张勤当时做着群众创作的辅导工作，他从基层做起，在矿工中选拔有才华的文学青年，编写了几个很有前途的多幕话剧。由于他工作出色，又被调回哈市，在省剧目工作室工作。

我回南后，多方打听张勤的消息，知道他在十多年前已经病逝了。

也是老乡

《北大荒文艺》人物印象之五

在上海人眼里，上海人固然是老乡，还把江苏人，甚至是江南人也引以为老乡。在《北大荒文艺》编辑室，我有好几个这样的“老乡”，他们是王忠瑜、丁继松、王水心。

王忠瑜是安徽合肥人，因他解放初期在上海的一所小学当校长，算是半个上海人；而我所在的部队长期驻在安徽，算是半个合肥人，彼此就成为了“老乡”。

王忠瑜原在空军总部从事文化工作，1958 年下放至垦区铁路管理处劳动，后调入《北大荒文艺》编辑室。他年长我 8 岁，一直像老大哥般地关心我这个小弟弟。特别是他见我年长未婚，比我自己还着急。他介绍了一个铁管处战友的妹妹，约我到他战友家中见面。我因遵奉父母“非江南人不娶”的令旨，虽然那位姑娘很健康、很朴实，因是湖南人，不在我择偶的范围，所以我一直未作表态。其间，8511 农场宣传科的肖沉看见我说：“我们那里有位姑娘很惦记你。”我知道他所说的就是这位湖南姑娘，但也不为所动。一次，我去 8511 农场出差，归途时在铁路车站买票，我认出那个售票员正是王忠瑜介绍给我的姑娘。我为了避免互相见面，显得尴尬，是矮了身子去买的

王忠瑜

车票。

可王忠瑜却不以为意，对我说："你要找江南人吗？我来帮你找。"那时，虎林的储蓄所有位来自无锡农村的长辫子姑娘（也是一个转业军官的妹妹）颇合我意，但她长得过于漂亮，而且身材比我要高，我不敢与其接触。王忠瑜则说，怕什么，我来帮你牵线。后来，我遇到了江阴姑娘唐琴惠，确定了恋爱关系。王忠瑜非常高兴，他替我俩在虎林城郊的小树林，拍了一盒胶卷的照片。

王忠瑜曾是空政摄影组长，拍摄照片是他的专长，然而，他更喜爱写作，早在解放前，他在家乡合肥已有文名，参军后，小说、散文、诗歌、评论都擅长。来北大荒不久，他创作的小说《鹰之歌》已刊登于《人民文学》，并将反映空军生活的小说结集出版。以后又有作品见诸于各大报刊。和他相比，在文学创作上，我只是个刚学会走路的孩童。

王忠瑜创作态度非常严谨而谦虚，当时他正创作长篇小说《鹰击长空》，他为了博采广纳，将原稿在编辑室全体人员面前朗读，征求大家意见。我作为会议记录员，记录着虞伯贤、林予、符宗涛、杨昉等资深作家和编辑的意见。王忠瑜也一丝不苟地听取众人的意见，像海绵吸水一样，把大家好的建议融入他的改稿之中。后来《鹰击长空》出版后，果然一炮打响。

王忠瑜多才多艺，除文学、摄影外，还会绘画和书法。围棋也下得很好。他曾替我画过一幅速写，短短几分钟，廖廖几笔，就把我的形象逼真地显示出来。他认为文学和艺术是相通的,可以互相影响,相得益彰。我想,他的成就是与他勤奋好学分不开的。在这方面,我与他的差距也很大。我有一段时间没写出东西时,他会摆出老大哥的架势,板着脸孔来问我:“你怎么不写东西?”又拿了许多资料给我,敦促我勤奋创作。此情此景,现在回想起来仍记忆犹新。

最使我难忘的是一次回家探亲之行。那是 1961 年冬,他先我南回,相约我在北京相会。我按约定的时间和地点去北京找他,他虽客居亲戚家中,但对我仍很照顾,自己宁可与亲戚家的孩子挤着睡,却让我独住一室,把新买的被子给我盖。他还陪我去拜访符宗涛(当时他在北京家中修改《大甸风云录》)和丁聪,领我到四川饭店排队就餐。兼作导游陪我参观故宫,直至将我送到火车站。这是我第一次到北京,有了王忠瑜的陪伴,使我过得很愉快。

他从北京转道合肥探亲后就来到上海,住在我家中。他非常懂得人情世故,给我父亲带来了安徽名茶毛峰,邀我母亲带着小妹去南京路五味斋吃饭,去天蟾舞台看戏。他与我家人相处甚为融洽。

隔了几天,我陪他去少儿出版社改稿,是把他先后写的空军题材的小说结集为《银燕》出版。为了适合儿童阅读,要作若干修改。责任编辑叫江英,对王忠瑜非常尊重,给他安排了住处,还配备了台灯,创作环境甚为优越。我久慕少儿社之名,这还是第一次来,这是坐落在延安西路原法租界的一座带花园的洋房。我想着什么时候能在这个国家级出版社像王忠瑜一样修改稿子,那该多么好啊!

后来我在江阴辅导儿童文学创作,成了少儿出版社的常客,和出版社的众多领导和编辑结为朋友。我常会想起 10 多年前陪王忠瑜来改稿的情景。1981 年少儿社在江阴现场召开江苏省中青年作者少儿作品创作座谈会。一时间嘉宾云集,主持会议的就是少儿出版社文艺室主任江英。在会议间隙,我和他谈及王忠瑜改稿之事,江英惊讶地说："当年陪同王忠瑜一起来的年轻人就是你呀！"

王忠瑜也是1962年调省文联的专业作家。他以"四清"运动时的全国英模人物关成富为原型，写出了上下两部的长篇小说《惊雷》，由天津出版社出版，就像《惊雷》炸响，轰动全国。我惊叹王忠瑜又出了巨著，为我们这些北大荒的文友做出了榜样。正巧关成富所在部队的政治部朱主任来江阴采风。他得知我与王忠瑜曾是同事，就告诉我王忠瑜如何坚忍不拔，几度修改小说的情景，他说：《惊雷》虽是三人署名，但基本上是王忠瑜一人创作的。部队已把此书作为当年文化上的重要成果而作出表彰。

以后，我与王忠瑜天各一方，再无联系。只是听少儿社的编辑孟昭禹谈起，"文革"后期，上海出版局曾组织各出版社的人员由他带队赴黑龙江采访、组稿，见到过符宗涛和王忠瑜等当地作家，得知王忠瑜正在创作关于抗联的长篇小说。

今年我通过丁继松要到了王忠瑜在哈尔滨的家庭电话号码，当即与他取得联系。我告知他，我创作出版了一部长篇小说《城北白相人》，要寄书给他，请他多予指教。他接到我的电话非常高兴，也告诉了我他的创作和生活近况。不久分两次寄来了他的作品，有七卷装的《王忠瑜文集》，有刊登他绘画书法作品的画报，有评价他作品的报道，更有一本评价专集《王忠瑜现象》，正所谓是"糠虾吊鲸鱼"（江阴土话）以小引大，我寄他一本书，他却回寄我十几本书。

从书中得知，王忠瑜现是国家一级作家，黑龙江省政协委员，全国文代会代表，他创作的抗联三部曲（赵尚志、杨靖宇、赵一曼）引起文坛的轰动。特别是赵尚志这个两次被开除党籍的悲剧英雄，深深震撼人心，也填补了英雄史诗的一个空白，在王忠瑜能不避风险、排除万难，挖掘出这么一个重大题材，应该说是有重大贡献的。无怪乎人民文学出版社要给予重版。

王忠瑜告诉我，他今年已84岁高龄，仍笔耕不缀。我期待着读到他的新作。

丁继松是安徽郎溪人，因地处江南，他青年时代又在上海等江南一带求学，所以我们也是同乡。这位“同乡”的父亲是个破落地主，因不堪生活重负而自尽了。好在父亲在世时就给丁继松订了娃娃亲，岳父就把他收留在家中，及至成年就给他完婚。妻子庞自原曾在《合江日报》当会计，我们也是同事。

丁继松在上海美专求学期间，生活特别艰辛，当时上海正拍摄电影《梁祝》，他就去当了个仪仗队里扛着龙虎牌的龙套，赚取低微的工资。上海解放后，他参军入伍，分配在二野军政大学艺术本科学习，与北大荒版画创始人晁楣是同学。后随校进军西南，在四川逗留了一段时间，毕业后分配至哈尔滨军事工程学院任文化助理员，1955年授衔中尉，1958年下放至北大荒。一直在局宣传部任职，是《北大荒文艺》停刊后才调入编辑室的，为的是让他有机会潜心创作。

丁继松是文画两家兼长，他学的是美术，爱好的却是文学。他在学院因漫画获罪，在垦区却因文学成名。那时候，他的作品一篇篇发表，书籍一本本出版，写的都是散文，有时也发挥其绘画的才能，在报章发表名画评价。确是个才气洋溢的文人。

他结婚很早，生育也早，儿女成群。我到虎林时，他的大女儿已经长大成人，在局文工团学习舞蹈。他在哈尔滨生的儿子叫“滨滨”，在虎林生的女儿叫“林林”，在佳木斯生的儿子叫“佳佳”。那时他年届五十的岳母与他同住一处。因为人老实，被一转业军官看中介绍给了他哥哥，一个德高望重的老干部作继室。他的长女调到大庆油田后，也很快有了对象，此对象的长兄比丁继松年龄还大，居然称他为“老伯”。丁继松的老岳母和长女先后成婚，一时被我们传为趣谈。也常以此话题调侃他。丁继松却说：“天要落雨，娘要嫁人，都是由不得人的。”可见他为人之潇洒。

在编辑室，丁继松是在家写作的，除了开会，我们很少见面。但他的创作成果却是有目共睹的，所以年终时，郑加真代表宣传部宣布他为年度的积极分子，大家都口服心服。

我与他几乎是同时调到《合江日报》社的，初期都分在副刊组，他写散文，我写影剧评。又先后调到了政教组，我当记者，他任编辑，在“文革”时又一同关进“牛棚”。

我进牛棚，是因造反过了头，对立面掌权后，将我定为“漏网右派”，旧账新算。他进“牛棚”是因他在解放前曾在家乡编过报纸，有“历史反革命”的嫌疑。

其实，他的所谓“政历问题”，在历次政治运动是已经查清楚了的，但在“文革”中，一切推倒重来，他就在劫难逃了。但事后据报社搞外调的徐舟同志对我说：“对丁继松的外调，不仅没查出什么问题，而且调查出许多先进事迹，越查越受到感动。”可见丁继松在解放前就是个有社会良知的进步青年。

尽管如此，丁继松出牛棚后，就全家下放至农村劳动。直至“文革”后期才调回报社，那时我已回到江阴了。在八十年代，垦区像全国各地一样，开展了大规模的地方志编写工作，主持这项工作的是郑加真，开始唱的是“独脚戏”，就将丁继松调回垦区，两人唱起了“二人转”。他俩分别担任了主编和副主编，完成了庞大的编志工作，而且还衍生出许多文学作品。扩大了垦区的影响力，增亮了“北大荒”这个品牌。

八十年代初，我去上海少儿社出差，竟意想不到地遇到了老友丁继松。原来他在少儿社修改书稿，彼此畅谈了一番。言谈中得知在改革开放后，他丢掉了“政历问题”的包袱，轻装上阵，创作又焕发了青春。

今年三月我寄书给他，并和他通了电话，得知他是享受国务院特殊津贴的专家，离休后一直勤奋写作，已出版了 14 本书籍。生活在东北农垦总局佳木斯干休所，以 83 岁的高龄担任着老龄委主办的刊物《红叶》的主编，并不断有作品问世。他给我寄来了新出版的散文集《北大荒记事》。他告诉我年内可能会到垦区设在无锡的疗养院疗养，到时要与我见一见的，我殷切期待着。

王水心是江苏人，因上海地处江苏境内，原是松江府下属的一个县，所以我们也是老乡。他是与郑加真和我同一批调入《北大荒文艺》编辑室的。因他是党员而且担任着文化党支部的支委，也算是个没有头衔的领导。他的“领导”主要体现在集体劳动中。编辑室的人员是耍笔杆子的，耍锄、锹却不在行，王水心则不然，他在劳动中，无论在体力和技巧上都快人一步，胜人一筹。原来他出身于农家，从小就与土地、庄稼打交道。不过他的农家，在土改时，却被评上了地主成分。这就为他 1958 年下放北大荒埋下了伏笔。

我在黑龙江生活十多年，见到不少农民耕作了上百垧（每垧 15 亩）的土地，仍是贫农，而在江浙一带有个十亩、八亩地就要定为地富。王水心的家庭就是这样的小地主。当然这样的小地主比起长工、雇工们的生活还是优越些的，所以王水心少年时能有上学的机会。

王水心在上学时特别崇拜女作家冰心，他的“水心”之名就由此而来。他觉得要努力使自己成为像冰心这样的作家，不过他也认为，即使再努力，也赶不上冰心，总是要少上那么一点两点，所以“水”和“冰”虽是同类，却少上了两点。这名字的取意，反映了王水心的文学梦想。

北大荒成了王水心实现文学梦想的地方。他在 859 农场的一个生产队里，白天劳动，晚上写作，不断有作品发表。他时时观察生活，刻刻深入采风，连在理发店理发时，也注意客人们的谈话，他的小说《中苏友谊叶常青》就是根据在理发店的所见所闻而写出的。他因写作勤奋而调入《北大荒文艺》编辑室。当然也是为了充实编辑中的党员力量。

在部队，党员是保持相当高比例的，但在垦区的文化圈内却成了“稀缺资源”。所以王水心到编辑室不久就被“挖”走了，在虎林党校当教员。

“文革”时，王水心参加了造反派。当时两派斗争很激烈，两派的划分，各地几乎同出一辙，就是历次政治运动作为“动力”的为一派，而作为“对象”的又是一派。我们《北大荒文艺》编辑室的人员，虽然当时已分散各地，但基本上都是受过政治冲击的，属于“对象派”。王水心也在此列。

黑龙江省革委会成立较早，“动力派”掌权，“对象派”继续作为冲击的对象，这样，王水心就厄运难逃了。从江青提出“文攻武卫”的口号后，各地武斗升级，哈尔滨连坦克都上了街，在虎林则打人之风大盛。王水心被装进麻袋，打得死了过去。幸亏有一个学员看见了，惊呼：“这不是王教员吗？”将他解救出来，但从此他得了伤病，以致发展为癌症。

七十年代初，王水心调至合江地区林业局工作。我去探望他，他刚从医院看病回来。我问他：“医生怎么说？”他摘下帽子扔在桌上，回答说：“已经确珍了，是鼻咽癌。”接着又似咨询地问我，“四十岁还不到，就这样走了，是不是太早啊！”我安慰他说：“癌症也可以治的，小地方不行，可以到外地就医。”

当时合江林业局局长翟雪桥原是859农场党委书记，是个爱才的老干部，就让王水心去上海治病，并且让他的爱人小熊以护士的身份去护理。两人都保留全额工资，而且旅费报销。这是相当高的待遇了。目的是要挽救饱经苦难而且勤勉有才的这个转业军官的生命。

王水心在上海喉鼻耳专科医院经过一个时期的“照光”治疗，脸孔照成了个“大花脸”，身体也瘦弱不堪，但癌细胞逐渐减少，以致消失了。他就出院继续在上海疗养。可是过不多久，癌细胞却卷土重来，此时医院不再收治他了。

王水心是“死”过一次的人，感叹生命的可贵，而且还要圆他的文学梦。就以他委婉的文笔给医院领导写了一封长信，终于感动了院方，将他“死马当作活马医”，允许他在门诊继续“照光”治疗。

1972 年我调回江阴，第一个春节是全家在上海度过的。我与妻子一起去看望王水心。当时他在车站医院门诊，住在附近一家旅店的亭子间里。因是过年，桌上还摆放着花生、瓜子、糖果、水果。见面时，他正在做“甩手”运动，他告诉我，别人甩手 500 次，我要甩手 1000 次，他还告诉我患心脏病的妻子，你也来做甩手运动吧，运动总比不运动好。

后来，我再到上海时，王水心已去广州治病了，在虞伯贤家中，我看到他留下的一封信。信中说：“我去广州是作最后的努力，我随时随地都会因大血管破裂，而导致死亡，但仍要明知不可为而为之，因为我还要继续工作，继续写作……”

我看后，深为感动，王水心以与疾病作斗争的实际行动，书写了一篇发人深省的文学作品。

“乌鲁木”及其他人

《北大荒文艺》人物印象之六

《北大荒文艺》编辑室还有些人，我无法用“负责人”“老乡”等小标题加以概括，只好列入其他一项之内了。他们是朱彩滨、林青、王其力、肖英俊。

朱彩滨是早期《北大荒文艺》的诗歌组组长。我去虎林时，他已调至电影摄制组做编导。他原在解放军电影制片厂工作，所以摄制电影应该是他的本行。他在部队时曾长期在新疆乌鲁木齐工作，加上他口齿不清，常是“乌鲁乌鲁”地与人交谈，因此他得了个外号叫“乌鲁木”，正因为他在新疆触犯了民族政策，而被下放至垦区的。

朱彩滨长得高大强壮，一头鬈发，也很像乌鲁木齐的少数民族。但他感情细腻，文笔委婉，常有抒情诗在《诗刊》等大型刊物发表。

因《北大荒文艺》是他的娘家，虽调离了编辑室，仍常来叙旧。因此与我也比较相熟。在熟人面前，他口无遮拦地谈到了在北京见闻到的奇闻轶事。他曾对我说起高玉宝在人民大学深造时“生产”颇丰。他所谓的生产，并非创作作品，而是生儿育女，孩子生了一大堆。以致在作品集《半夜鸡叫》后，再无新作问世。他又说到“现代花木兰”，军中传奇女英雄郭俊卿后来做了变性手术，宁可不要战斗英雄的荣誉，而要与一位漂亮的苏联姑娘结婚。对他这种种说法我是将信将疑的。不过可以确定的是，即使是英雄模范人物，也是有七情六欲，有个人的爱好。只是个人爱好与“事业”发生冲突，“二者必选其一”时，有人就放弃了事业。

他同我谈得更多的是在垦区拍摄短纪录片时所遇到的困难和艰险，如他在拍摄纪录片《猎虎》时，猎人们使用的不是猎枪而是真刀快枪，如果打不中要害，老虎就会反扑，猎人当然命悬一线，跟随猎人的摄制组则因为手中没有武器，处境更加危险。好在他们事先作好充分准备，查爪印，追虎踪，设陷阱，布阵势，做好种种应急预案。他们整天在冰天雪地的深山老林中转悠，其中辛劳和艰苦不言而喻。然而辛劳换取到了丰硕的成果，他们拍摄的《猎虎》，场面之逼真堪比现时电视台播出的《动物世界》，获得广大观众的欢迎。按说，东北虎是世界上仅有的，濒临灭绝的珍稀虎种，是不容捕杀的，但当时在垦区，在“大跃进”的光环下，真是敢想敢干，只想眼前“放卫星”，哪顾及生态环境和子孙后代，况且天高皇帝远，没有什么顾忌的。记得我在饶河工作时，狩猎队打死一只老虎，人们还拍手称快哩，那只死老虎就放在电影院大门前，虎死威犹在。额上清晰地显示出一个“王”字，一些山东支边的小姑娘争相爬上虎背，照相留念。还有一次我在江边看见两只老虎被装在粗木栅栏的大箱子里等待外运，据说是动物园订购的，可以卖两万元钱。

后来，朱彩滨下放至林场劳动。但他仍经常回虎林，住在我为他安排的宿舍内。他对我说，他正在联系调往哈尔滨市文联。我想以他的文名、才气和经历，这种联系应该会有成果的。

果然，哈尔滨市文联发来了调令，可就在临行前朱彩滨接到市文联发来的急电：“暂勿来哈”，朱彩滨感到非常沮丧。正巧我在他身边，信口说来：“你如果早一天走就好了。”一句话触动了朱彩滨的灵机。他说："你的话有道理，我只当电报未接到前已去哈尔滨了。"

那时，交通延误和电报错时的事件屡有发生的，朱彩滨到哈市文联报到时并未遇到任何阻难。可他在哈时，生活和工作条件虽改善了，也结婚成家，好像过得也并不愉快，据说还得了抑郁症，竟在"文革"后期，中国的政治气候将要明朗，文艺将迎来春天时，他却不幸去世了。

林青是东北人，原是南京空军政治部文化助理员。我和他同在散文组，在一个办公室，还曾挤睡在一个统铺上。他写稿子很有特点，先在一张稿子上列下提纲，再不断补充内容，然后像画符似的，划来划去，以致整张的稿子变成谁也看不懂的"地图"。他再抄写一遍就变成了一篇像模像样的散文了。

林青那时已在构思长篇小说《荒乱年月》，写的是日本投降后，满洲国垮台，东北处于真空地带，各方势力都在扩大力量，招兵买马。一群知识青年，无所适从，经历了艰难曲折，终于走上了党所领导的光明大道。大家认为这个自传体小说题材很好，但在当时的环境下，很难穿越许多"暗礁"和"险滩"，搞不好，就会变成"大毒草"。所以林青也深为此苦恼，尽管他依照他的习惯，不停地划着"地图"，但进展始终不大。

适逢编辑室开展整风，林青自告奋勇地带头自我剖析。居然拿《荒乱年月》来说事，说到他的苦闷和焦虑，再联系他对入党态度的迟疑不决，三天整风基本上给他一个人"包圆"了，大家乐得围绕着林青的"自我剖析"，东一榔头西一棒地各抒己见，避免了"人人过关"的尴尬。其实，那时人们对于"整风"之类的政治活动，已经厌倦了。林青此举，算是帮大家走了"过场"，由我记录的一厚本稿纸，作为整风实绩是完全可以交得了差的。

林青和我在编写 852 农场史《在南泥湾的道路上》相处时间较

长。他是中途加入的，但后发先至。在整部书稿中，他所占篇幅最多。那时，852农场对我们招待很好，常常要聚餐，到时还有草籽白酒招待。我是滴酒不沾的，而林青则喜欢“来二两”，即喜饮但并不善饮的那种，于是我的份额就由他代替，取长补短，两下都好。

有一次在聚餐会上，在坐的有农垦部的一位专家和他的夫人。当轮到敬酒时，林青当然是来者不拒，而我则百般推诿，抿一抿以作应付。那位专家调侃说，你还能抿一抿，我比你还不如？

我有了兴趣，便问：“我是抿一抿，你怎么还比我不如呢？”

专家说：“我是闻一闻。”

林青说：“照此说来你是最不会饮酒的！”

“不，”专家断然说，他指了指身旁的夫人，“她比我还不如，是想一想。”

说得大家都失声笑了起来。对比大家的不会喝酒，林青的“来二两”显得鹤立鸡群。但他因喜爱喝酒，种下了病根。

林青也是1962年调入省文联当专业作家的，他挂职阿城县兴隆镇副镇长。不久就出了两本书，一本是写一个农村孩子土根和开发北大荒的解放军叔叔的通信。通过这些信件，反映北大荒人的精神面貌和黑土地的风情，也显示出一个农村孩子对参加边疆建设的向往，是现时风行的大散文的样式，由上海少儿社出版。一本是《大豆摇铃的季节》是林青的散文集子，由黑龙江文艺出版社出版。这在当时来说，已很难能可贵了。

以后，林青疾病缠身，去世已经20多年了，我一直在想，他的《荒乱年月》如能面世，在现时倒不失为新颖的题材。

王其力原是在《空军生活》搞通联工作的，在《北大荒文艺》编辑室是通联组长，同时是刊物的财务。他也偶尔写些作品发表。我在生产队时，他就与我有书信来往。这是他通联组长的职责所在，也是我们业余作者与刊物联系的桥梁。

王其力因来自总部，与许多北京首长相熟，所以他一直谋求调往北京。有关部门在商调时，要向垦区借阅档案。可是王其力的档案却找不到了。那时候档案是人的第二生命，档随人走，如影随形。没了档案，无论调动和分配都一切“免谈”。而在垦区，因为人多、路差、车挤，遗失档案之事屡见不鲜，王其力就属于此类情况。他为此急得要命，好端端的调往北京的机会就此丢弃，岂不懊丧。他经多方努力，但并没找到档案，因为档案由组织部门保管，并非个人意志可以左右的。

王其力后来不知是找到了档案，还是补办了档案。他调到了松花江地区从事商业工作。是较早离开《北大荒文艺》编辑室的一个人，也是从文化部门转业的一个人。

肖英俊是在《北大荒文艺》停刊后调入的。他也来自总部，善写诗歌，还会吹黑管，是编辑室仅有的音乐人才。因刊物停刊，他就在家中写作。只有开会时才到编辑室来，那时会议也很少，只是偶尔召开的团小组会议，他是不能不参加的。我是文化团支部的支委和单位的团小组长，就成了我与他唯有联系的方式。

肖英俊是 1962 年调省文联的专业作家，也是挂职在某乡镇当副乡长。下乡后，肖英俊这位诗人，居然创作出版了一部长篇小说，在业内备受关注，因为那时出版一部长篇小说谈何容易。给我的感觉是他平时沉默寡言，不声不响，真所谓是“会捉老鼠的猫不叫”。由此，他在黑龙江文化界有了名声。

肖英俊后来调至《北方文学》编辑部，做到主编之职，又调到《章回小说》编辑部任主编。退休后留任顾问，但不久就病逝了。

文化圈的小字辈

在北大荒时，因人员多数来自军营，彼此都是战友，以同志互称，没有“先生”“老师”“女士”“小姐”之类的称谓。称作“文友”“荒友”也是后来才有的。熟识者就称“老×”或是“小×”。在文化圈内，称“小×”的多于“老×”。

凡属小字辈的一般符合三种条件，即年龄小、个头小或是从部队带来的称呼。小字辈最多的是文工团员，如小范、小刘、小蒋等等。我当然也属小字辈，因为我上述的三种条件都具备。在《北大荒文艺》编辑室，属于此列的只有我和罗炽晶两人，而在文化圈内却大有人在。

吕向全就是其中之一。其实他当时已年近30岁，不算小了。因他是个年轻的老革命，而且个子矮小，就把原单位称呼的“小吕”沿袭下来。

他原单位是《人民画报》社。跻身于众多的老编辑中，他当然属于“小”的，又是画报社的团支部书记，是“小字辈”的头儿，所以“小吕”一直从北京叫到虎林。在一次劳动中，同是从北京来的符宗涛调侃说：“小吕，你也已经30岁了，难怪我们要老了！”

小吕的经历颇为曲折，他自幼父母双亡，由叔叔抚养，家住佳木斯市。东北光复后，还是少年的他，要自谋出路，当时东北的形势正像林青在《荒乱年月》中描绘的那样，各种势力都在招兵买马。除了国、共两党，还有名目繁多的什么“委员会”、“维持会”、“自卫团”等等。用吕向全自己的话说，站在佳木斯的一个十字路口，东南西北，四面八方都有招募站。差之毫厘，便失之千里，一步迈出，就能决定一辈子的命运。

吕向全(原《人民画报》摄影记者，下放北大荒前的年轻时照片)

吕向全第一步迈得还很不错，他去了一个党所领导下的地方工作队报名，小小年纪就走上了革命的道路，他先是在东北电影制片厂(长影前身)学习摄影技术，及至全国解放后调到《人民画报》社时，已是一个著名的摄影记者了，成为名噪一时的“三吕”(吕厚民、吕相友、吕向全)之一。“三吕”之所以有名，因为他们是专事拍摄中央首长和重要会议的摄影师。作品频频出现在报刊上，为众所周知。

但吕向全最满意的作品是在广州拍摄的茶馆场景。他曾把刊登这个系列作品的《人民画报》给我看过。茶客的音容笑貌，历历在目，神态各异，真是艺术化地再现了生活。他告诉我，这两个版面的照片，是他观察了好长时间用长焦镜头才摄取到的。为了不影响茶客的情绪，他在旁边的斗室中守候着，抓拍每一个逼真的场景。他如此追求艺术，虽然是不合时宜的，但他是“红小鬼”出身，什么镇反、三反、反胡风、肃反等政治运动都与他沾不上边。

朝鲜停战后，画报社派他去板门店采访美军关押志愿军俘虏的战俘营。临行时，领导指示说，这个任务非常特殊而且重要，一定要把美军虐待志愿军，而志愿军坚决要求回归祖国的真实画面摄取下来，报道出去，以揭穿美军的阴谋。因为当时双方签订“停战协议”的焦点集中在战俘问题上。

美方所以同意中方采访，当然是预先做好准备的。吕向全到了战俘营，根本没看到想象中的画面，看到的是志愿军战俘在集体上文化课，在操场上打篮球，在食堂吃着营养丰富的饭菜。听到的是“这里生活很好”“我们以前上当受骗了”“坚决要求到台湾去”等话语。更有甚者，有些人还对吕向全等采访记者冷讽热嘲，表示不欢迎。摄影记者不比文学记者，可以预设主题，凭空想象，而是要实打实的场景画面。吕向全的这次采访“空手而归”，大大辜负了领导的期望。他深感委曲，不免私下里和同事们说起在战俘营的所见所闻。他在垦区同我说起此事仍显得忿忿不平。其实，这种不满情绪，替他种下了祸根。

“反右”开始了，吕向全成了批判的对象。他一直顺风顺水，遭遇逆境，当然不服。有位领导批判他拍摄“茶馆”这样充满小市民低级趣味的照片来对抗热火朝天的社会主义革命时，他奋起反驳，说：“这组照片是你让我去拍的，又是经你审核发表的，反对社会主义革命的不是我，而是你！”厉声疾言，当场把那位领导吓得昏死过去。批判会场一片混乱。

吕向全难逃厄运，戴上了“右派分子”的帽子，发配至北大荒劳动改造。因他有高超的摄影技能，被留在农垦局宣传部。当了一名不能署名、不能发表作品的摄影员，因他与我年龄比较相近，同属小字辈，相处关系比较密切。

那时候，他奔波于东北边疆的各个农场，拍摄了许多真实而动人

丁聪(《人民画报》副主编,右 1)和吕向全(《人民画报》摄影记者,左 1)在劳动之余

的场景,为垦区留下了宝贵的资料。他每次回来,都会邀请我一同去点心店,叫上一笼包子犒劳自己,边吃边向我叙述出差的经历。他还到叔叔家中拿了户口本让我按计划购物,我三妹周丽英作为下乡青年来建设兵团后,他还为我们拍了一天的照。

很快,吕向全年过 30 岁了。因他有“右派”帽子戴在头上,工资又从行政 18 级降至 24 级,每月 40 多元工资仅够自己花销,所以结婚成了老大难问题。许多朋友同事,包括虞伯贤和我都曾为他介绍过对象。他相中的,人家不肯;人家肯的,他又不满意。一起捱到他的“右派”问题改正后,才结婚成家,那时他已 40 多岁了。最近我从丁继松那里获悉,吕向全已经去世了。由于他与我关系比较亲密,他的经历都是他亲口告诉我的,特注于文,以作纪念。

郝伯义是东北人,年龄比我还小一岁,当然是“小字辈”人物。他

1992 年,吕向全摄影展在黑龙江省美术馆开幕,左起第二人为吕向全,
左三为总局党委书记赵清景,右一为宣传部副部长郑加真。

也像吕向全一样参加了长影工作,不过学的是舞美,来垦区前,已有相当的绘画基础。他的一幅油画作品在北京展出时,许多行家认为他是苏联油画大师马克西莫夫的学生(马曾在华举办过油画培训班,出了许多有名的画家),其实郝伯义是自学成才的。

当时垦区的《北大荒画报》和《北大荒文艺》一样,人才济济,郝伯义也名列其中。凄美的荒原,多彩的生活,激发了画家们丰富的创作力。以晁楣、张作良为首,开创了北大荒彩色木刻画派。其主要作者还有张祯麒、杜鸿年、徐楞、刘洛生等人。那时候,垦区兴起了一股木刻热。郝伯义也致力于木刻创作。我曾见到他为一本书籍插图,书籍插图一般都是勾线画,而郝伯义却创作了大大小小近百幅木刻画。可见他用功之多,学习之专。不久,他的木刻也崭露头角了。不过他

北大荒版画创始人之一晁楣与郑加真在哈尔滨合影

也像吕向全一样，“只专不红”，参加革命工作多年，连个团员都不是。

1962年，《北大荒文艺》许多人被调省文联当专业作家，此后《北大荒画报》的画家被借调至哈尔滨北方大厦专业作画。两单位剩余的人住在一起，组成创作组，统归郑加真具体负责。我和郝伯义毗邻而住，我又受文化团支部之命，要发展郝伯义入团，两人关系进一步密切了。

那时候我们关心的问题，首先是创作，同时也关注吃食。那时候三年困难时期尚未过去，吃食仍很紧张。好在驻地附近荒地很多，随便种上一些，就会有很好的收获。到了秋收时，郝伯义每天都要采集许多土豆、豆荚、玉米装在他的脸盆里，再把我的脸盆借去，作为盖子，在房间里，架上两块砖，埋盆生火，将食物煮熟，然后让大家分享。当然他吃得最多，总是把一脸盆食物吃个净光。第二天晚上再煮上一盆，把屋子熏得乌烟瘴气，总务科多次干涉也无效果。日复一日，总是炉火熊熊，所以我们就用一个流行的电影片名来形容他，叫《扑不灭的火焰》。这个称谓还包含着对郝伯义创作热情的赞扬。那时他没日没夜，一门心思搞创作。这种不知疲劳的工作态度，也是“扑不灭的火焰”。

后来，北大荒的画家纷纷外调了，郝伯义则作为“种子”保留下来，分配在《农垦报》社当美编，主要是搞创作。通过不懈的努力，他不仅自己创作颇丰，还带出了一批又一批的青年画家，把北大荒木刻画派在垦区传承下去，并且发扬光大。

周居方来自八一电影制片厂，在北大荒电影摄制组当摄影。他年龄不算小，个头也不矮，他的“小”字是从部队带来的。因他常同妻子郝维杰（人大法律系的毕业生）来我们的住处玩，所以彼此相熟。因为他和我都叫小周，别人往往要搞错，一次859农场柳诗炳捎来一两鹿胎膏，我想我和他是亲密战友，当时就收了，谁知被周居方索走了，事实证明是我搞错了。

北大荒电影摄制组拍摄了几个短纪录片后，也解体了。周居方就搞摄影创作，他非常认真和耐心，决不随便按快门的。他在拍摄一个雁群在荒原飞翔的场景，他守候在拍摄点好几天，以致蚊子、牛虻叮咬，他也全不在意。终于给他拍摄到了一张好照片。这幅照片刊登在《摄影》杂志上，还刊登了他拍摄的经历，引起了广泛的好评。

值得一提的是周居方的妻子郝维杰，她是个健美的北方姑娘，学有专长的大学生，年龄也比我大几岁，由于丈夫属“小字辈”，她当然也只好称呼小郝了。她放弃了北京优越的工作环境同周居方一同来到了北大荒，而且同我们这帮垦区的文化人相处在一起。

1963年，郝维杰也同我们一起调到了佳木斯市，在市法院当人民来访接待员。正巧遇到了佳市发生了一个邪教杀人的大案件。而那个邪教的头目是个老妇人，她利用迷信活动蛊惑群众，在“二月二，龙抬头”的那天，胡说什么“天门已开，升天在即”，在她鼓动下，佳市郊区有一农民居然用大斧砍死全家，再砍死自己，以求“升天”。这是个震动全市的大案。

那个老妇被判死刑，执行枪决那天，先游街再赴刑场。许多人都随警车围观声讨，我也挤在人丛中。

那时的警车并不是现在那种有着蜂鸣器，一路开一路响的小车子，而是一辆大卡车。罪犯居中靠前俯首站立，两旁是英姿飒爽的女警察。在女警察中肃立着全副武装拿着冲锋枪的郝维杰，我觉得小郝怎么由一个文弱的法律工作者变成了威严的女警官了呢。我便悄悄地走近车子，问道：“小郝，你会打枪吗？”

小郝见了我，也悄声说：“小周，别找碴，我枪里没子弹，女警察不够，我来凑个数。”说着，卡车从我身边开过。我望着圆檐帽下一头鬈烫发的小郝，心想，这个来自北京大城市的姑娘也真不易。丈夫劳动，她也劳动，丈夫小周调离了她却还留在边疆，还要列队去枪决罪犯，完全把自己的生命与丈夫熔为一体了。周居方先后所取得的成就，真可谓是“军功章有我的一半，也有你的一半”。像郝维杰这样的转业军官家属在垦区是很多的。像我们编辑室郑加真的妻子刘安一，丁继松的妻子庞自原，就是放弃北京和南方较好的生活，跟随丈夫来荒原同甘苦共患难的。

此时周居方已调到中央电视台当摄影记者，即赴越南战场，他同许多北大荒人一样，是个一不怕苦，二不怕死的人，许多艰难险阻经历过了，即使上战场也是无所畏惧。他刚到河内，正遇上美机轰炸。他站立街头，并不躲避，而是掮着摄像机，像机枪一样，对着美机“扫射”，让他拍摄到了第一手的画面，真实地向世界人民揭示美军的暴行。

周居方凭着他那在荒原锻炼出来的严谨工作态度和无畏的精神，在中央电视台步步升迁，直至做到副军级的中央电视台军事部主任。可见他这个“小周”比我这个“小周”出息多了。

董云波是东北人，也是北大荒电影摄制组的摄影。他到垦区前不仅娶妻成家，而且子女成群。可能因为长相年轻，大家还是叫他“小董”。

垦区的生活是艰苦的，尤其是小董拖家带口，更是不易，如遇到生病，不啻是雪上加霜。一次董云波的小女儿高烧不退，并发肺炎，就带她去裴德医院治病。尽管裴德医院是垦区最大的医院，但患者众多，医疗程序难以规范。医生给病孩打了针青霉素，引起了过敏反应，当场死去。董云波虽然心痛万分，但他无怨无恨。因为当时在垦区死个把人，实在算不了什么事。他依然积极工作，除了完成摄制组的任务外，还拍摄了许多珍贵的照片。

因为同属“小字辈”，董云波与我也比较相熟。他以自己成家的经验，为我找朋友，谈恋爱出谋划策。我第一次在大食堂与我后来成为妻子的唐琴惠跳了舞，首先告知的就是董云波。

我们在两局合并时，一同调至佳木斯市的。一次我丢了20多斤粮票，那时候粮票比钱还要金贵，董云波比我自己还要着急，帮我寻找，还替我去派出所报了案。虽然粮票未找着，但他这份热心使我非常感动。

后来他调至《鹤岗日报》当摄影记者，我调至《合江日报》当记者。合江地区当时管辖三市十四县，鹤岗市也在其中，凡我去鹤岗市采访，董云波总会全程陪同，联袂行动。有一次他带我下矿井，采访现场。董云波已多次下井，我则是第一次下井。他先向我介绍下井的规则和安全事项。再与我去矿灯室领取矿灯和安全帽，然后乘升降机下到地下300米的作业面。

鹤岗煤矿是日产万吨煤的全国重点煤矿，当时已经有较好的机械设备。只见工作面上铺着铁轨，斗车来回行驶。我们一直走到采煤点，工人们用风镐切割煤层，金灿灿的黑煤，哗哗地流了下来，随即被斗车运走。其情其景，使人难忘。

我 1972 年调回江阴，他闻讯赶来佳木斯市为我送行。

三过虎头

虎头是虎林县的一个镇，就像一只老虎头似的探望着乌苏里江。对岸是苏联的一个边疆城市伊曼，是西伯利亚大铁路的终点。从虎头眺望，可以看见苏联列车冒着白烟进站的情景。我们 1958 年刚进入荒原时，在中苏边境是不设访的。我在东安镇住院时，就常见一个苏联中国山东籍的刘少校乘着小船往返于两岸，虎头也像东安一样，也常有苏联军官来回执行任务的。

虎头的军事地理位置十分重要。日军侵华时，一直把铁路从密山通往虎头江边，觊觎着苏联。据说还在虎头的山洞里修筑了现代化的工事，并贮藏着大量的武器、装备和粮食。早期来垦区的业余作者张开平曾据此创作了一篇颇有影响的小说，刊登在《北在荒文艺》上，更增添了虎头的神秘色彩。

虎头也是 851 农场的所在地，总政文工团和中央军乐团的转业军官下放在此。相比而言，虎头建场较早，当地居民也较多。条件比在荒原上新建的农场要好些。尽管如此，生活仍是十分艰苦的，记得我在安徽军区干部子弟学校任教时，一天有个学生找到我，给我看一封家信。信是他母亲写来的，原来这个学生的父亲是铁道兵的一个团长，1954 年率部来到虎头建设农场，其母亲也随同来到边疆，她在信中描述农场的艰苦生活：小咬、蚊子、牛虻“轮番轰炸”；未经加工的高粱、玉米、小米吃了拉不出屎；墙透风、屋漏雨，天寒地冻无法睡觉等等。她在信中用自己的艰苦生活来对比孩子的舒适环境，鼓励孩子要好好学习，天天向上。信上最后说：“前人载树，后人乘凉。”他们今天的艰苦创业，正是为了下一代能够享福。当时我看信后，并没有多少感觉，只是鼓励了学生一番。及至自己下放到了859农场的生产队后，才切身感受到边疆的艰苦程度远超过那位母亲信上所写的。

从我所在的饶河县到农垦局驻地虎林县，虎头是必经之地。所以我多次途经虎头，其中有三次给我留下深刻的印象。

第一次是1959年冬，我奉《北大荒文艺》之命，去采写垦区首届群英会的英模人物。去时是乘坐在859农场群英会代表的专车上，回饶河时却是一个人乘的客车。时值隆冬严寒，道路坎坷不平，车上旅客都是全身冬装，皮帽子、棉手套、军大衣、毡胶鞋，还冷得不停跺脚，从口罩中冒出的热气，把眉毛和眼睫毛都染上了白霜。坐车就像是苦苦地煎熬，好在那时年轻还不至于因此得病。

但老年人，尤其是病人就难以煎熬了。我看到旁边有一个老人，除了全身冬装外，还有一件外套从头到脚裹在身上。老人佝偻着身子随着汽车的颠簸而起伏。我想，这样的老人不猫在家，出门干什么呀！

老人身旁坐着一个女子解除了我的疑团。那女子我是认得的，她是859农场的会计。夫妻双双从军营下放到了北大荒，老人是她的父亲，一个人生活在江苏农村。三年困难时期，他得了浮肿病，从此一病不起。女儿思父心切，就回家探视照料，老人病势减轻。但女儿不能久留家乡，没奈何将老父带回农场供养。经过多天的旅途奔波，老人病势又加重了。女儿不能中途将父亲丢下，只得带着重病的老人继续乘车上路。为小心起见，将老人严加包裹。老人别无亲人，只好一切听从女儿的。我对女会计说：“这样安排，你父亲透不过气来，好人也要憋坏的。”

不一会，客车歇在一段江面附近，让大家下车方便，稍事休息。女会计听了我的话，替老人除去外套，搀扶他下车透透新鲜空气。我见老人面色焦黄，身衰力竭，但一时尚无大碍。我鼓励说：“老伯，到了农场就好了，那里有医院，有女儿、女婿陪伴，你要挺住啊！”不一会，老人经不住寒冷，又返回车上，全身包裹起来。

客车需要加水加油，我们一群年轻人就走过江面，来到一个江心岛上。岛呈长形，是狭长的一条，并无住户，也无名称，只是生长着一丛丛的树条。后来中苏发生边疆冲突时，我才知道这个江心岛就是举世闻名的珍宝岛。在《合江日报》工作时，我也是最早报道珍宝岛事件的记者之一。

汽车继续行驶，过五林洞，这是我们859农场的重点伐木区。我向着深山望去，只见莽莽丛丛，并无人影，我想着生产队的战友们正冒着严寒伐木，其艰难辛苦远超过我和这些乘坐在客车上的旅客们。

客车终于到达饶河，我十分关心那位老人的情况。他女婿早在车站等候，夫妻两人搀扶老人走出车站，不知是回家，还是直接去医院。虽然我期望老人能在农场安度晚年，但限于当时的条件，我对老人的前景并不乐观。

我第二次过虎头时，是1960年初正式从859农场调至虎林《北大荒文艺》编辑室，仍是乘坐客车。车经五林洞时，上来了一位中年旅客，此人面容非常奇特，整个脸部除了嘴上留着一个小孔，眼睛和鼻子一抹平，而且呈粉红色。那个嘴上的小孔可作呼吸和饮食之用，不过看样子也只能吃些流汁，如果要吃面条，也只好一条条地吞食。陪同他的一个年轻人见大家好奇，就说：“这是被野兽害的。”

生活在荒原上的人都会“谈兽色变”，那地方确实是人少兽多。威慑力最大的当数老虎和黑瞎子（熊），危害最大的是狼和野猪。于是产生了许多“虎熊斗”和“狼猪斗”的故事。出乎意料的是被称为兽中之王的老虎竟然斗不过动作迟缓的黑瞎子，而狡猾凶残的狼也斗不过莽莽撞撞的野猪。

熊的威力，一是它的巴掌，二是它的屁股，一搧一坐无敌天下。859农场有个生产队指导员带领家属上山采山货，惊动了一只熊。熊见了人群就扑了过来，指导员为保护家属，手持镰刀迎了上去。狗熊一巴掌搧来，顿时把他的脑袋搧掉了。狗熊就是凭着搧、坐两功制服老虎的。

孤猪和狼群也是非常可怕的，当然也有孤狼和猪群的情况发生。如果单打独斗，狼是打不过猪的。因为野猪有一对獠牙十分锋利，几乎连钢铁都能咬断，何况肉体。狼虽斗不过猪，但对付人却绰绰有余。它碰到行人，往往从身后用前脚搭在人的肩上，人一回头，脖子正被它咬个正着。所以在荒原上，有一个约定俗成，就是人与人不允许从身后搭肩的。我们常在田野里看到野猪的遗骸，这是在与狼群恶斗后的结果。我们在商店里常可买到野猪肉，这是它们被猎人猎杀的下场。我在859农场两年，吃的野猪、野禽肉比吃的家畜家禽要多得多，其中最多的是狍子肉。狍子形似鹿，俗称傻狍子，因为它听到枪响，会傻乎乎地停在原地，等着挨第二颗枪子。其他虎肉、熊肉、鹿肉都曾吃过，狼肉是不能吃的。

在生产队时，有一天清晨，大家发现，连接队部的一号地几百垧作物均被扫荡一空。查看脚印，知是夜间有野猪群光顾，可见其肆虐之甚，幸亏它们没有侵犯住家，否则全队人畜均要遭殃。

再说那个“平面人”原是个猎人。一次在山上遭遇到了一只饿虎（老虎一般不伤人，只有饿虎才会吃人）。可能那老虎饥饿至极，一口把猎人的脑袋吞进口中，正要用利齿啃食人头时，猎人的“板刷”头发刺得它喉咙发痒，不由张着大嘴打了一个大喷嚏。猎人乘机将手伸进老虎嘴内。猎人掌中握着一把锋利的匕首，当即割断了老虎的喉管。老虎在垂死挣扎中用舌头把猎人的面孔舔得“一烙铁烫平”，弄得他现在那样求生不得求死不能的模样。我们听了年轻人的这段叙述，深感到荒原上环境的严酷。

环境的严酷，当然还不止是野兽的袭击和侵扰。当我们的客车到达虎头时，见闻到了刚刚发生的一场车祸。有一个山东支边青年从饶河赶往虎林探望亲戚，因无钱买票，就爬上一辆油罐车。油罐车是运送油料的专用车，除了浑身滴溜光滑的大油罐外，无容身之处。山东青年竟然趴在油罐上随着前行，由于天寒地冻，手脚都冻僵了，使不上力，车一颠簸，就从车顶滚落下来，葬身轮下，酿成惨剧。据说这样的车祸每年都要发生数起。

这次我在虎头住了一宿，睡在一个业余作者冰凉的炕上，虽然寒冷彻骨，这已经是很好的享受了。

我第三次到虎头是陪同黑龙江省文学研究所的一批客人去江边参观。以黄益庸为首的一行五人原是来垦区考察北大荒的“文学现象”的，考察之余，要去看看乌苏里江。在虎林观看江景，非虎头莫属。郑加真就派我陪同前往。

我清晨就去垦区第一招待所引领他们到达汽车站，我手持记者证享受优先购票权，又以团体的名义，不排队登车，安排好各人的座位，客车准时出发。原先日军修建的铁路是从密山一直通往虎头的。1958年复建时，只修至虎林，虎林到虎头的路基尚存，路况较好。两个多小时就到达虎头。先去851农场宣传部了解了农场的文学创作的成果。宣传部佟部长是个上尉转业军官，也是个文化人。他看过我发表的作品，也算是个“熟人”，非常热情地接待了我们，晚上是自由活动，便去江边观景。

从场部出来，拐一个弯便是乌苏里江。我在以往过虎头时，也曾在江边驻足，认识了一个护江的青年人。这次我陪同文学研究所的客人去观看江景，就找到这个青年。

青年非常热情，很快在江边摆上一张小桌，大家围桌而坐。他还泡了糖水（其实是在开水中加了点糖精），炒了葵瓜子（其实多数是瘪籽）招待。大家非常高兴，主要因为能喝着乌苏里江的水，欣赏乌苏里江的美景。

江上风平浪静，在将暗未黑，夕阳西下，月色未明之际，确实有着一种朦胧之美，能引起人们无尽的遐想。再眺望对岸，苏联的那座边境城市似睡还醒，似静还动，也另有一种风情。青年护江员告诉我们，如果不在晚间，我可弄一只小船，泛舟江上，更能一饱眼福。他还挽留大家："明天白天，我陪各位同游江上。"

其实我知道，在乌苏里江上，尤其是在虎头这个敏感口岸，是不能随意放舟的，怕的是有人越过国境线，逃亡苏联。这就是这位青年护江员的职责所在。

乌苏里江风光（虎头）

转业军官修铁路

月亮上来了，江面上变得模糊不清，尽显一种深沉之美。我们就听着江涛，边谈天说地，自然地谈到了这位青年是怎样当上护江员的。这位青年既不是转业官兵，也不是山东支边青年，而是一个从内地“闯关东”来的“盲流”。一个身份不明的盲流怎能担当如此重大的职责呢？其中有着一段故事。

一天傍晚，他收工回宿舍，见江上有人落水，他毫不迟疑地跳入江中，将人救起，又施行人工呼吸，将落水人救活。原来落水人是个偷渡者，原本水性很好，眼看快要越过主航道了，谁知脚抽筋，挣扎几下就坠入江中，幸遇青年盲流将他救起。青年盲流将他救起后只说了一句话：“兄弟，再苦再难，咱们也不能去投靠老毛子啊！”

这一掷地有声的话，很快传遍了全场。领导见他有骨气，又仗义，还会水，能救人，便让他当了护江员。他果然勇于任事，从无事故发生。

第二天清晨，我们便乘车返回虎林，文学研究所的同志结束了垦区考察要返回哈尔滨了。黄益庸将随身携带的刚出版的李劼人所著

《大波》第四卷留给我，以作纪念。

李劼人是我最崇敬的中国作家。他的著作《死水微澜》、《暴风雨前》、《大波》我都视作经典，特别是《大波》，我曾反复阅读，收益颇丰。有一次，我在回家探亲的火车上，遇到了一个四川成都人，两人就交谈起成都的风土人情，什么武侯词、杜甫草堂、少城公园以至麻婆豆腐、宫保鸡丁等等，我都能如数家珍。旅伴以为我是四川人，至少是在成都生活过的人。我告诉他，我是上海人，没有去过四川，我所讲的都是从《大波》一书中看到的，“鹦鹉学舌”而已。他诧异地说：“你对成都的历史和风俗比我这个成都人知道得还多！”我想，这就是文学的力量和作用吧！以后我写的文学作品中，留有不少模仿《大波》的痕迹。

不过当时只看过《大波》的前三卷，李劼人在写《大波》第四卷时去世了。黄益庸给我的正是这本巨著尚未及完成的第四卷，我当然爱不释手。不过我还是在看完后，将书寄还给了黄益庸，“君子不掠人之美”嘛！

列车连结两地情

在垦区的拓荒者，不少人是别妻离子，只身一个来劳动锻炼的，酿就了多少两地相思的苦酒。我当时虽未结婚，但思念父母，思念家人之情也毫无二致。于是就有回家探亲之说，列车就成了连结两地情的媒介。

当时铁路交通远不如现时发达，东北地区因中长铁路基础较好，每小时最快也只能行驶 90 公里，一般速度则在 50 公里左右，加上买票难，车厢挤，误点多，从虎林到上海转车换乘，日夜行走要 5 天左右时间，尽管吃尽辛苦，但探亲者仍乐此不疲。

我在垦区 5 年，共获得 3 次探亲机会。第一次是 1960 年冬天，回上海过春节。先是乘坐垦区自办的从虎林到密山的小火车，车厢类似货车，没有双排座，只是在车里安排了若干长条凳，中间安放一只供取暖的炉子。车速很慢，颠簸很大，但比 10 万转业军官刚来北大荒到密山时要步行分赴各农场方便多了。

密山也是个小站，一般要到牡丹江后才能转乘长途列车。当时牡丹江有个铁路局，属铁路枢纽，火车可四通八达。像我回上海的，就从牡丹江乘至沈阳，再从沈阳到天津，然后沿津浦铁路南下，到达目的地。我第一次探亲时，绕道去北京与王忠瑜会合，游了北京城，拜访了丁聪、符宗涛等人。

在回归上海时，在列车上遇到了垦区话剧团的农中南。农中南是上海话剧院的资深导演和演员，是日寇侵华时就参加抗日演出队的文化人。1957年，被打成“右派”分子，到北大荒劳动改造。与他同在话剧团的还有一个同单位来的姓彭的著名化妆师，也是“右派”分子。不过这个化妆师后来在演出中担任了主角，而农中南始终只做个配角或是跑跑龙套。

农中南告诉我，他是以演曹禺的《雷雨》起家的。《雷雨》中的男角从周萍、鲁大海一直演到周朴园。他在团内属于“硬里子”的角色，即虽不是主要的，但却是不可缺少的。类似他这样的角色还有来自北影的于绍康，此人在话剧《北大荒人》中扮演反面角色，我是见过的。后来在电影《海岛女民兵》中饰演反面角色“刘阿太”负有盛名。至于农中南为何成为“右派”分子，就像我为何成为“中右”分子一样，在当时都属于“禁区”是“敏感话题”，大家都是避而不谈的。

农中南发配北大荒后，妻子仍在上海，所以他有探亲之行。他向我叙述了两地相思之苦，他对我说：“在垦区劳动再艰苦，工作再烦难，也顶不上与家属分居之苦之难。”这是他的肺腑之言。我以后经历妻子分居十年，才真正体会到了农中南话中的意味。后来在探亲时的车上，我还遇到过农中南。有一次在上海金陵东路1号购买赴大连的船票时，农中南竟在我身后排队，也算是有缘。

就在这次探亲的归途中，从密山开往虎林的小火车上，碰到了杨荣秋和董纯两位文友。文友相见，格外亲热，便聚在一起热烈交谈起来。

杨荣秋是853农场宣传干事。为《北大荒文艺》写了若干诗歌和散文，还与林予合作编写带有文学性的农场史《雁窝岛》。他也曾来过编辑室，彼此是熟识的。他这次回四川探亲是乘兴而去败兴而归。

原来，他出自农家，与川妹子的妻子是同村人，青梅竹马，两小无猜。杨荣秋参军后，仍与姑娘鸿雁传书，互通信息。杨荣秋还资助川妹子上学，一直帮她上完音乐学院分配在省歌舞团当独唱演员，两人便水到渠成地结了婚，生活相当美满。

杨荣秋

不料，杨荣秋在“反右”时受到冲击，被下放北大荒劳动，而川妹子此时已成了歌舞团的“台柱子”，无法随夫而来，此类情况也属正常。那时候，都强调“工作为重”和“革命需要”。

然而，不正常的情况发生了。杨荣秋来垦区后频频给妻子写信，告知自己的工作生活情况，而妻子则来信三言两语，而且越来越少，以致再无音信了。杨荣秋对此非常着急，就请假回川探亲。

探亲的情况更出人意料，妻子见了丈夫，完全没有“小别赛新婚”的热情，而是不冷不热地形同路人。杨荣秋从妻子不多的谈吐中得知她已是四川唱民歌的大明星，风头正健，在全国都有了知名度。杨荣秋不免相形见拙。但他想到两人感情基础非同一般,彼此总会有美好的回忆在心间。杨荣秋完全想错了,妻子竟将他一人留在宿舍内,自己则睡到女伴屋中去了。这意味着,他们不再是共枕合被的夫妻了。

原来,妻子已移情别恋,另有了意中人。这当然与杨荣秋下放北大荒劳动有关。既然婚姻已经死亡,杨荣秋当然有文人的尊严和男人的骨气。他对我和董纯说:“这次回家,因时间仓促,来不及离婚,回农场后马上发函去办。”我和董纯出于义愤,说:“强扭的瓜不甜,这样势利的女子,早离早好!”

以后,杨荣秋在垦区的文学创作上颇有建树,也重新组成了新家,反观那位名歌手已红极而衰,不知她回想往事,作何感想!

与杨荣秋回家结束婚姻不同,董纯是到南京结婚的。董纯是河南人,参军后在总后勤部满洲里转运站工作,曾参加“解放军三十年征文”工作。来垦区后分配在856农场劳动,不断有作品问世,是《北大荒文艺》的重点作者,与我和杨荣秋都是熟识的。

五十年代中期,南京军区在南京办了一所师范学校,专事培养军中各速成中学的文化教员,以高中生为限,也招收其他军区的学员。董纯也被选送至该校学习。

董纯精力充沛,学习之余,不是写作,就是参加体育运动,他是学校篮球队的队长。在篮球比赛时,出尽了风头。驻地靠近居民区,董纯的快速奔跑和精准投篮引起了驻足而观的居民的阵阵喝彩。

观众中有一名戴着红领巾的小女孩,对董纯这位解放军叔叔非常崇拜,几乎每场不落地观看董纯的表演。董纯也确实努力,在月夜中还要练习投篮。那个红领巾女孩竟然也常来观看董纯投篮。十岁年龄的差距,阻挡不了他俩的交往。以至后来,女孩总会尾随着董纯亲热地叫着“解放军叔叔”。能文能武的董纯确实也能招来女孩子的喜爱。

董纯在师范学校毕业后，离开南京，他仍与红领巾女孩保持着联系，直至1958年他转业到北大荒后，由少尉军官变成了“农工”，这时红领巾女孩已变成了大姑娘，两人感情继续发展，确立了恋人关系。这次董纯是去南京姑娘家中结婚的。

新婚的董纯充满着甜蜜，使我和杨荣秋都深感羡慕。车到虎林，杨荣秋转车回853农场去了。董纯与我在虎林下车，他领我到邮局的老战友处，借了一辆手推车，帮我把托运的一个箱子从车站运回住处，当夜他就宿在我们那里，找他的河南老乡杨昉编辑讨论新的创作题材。

以后，董纯的妻子万里寻夫来到了856农场，生活了几年时间，因工作难以安排，又不甘于做一辈子农工家属，这才又回归南京，当上了中学的代课教师。当董纯南调时，她已是个有着丰富教学经验的中学高级教师了，最小的子女都已戴着红领巾了。几十年的夫妻两地分居，她又要工作，又要教育孩子，确实不易！

董纯一直在农场边劳动边创作。1963年，垦区有一大批转业军官调往各地新设置的林业经营站工作。这是垦区干部的再一次大规模调动安置。董纯被分至穆棱县的一个公社林业经营站当上了林管员，一直在谋求调往南方工作。

七十年代中期，董纯通过关系调到了安徽省的一个县里，当公社的文化干部。以后又与一个安徽籍的转业干部对调，终于回到了南京，与家人团聚。

我与他先后调回江苏后，曾有多次会面。早在垦区时，因杨昉调省，我便成了他最为相知的文友，他每次来虎林都住在我的宿舍内。有一次正赶上了王震部长由诗人郭小川陪同，召集垦区作者开创作座谈会。董纯也参加了会议。他在安徽工作时到上海出差，就通过虞伯贤将我约至上海，通过上海在安徽插队青年的家长，为我购买当时十分紧缺的照相纸，以供我所在单位办展览会之需。我退休后曾在南京一家编辑部工作过一段时间，与董纯经常会面。我们还相约一起回北大荒“探亲”。

董纯调到南京后先在一所中学教书，因常有文章发表，遂被调至南京政协主办的《爱国者》报社当编辑，报社合并后，又在市政协文史资料处工作，退休后又留用相当长的时间，期间不断有散文新作见诸于《新华日报》和《扬子晚报》上。他还多次担任南京市大型文选的编辑和总纂工作，创作硕果累累。被誉为北大荒作家在南京的代表人物。

最近，我获悉董纯写了一部河南家乡题材的长篇小说，并且正在整理资料，写一部反映垦区生活的长篇作品，他还鼓励我写此类题材的作品。我觉得董纯所言很有道理，当初开发北大荒的转业军官越来越少了，而硕果仅存者能写者更少了。如果我们不写，使命感和责任心又何在呢？所以我不揣浅陋，以古稀之年，写就了这本书稿，以作荒原生活的记忆和留念。

在列车上的三位文友，年龄最大的杨荣秋是到四川结束婚姻的；次长的董纯是去南京结婚的，最小的我，则女朋友都没交上，只是回上海探视了一下父母和兄妹。

到第二年(1961年)冬天，我终于在垦区结交上了一位江阴姑娘，一同回南结婚了。这次结婚可谓是既甜蜜又苦涩，新婚燕尔，当然心里甜滋滋的，但在艰苦的北大荒婚后的生活怎么过，实在感到彷徨。然而，有些人却对去北大荒结婚充满着憧憬。这是怎么回事呢。

我妻子唐琴惠当时在农垦局外贸处财务科当出纳。临回南结婚时，财务科王科长托付她，待我们婚假结束时，将他村上的一个姑娘带到虎林来。王科长夫妻都是苏北人，来垦区时，其妻弟也随同来了。那个姑娘就是妻弟的未婚妻。王科长家无人去接，姑娘家中也无人送，一接一送，花费昂贵，他们都不堪负担，让姑娘单身行走又诸多不便，就把这个任务托付给我们。

过完春节，我们要启程北返了。苏北姑娘由父亲和哥哥送来我上海家中，他俩一看就知是纯朴的农民。一老一壮两个男人，不坐凳子，而是蹲在地上，让他们吃饭也不肯，掏出自带的炒麦粉要了点热水泡食，只有姑娘勉强坐上了桌子。饭后，姑娘的父兄就匆匆走了。姑娘似乎并无别离的痛苦，很快就融入了我的家庭。

我们从上海北行，先是乘船到大连，坐的是三等舱，我们向姑娘讲述北大荒种种艰苦状况。姑娘听了不以为苦，反而说："比我们村子里好多了！"她只关心粮食够不够吃。当听说垦区荒地很多，可以种大豆、玉米、蔬菜。她高兴得笑出了声。

那天风浪很大，船颠簸得厉害，几乎全船旅客都静卧在铺位上，以平息晕船。餐厅里空无一人，大家都不敢吃饭，因为吃下去的都要吐出来，更加难受。同船的有大连足球队从南方比赛回来，如此体格强健的小伙子也拒不进食。可这位苏北姑娘虽然头晕得厉害，但还是饭量不减，不仅把船上分配给我们三人的食物统统吃光，晚上还要加食上海亲戚送给我们的饼干、面包、糖果等食物，可见她真的是饿怕了。

这一次旅程竟走了六天五夜，直搞得我们疲劳不堪，回到虎林，人就像瘫了一样。反观那位苏北姑娘因一路上吃食得到保证，而显得精神饱满，脸色红润，很像一个待婚的新娘子模样。王科长一家人见了都非常高兴。

事隔三月，妻子接到退职通知，返江阴老家落户。我送她乘火车到密山，在车上遇到了那位苏北姑娘。此时她已结了婚，在铁路沿线

作者 1963 年从垦区回江阴探亲时与妻儿合影

开垦了一些荒地。她手持长锹，去进行田间管理。我问他近况如何，她还是那句话："比我们村子里好多了！"当她得知我妻子返回南方时，流露出依依不舍之情，竟然流下了眼泪。我们忙问："怎么了？"她哭着说："我也想家呀！不知道爸爸妈妈，哥哥嫂嫂会不会还在挨饿？"

半年以后的 1963 年 4 月，由于两局合并，我已迁至佳木斯市，稍作安顿后，便进行了第三次探亲。去看望我新婚一年的妻子和刚出生的儿子。从此年复一年地乘着列车南来北往。我常想起农中南当初所说的夫妻两地分居之苦，现在有了切身的感受。在那痛苦的岁月里，是列车连结了两地情。

两局合并前后事

《北大荒文艺》大致上可分三个时期，自 1958 年创刊至 1960 年 7 月停刊为第一期，停刊后出版《在南泥湾的道路上》等三本文学性农场史，半数人员调省文联当专业作家为第二期，再到 1963 年 4 月，两局合并后，人员全部调动，为第三期。我是三个时期都经历过的一个人。

在《北大荒文艺》停刊后，人员已有松动迹象。开始是有进有出，如聂绀弩、丁聪被召回北京，丁继松和肖英俊的相继调入，后来则只出不进。这是在林予、杨昉、符宗涛、林青、王观泉、肖英俊、朱彩滨、罗炽晶、王其力等人调走后的情况，留下的人则情况不同，有的是不愿去省；有的是无处可去；还有一个原因就是《北大荒文艺》还想伺机复刊。其间曾有两次经历：一次是在 1962 年下半年，我们国家经济形势开始好转，《北大荒文艺》即将复刊。为此，我受命安排办公室和调剂桌凳等事宜；再一次是两局合并前夕，拟将牡丹江农垦局的《北大荒文艺》与合江农垦局的《北大仓文艺》合并复刊。但两次复刊都胎死腹中。原编辑室的人员已无留下的必要，领导松口，只要找到合适单位，准予放行。

所谓“合适单位”当然是文化单位，如出版社、报社等处。但我们这些人都有历史包袱，头上戴着“紧箍咒”的，有些单位一直处于虽想要又不敢要的矛盾之中。早在编写852农场史《在南泥湾的道路上》时，黑龙江文艺出版社编辑组长缪天民曾与我们谈及调动之事，但一直无下文。及至8511农场宣传干事，上尉转业军官肖沉调出版社接替了缪天民工作后，再来调动我们时，我们都已分配了工作，为时已晚。

1962年秋天，《哈尔滨晚报》副刊记者刘春来垦区采访，由我从虎林到迎春854农场再到南横林子852农场全程陪同。相处了半个月时间，彼此非常熟悉，可以实话实说。他明确告诉我，他此番来垦区，名为采访，实为《晚报》物色人选。但了解到我们的情况后，觉得人才虽可用，但“德”都不行，因为他临行时，领导关照：凡有“政历问题”和在“反右”中受批判的，不予引进。最后他只考虑了《农垦报》编科技版的女编辑程仁韶，觉得她还算符合调入的标准。然而程仁韶的爱人萍青也是《农垦报》的编辑，还是个有专著出版的作家。两人原是一同来垦区的，让他们分居两地也很不合适，所以刘春此行，可谓是一无所获。

随着时间推移，我们这些人的处境每况愈下，先是收发室接到总务科的通知，停止了我们的报刊。接着我们的信稿也不予接受了。再接着，断绝了我们的经济供应，从编制上已经撤消了《北大荒文艺》这个单位。幸亏宣传部领导郑亢行仍苦苦支撑，让我们以“创作组”的名义继续存在，并由部辖的文化摄影部（一个赢利的单位）继续支付我们的月工资。其他单位的文化工作者境况也不妙，有的转行去了新成立的东方红林业局，有的则下放劳动，但他们仍要常回虎林，谋求调动的机会，像朱彩滨就是一例。而董纯则想调来编辑室专事创作。那时编辑室已名存实亡，怎么可能进入呢？于是，我们办公室（兼宿舍）的三间屋子，成了临时招待所。我妻子南返后，留下被褥较多，可供使用。“招待所”也成了文化工作者约会谈恋爱的场所。像宣传部的樊天希和文工团的蒋自重，还有吴守业、小戴就是常客，我都热情接待。

就在这艰难的日子里，传来了两局合并的消息。即牡丹江农垦局合并于佳木斯的合江农垦局，成立东北农垦总局。由农垦部副部长张林池担任局长，牡丹江农垦局王景坤局长任副局长。在虎林地区新建完达山林业局，由刘副局长任局长。我们宣传口的人员悉数调往佳木斯总局。

一次，农垦局任秘书长召集我们赴佳人员开会。我见到与会的近百人中，基本都是宣传口的人员，其他人员廖廖无几。宣传部领导认为这些人都是有用之材，既然垦区不用了，到了佳木斯，比在虎林，寻找出路要方便多了，可见领导的用心良苦。

于是，我们就忙碌起来。由郑加真统一筹划，大家分工实施。先是处理积存的《北大荒文艺》，装订了二十套精装本合集和若干平装本合集，再印了几百本印有《北大荒文艺》字样的稿笺纸，分发给大家留作纪念。可惜我那套精装本合集在“文革”抄家时被抄走了。原是报社当权者想从中深挖我写的“毒草”，结果毒草没找到，书却不见了。

把剩余的杂志分两次由我去卖给了废品收购站，还有公家的一橱书籍，由调任东方红林业局工会工作的原66军摄影师吴守业统统买进了他们这个新单位。然后打箱子装书稿，同时各自打捆行李，整装待发。

启程在即，更是忙碌。各文化单位通力协作，搬运的搬运，装车的装车。我被分配到了一个特殊任务，为大家办理户口迁移手续。办户口和转档案一样，都是十分重要的事项，而且又是非常细致的工作，如果办不好户口，就比丢失档案还严重，会变成“黑人”。我深感自己责任重大，不敢有丝毫的马虎。那时趁两局合并之机，还有些转业军官调出垦区，如调到公安部所属的各地劳改农场，所以在公安局前排了很长的队伍。我总算不负重托，办好众人的户口转移手续，这时大家也装车完毕，就登上列车前往佳木斯了。

在车站送行的人很多，其中有宣传部副部长郑亢行。我们都以为他是要带领我们一起去总局的，这时才知道，他的愿望是把一批文化人送去城市，以便找到好的归宿，而自己仍留在虎林地区，到裴德的八一农垦大学任教务长。一些文工团的女同志还喊着："郑部长，你要多保重，我们会来看望你的！"

我们到达佳木斯总局后，安排在影剧院原来作为化妆间和更衣室的耳房内。对侧的两间耳房，一间由宣传处、文艺、画报、摄制组、摄影部的单身汉居住，一间专门留给文工团。

那时，文工团的人员也已纷纷调离，最早调走的是男舞蹈演员，他们是各地歌舞团最紧缺的人才，后来又陆续调走了说山东快书和快板书等的曲艺演员，因为他们是高元钧等名家的徒弟们，也颇受青睐。后来歌舞团整体调到哈尔滨，成立黑龙江省歌舞团。垦区只保留一个话剧团，到佳后的首演剧目就是《自有后来人》(《红灯记》的前身)。到佳不久，京剧团也整体调至河西走廊的敦煌，为活跃西部地区的文化生活再立新功。

我们原《北大荒文艺》的编辑人员也不甘落后。到总局稍作安顿，就举办了一次"创作展览会"，竭尽全力收集北大荒作者所出版的书籍和刊登作品的期刊、报章、图片，分类布置，把徐先国的诗歌《永不放下枪》，放在最前列、最显著的位置上。这首诗表达了10万官兵开发边疆的豪情壮志。缘由是这样的，郭沫若为了给转战北大荒的官兵壮行，在《人民日报》发表了一首诗歌：

卓越的人民解放军的将士们、英雄们！

你们是六亿人民中的精华！

你们在党的领导下，在毛主席的教导下，把帝国主义、封建主义、官僚资本主义的联军打成个流水落花。

你们把中国的天下

变成六亿人民的天下……

现在你们有不少同志解甲归田

不，你们是转换阵地，向地球开展……

郭老的这首诗，非诗非散文，正像他曾自嘲的“郭老不算老，诗多好的少”的那种。但表明了他拥护党中央决定的姿态，给我们这些整装待发转移战场的垦荒战士以满腔热情的鼓励。而广大的转业官兵，也认为这是党中央的声音，从而激起满怀的热情。尽管像我这样的人，刚刚接受完铺天盖地的批判，头脑还没清醒，就要去苦寒边疆，备受肉体上的“批判”了，但仍“打肿脸充胖子”，看到了这首诗，仍有一种“我不入地狱，谁入地狱”的使命感。

有一个河南信阳的步兵学校的少尉助理员徐先国，就是怀着这种“光荣感”，写了一首《永不放下枪》的诗来回答郭沫若的鼓励，这首诗刊登在墙报上，后来广为流传，以致登载于《人民日报》。诗是这样的：

感谢郭老称赞

我们去向地球开战

举起科学大旗

冲过艰难战胜自然

一颗红心交给党

英雄解甲重上战场

不是当年整装上舰艇

《永不放下枪》的作者徐先国

不是当年横戈渡长江

儿女离队要北上

响应号令远征北大荒……

王震部长看了这首诗作，在《人民日报》上给发表了，再写给徐先国一封充满关怀和鼓励的信，信的标题是《千万人的心声》。并提出了修改意见，建议诗中原有的四句：

让血迹浸染的军装

受到机油和泥土的奖赏

让子弹穿透的疤伤

在黑土地上泛红发光

改成下列四句：

让胜利光荣的军装

受到机油和泥土的奖赏

让坚强有力的臂膀

在黑土地上焕发红光

这一改动，降低了原诗的高亢格调。因为王震部长是清楚这次军队干部下放缘由的，不宜过高评价。徐先国就是一个在"反右"中受过冲击的军官，尽管他因发表《永不放下枪》的诗作后，名声大噪，尽管他在北大荒积极劳动，认真改造思想，仍不能卸下身负的"十字架"。在生产队常被领导批判为"爱出风头""不遵守纪律"，连想当个拖拉机手的愿望也不能实现。倒是因为他写了这首脍炙人口的诗，而被"扎根"在了北大荒。心灰意冷之余，当然也不再写什么文艺作品了。

这次展览虽是《北大荒文艺》编辑室的"强弩之末"，但还是办得很成功的。展览会结束后，我就回家探亲了。

及至我四月中旬回归总局，人员已有了大规模的变动。郑加真留在总局宣传部当文化助理员，吕向全在宣传部当摄影师，虞伯贤、丁继松、张家善（画报社的画家）调《合江日报》社，郝伯义调《农垦报》社，董云波调《鹤岗日报》当摄影记者。贺全安（画报社的）和我，还有文工团的小孟调到总局子弟学校分别当了美术和语文、音乐教师。我原是安徽军区干部子弟学校的教员，贺全安是建国初期的中央工艺美术学院的毕业生，小孟是资深的歌唱演员，这种安排应该是恰当的。但我在垦区与文字工作结下了不解之缘。几个月后，还是去了《合江日报》社。李校长不肯放我，但拗不过宣传部郑加真、魏喜生等老同志力挺我。在他们看来，我去报社比在学校更能发挥长处。

在总局子弟校任教期间，六年级任班主任的女教师因生育，就由我接任。我送走了毕业班，送考中学。工作告一段落，便去报社报到了。一直工作了 9 年，从这一时刻起，我虽然还在合江地区工作，但已是告别垦区了。

还需要提及的是在影剧院耳房生活的一段时间里，原来各个不同单位的人员同住一处，因“同是天涯沦落人，相逢何必曾相识”。相处很是融洽。尤其是晚上睡觉时，床挨着床，更是无话不谈。共同的话题则是到北大荒来，既感委屈，又觉值得。在荒原，人人都吃了不少苦，但也很有收获，是旧生活的总结，也是新生活的开始。人要经过磨难，才会成长。对此，我深有感受。要不是到荒原，我不会走上专业文化工作者之路；要不是到荒原，我不会从一个稚嫩的青年，变成个“老练”的文化工作者；要不是到荒原，我不知向什么方向发展？

文工团员小孟有时也在课余时间来到我们的耳房。她是孟子的直系亲属。有一本孟氏家谱，为了告别旧生活，她竟然用刊登家族世系的宣纸，练习毛笔大字。当时，大家都很钦佩她的勇气。当然用现在的眼光来看，她的做法可能是受了“极左”思潮的影响，这样的家谱将是如何的珍贵。可在当时，我们这些人既是“极左”思潮的受害者，也是“极左”思潮的奉行者，夫妻离异，父子断绝尚且平常事，销毁一些“宣纸”，又算得了什么！

人是离开垦区，但心仍系荒原。当初在荒原上共同战斗过的人们，在耳房一起生活过的人们，现在天各一方，我要大声喊问一声：“荒友们，你们还好吗？”

仍在荒原上

1963 年，两局合并不久，我调离垦区，到合江地委机关报《合江日报》当记者。关系虽已转到地方，但仍在荒原工作。合江地区有 3 万多平方公里，相当于台湾省的面积。当时管辖三市十四县。其中有六个边境县，正是当初转业官兵进驻的主要地区。像我们铁道兵农垦局（后称牡丹江农垦局）所在的“密（山）虎（林）宝（清）饶（河）”四县，除密山归牡丹江地区管辖外，其他三县都是在合江地区境内。而且《合江日报》兼管垦区的报道，所以我这名记者，仍要在北大荒奔波，到过我在垦区时所没到过的许多地方，包括最边远的抚远、同江、绥滨、萝北等地，当然虎林和饶河我也常去的。对于垦区的变化也是有所了解的。

垦区变化最大的当数 1969 年后，大批知识青年的进入。他们来自上海、北京、浙江等地，人数超过我们 1958 年的 10 万转业军官之数，也比 1959 年山东支边青年多得多，其中也有我三妹周丽英。

丽英小名毛毛，是我在参军后出生的，比我小了 16 岁。她自幼聪敏好学，小学毕业后考上了上海中学，能“小升初”考上这所名牌中学的，在南市区只有几个人，整个学校就她一个人。因年幼过不惯寄宿生活，想家，就转学至附近的一所普通中学就读。“文革”开始，她

城市下乡知青开赴北大荒前在天安门前宣誓

知青坐马爬犁进入荒原

成了最早的红卫兵，也是“破四旧”“抄家”的积极分子。据她告诉我，当年经她手的金器、玉器、字画、古董价值可达百万。接着她又参加大串联、跑遍了全国各地。实施军管时，红卫兵的地位下降了，她成了“逍遥派”，在家帮母亲带领我的小儿子（因我妻子有病，次子周鱼1966年出生后就一直寄养在上海家中）。到“工人阶级领导一切”时，毛主席号召知识青年上山下乡，苦难降临到当初“文革”运动的先锋红卫兵身上。毛毛经历了整人到被整的全过程。此时她明白了“文革”原来是“群众斗群众”的事实真相，她坚决不报名下乡。

学校工宣队反复到我家来动员。毛毛毫不客气地说：“有事到学校找我去谈，爸妈年纪大了，不要打扰他们！”

母亲却说：“我家几个大的儿女，都响应号召在外地工作，尤其是毛毛她小哥（指我）早已上山下乡了。这次上山下乡，毛毛能不去吗？”

工宣队长说：“老太太你搞错了，按政策规定，家中只能留一个子女，其他人都要下乡的（其实，许多人家连一个子女都不留，每次所谓的运动都是搞过头的）。

母亲说：“那么能把我家大的子女调回一个到上海来工作吗？”

工宣队长说：“老太太你更搞错了，城市工作那么难安排，只有出没有进的。”

母亲非常伤心，在建国初期的五十年代，几个大的子女或是参军，或是上学，都离开了身边，从此咫尺天涯，十分思念，想不到如今连最心疼的小女儿也要远离父母了。

然而，胳膊是拧不过大腿的，毛毛最终还是被动员下乡了。她选定的下乡地点是黑龙江建设兵团。其中重要的因素是我在那里工作，可以互相照应，父母也比较放心。

1969年夏秋之交，毛毛与许多同学登上了北行的列车。这些情况我当时并不知情，那时我正作为"漏网右派"被关押在"牛棚"里，和家中不通音信。家中当然也不知我的具体情形。

同样不知情的是毛毛。黑龙江建设兵团是个大范围、大概念，具体到什么地方、什么农场是秘而不宣的。到了车上，他们才被通知到黑龙江省三师十八团（即友谊农场），就在佳木斯附近。可这时列车已经开动了，她来不及告知家人。毛毛颇有心计，她在途中写了一个字条，包了一元钱，交给途经站台上的一名旅客，请她给《合江日报》社发一封电报，转告我她的行程。

那时，我正好在"牛棚"解放出来，整装待发参加地区"斗批改"宣传队进驻绥滨县之际。接到电报，我立即赶往佳木斯火车站。在问讯处一查询，果然有一趟"军列"从上海开来，将在佳木斯站停靠10分钟，我对照电报上所标明的列车编号，正是知识青年去福利屯（友谊农场附近的车站）的列车。我就凭记者证，说是要采访上山下乡的知青，进得站内。

因不是正常的班车，站台上只有我孤零零的一个人。不一会，见一辆军列冒着浓烟，驶进站内。毛毛先看到了我，列车尚未停稳，她就迫不及待地跳下车来与我相会。脱口而出的第一句话就是："小哥，你怎么不和家里写信，大家都想你呢？"

对此我一言难尽。只是说："怎么你也来了北大荒呢，我接到电报还以为是二妹丽珍呢。"

"当然是我啦，二姐她是上海师大67届毕业生，正在等待分配工作。"

因停车时间短促，我给了她20元钱和一些粮票，以备农场不时之需，她给了我从家中带来的两包糖果，以慰我对家中的思念，就匆匆告别了。毛毛继承了健康高大的父亲和聪敏的母亲两人优良的遗传基因，又是生长在解放后较好的生活环境，因为幼小，没受过历次政治运动的冲击，因而比较纯洁富有朝气，对任何事情都似乎无所畏惧。但我想到，北大荒的严峻生活对她来说，将是充满坎坷和荆棘。我望着她高挑、秀丽的身影，心中充满了惆怅，我在她身后大声喊道："毛毛，小哥会来看你的。"

后来，我曾两次去三师十八团三十七连探望毛毛。第一次是我在绥滨县参加"斗批改"宣传队期间，因"文革"之故，我已三年没回南探亲了。队领导批准我春节回家探亲，来回总共才 20 天，我却要到江阴探望生病的妻子和幼小的长子，又要去上海看望父母和寄养在上海的次子。时间十分紧迫，一眨眼就到期了。临北归时，家中给我和毛毛准备了许多吃食。毛毛同学们的家中也纷纷带来许多物品，叫我如何带得动，最后大家压缩了又压缩，还是装满两只大旅行袋，一路上转车，上车、下车，我就像一只重负的骆驼，行动蹒跚，尽管这样我还是尽量给大家多带一些物品。这些物品代表着家长们对远方子女的关切之情。人同此心，心同此理。我个人多一点辛苦，可对支边青年多一些安慰。

为了分发这些物品，我来到毛毛的连队里。正遇上兵团战士由连长、指导员带领外出拉练了，接待我的是副连长和副指导员。因为我具有家长和记者的双重身份，他们比较重视，详细介绍了知青的劳动和生活状况。

连干部就是当年的转业官兵。不过友谊农场原属合江农垦局，多数是在朝鲜停战后由农建师、预备师原建制转业垦区的，不像我们牡丹江农垦局是各军种、各兵种下放来的。彼此经历各有不同，但在荒原的状况基本上是一样的。至于他们介绍的知青劳动、生活情况，与我在荒原上所经历的大同小异。似乎几年过去了，垦区面貌并没有多大变化，我们那时经历了大跃进及接踵而至的三年困难时期，他们则又经历了多年的"文革"浩劫，说明了搞政治运动，是改变不了穷困落后面貌的。

早年由苏联援建的友谊农场机械化作业场景

不一会，兵团战士拉练回来了，他们匆匆回宿舍洗脸洗手，保持着城市人的卫生习惯，见到我就像见了亲人一样，纷纷叙说拉练的情况。原来，兵团为了屯戍卫边，时刻需要提高警惕保持高昂的士气，除了繁重的劳动外，还需进行一定的军事训练，如夜间时而能发现绿色的信号弹，疑似有特务活动，于是战士们分班到树林、土丘去搜索，据说这信号弹是自己人发放的，当然一无所获，却可锻炼战士们意志和提高战斗力。全连战士拉练也是为了这种需要。拉练需要负重，但不是枪械和背包，而是每人要到总场去背几十斤粮食带回连队，训练和运输兼而有之。途中还要随着连长口令，忽而隐蔽，忽而匍匐，忽而卧倒，一直处于战斗状态。毛毛有个女同学汪蕾对我说："小哥，我最喜欢听到'卧倒'的号令，这样就可以躺在地上休息一会，真是太幸福了！"把卧在冰天雪地上视为最幸福的时刻就像我在生产队把病卧在床作为最美好的时光一样，在艰苦的荒原上，"幸福"和"美好"是不像常人所理解那样的。

当毛毛将我领到其他班去代为家长们向大家问候后，这才有机会与她单独对话。她说："小哥，我身体蛮好，你放心好了。只不过我比起那帮女同学，干活多一些，累一些罢了。"原来，在女同学中，毛毛比较强健高大，遇到重活、难活，大家都会齐声喊道："毛毛！毛毛！"我则告诉毛毛如何防冻，如何避免大烟泡的侵袭，如何小心过沼泽地等等。我们坐在一根倒树上说着话，同学们好久没见到我俩，居然纷纷来寻找我们了。

我告别连队，有十多个同学依依不舍地将我一直送到团部，他们再步行回连，我则登上客车，赶赴绥滨的宣传队去了。

1972年，我已接到调令，在回江阴的前夕，又去了三十七连，想对毛毛做些交待和安排。就是这次，我带她去了五营的一个连队里拜访了《北大荒文艺》编辑室的文友杨昉；在那里度过了一天愉快的时间，毛毛为我能调回南方而感到高兴。我也盼望她能有朝一日回到故乡。那时候知青南回，几乎无可能，但还是有两个狭小的途径，一是病退，二是被保送成工农兵大学生，为此，我又领他去找在十八团当通讯干事的一个战友，他原是1958年来场的转业军官，本不相识，因为工作关系，才结识的。因他爱人是三师医院的主治医师，如果毛毛一旦生病，可以得到照顾，而且如果要办病退的话，有熟人在医院也较容易开出证明。

我先后去毛毛连里两次，她也曾到佳木斯找过我多次，印象最深是在1970年的冬天，我当时已从宣传队回归报社当理论组的编辑。那时也处于中俄关系最紧张阶段。"珍宝岛事件"发生不久，中央发布了"林副主席第一号命令"，战争一触即发。各单位都紧锣密鼓作着战事准备，像我们报社不仅在山区建立了撤离点，还在院内挖了地下防空洞，家眷孩子都疏散到内地去投亲靠友，而且每个在职人员都编了上线下线的联络方法和信号。还广为推广某农村（地名忘了）的一种抗敌方法，即在屋内、门前设立许多“暗机关”，以对抗来犯的敌人。其实，我也曾到那个村子采访过，所谓的“抗敌机关”，犹如孩童的游戏玩具。因为当时中央计划，一旦战争爆发，我军将退出东北，留在东北的干部、群众就在敌后开展游击战争，就像抗日战争时在敌后开展地道战、地雷战那样，以这些机关武器来杀伤敌人。不过这些武器还不如地雷那么有威力，也不如从地道内射击敌人有效，只是在屋内按放些大石头和木棍、竹箭之类最原始的武器，组成所谓的“机关”来杀伤来犯的敌人。毛毛就是在这种情势下来找我的。

我是亲历过“珍宝岛事件”报道的，对战争爆发，将信将疑。所以我对毛毛说，不要害怕，现在的形势实际上是外紧内松，紧张的也是我们这里一小方边疆地区，大部分地区仍忙于“将文化大革命进行到底”！你们是部队编制，你只要随连队行动就可以了。实在连队散落了，你可来找我，我们再去找在大连气象台工作的你大姐，这是一条可以撤退至上海的线路。我想单位编制了“联络图”，我们家人间也有必要编制相应的“联络图”。

事实证明，战争并没有爆发。单位疏散至内地的家属孩子逐渐回来了。临近春节，又照例进行一年一度的探亲之行。这一次毛毛是与我同时回南探亲的。她还带来十几个一起返沪的同学，每个人都带了许多东西，无非是东北盛产的葵瓜子、大豆、豆油、白糖等。他们把行李扔在我宿舍里，我则带他们去报社食堂吃饭。我用上次探亲时带回仅存的香肠和卷面，煮了一大锅汤面，还用粮票向食堂买了一脸盆馒头犒劳他们。他们吃饱喝足后就去车站登车南归了。毛毛和一个最要好的同学，却在报社逗留了一夜，承蒙报社同事老乡林柯、陈廉夫妇（他俩是北京大学新闻系毕业生）杀鸡款待。为什么要多留一天呢？因为我《北大荒文艺》编辑室的同事王水心身患鼻咽癌已去上海治疗，他妻子小熊要带着子女前往上海照料。我们已约定在次日同行的。清晨六点，小熊所在的合江林业局汽车队的大客车已抵达报社门口，我们就一齐赶往车站，途经哈尔滨时，文友王观泉和鲁秀珍（《北方文学》编辑）夫妇出于对王水心的关怀赶来慰问小熊，他们的女儿与毛毛年龄相近，彼此交谈得非常热络。第二年我就调回江阴了。

后来，毛毛在连里，当了炊事员，因为挑水和面，要把一个个大笼屉的窝窝头搬上搬下，不是瘦小的女同志能干得了的。因表现积极，后又被抽调至营部中学当教员，以初中一年级的学历，居然教高中一年级的语文。不久，团部扩大了通讯报道组。通讯员武要徒步采访，文要能写文章，毛毛遂被选中到团部政治处工作，却落下了一身伤病。那年她回沪探亲时带着我寄养在上海的次子到江阴来看望我们，只见她面容憔悴，头发枯黄，一副病态，她告诉我有严重的痛经病，肝功能指标也大量超标，曾几次昏倒，要求病退。像她这样有病的下乡青年，在垦区不计其数，她能办成病退吗？

1977年，三十七连指导员周宝华被选送至上海同济大学上学。他原是毛毛的同学，都是学校的学生干部，彼此相约去同一地点务农。这时，他俩已确定了恋爱关系。团部为照顾他们，在推选周宝华当工农兵大学生的同时，也给毛毛办了病退手续。我老战友的妻子，在三师医院工作的王医师，也开出了疾病证明书。两人总算于1977年先后回到了上海，比下乡知青大返城早了好几年。

病退的毛毛和大返城的青年一样，都安排在街道工厂工作。那个把卧倒在冰天雪地中当作"幸福"的汪蕾，却没能享受到工作的幸福。她在荒原患上严重的心脏病，返城后，已病入膏肓。因她是毛毛的同学，又是我家的街坊邻居，她的死讯我们是最早知道的。

不幸也同样降临到毛毛身上。她丈夫周宝华，因在生产队带头劳动，积劳成疾，从同济大学毕业后，走上了领导岗位，却突然摔倒在办公室里，因脑溢血猝然身亡。毛毛自此独身带着幼小的女儿，从街道工厂的工人做起，一直做到了上市公司的财务。

大批知青到达垦区，对开发北大荒有着深远的意义，他们的经历也是十分艰难和曲折的，有的在森林大火时被烧死，有的在冰天雪地里冻死，还有些女青年遭到凌辱。他们为垦区建设作出的贡献也是巨大的，是应该大书特书，但我那时已调离垦区，没能亲历亲见亲闻，就记述我妹妹周丽英和她三十七连的战友们的一些生活片断来充实我这本小册子。应该不算是题外之话吧。

漫漫甄别路

1959年中央决定，给部分“右派”分子摘除帽子。在军内则更进一步，给军内的“中右”分子或有“右派”言论存档的，给予销毁检查材料。此举在垦区引起强烈反响，因为1958年下放垦区的10万转业军官中这种人是很多的。这种做法无疑解除了这些人的政治压力。

具体做法是各军区、各大单位派员来垦区，分赴各农场甚至深入基层，与当事人直接见面，传达部队的决定，当场当面销毁档案中的相关材料。但事实上直接见面的并不多，而是来人与农场组织部门联系，作了处理，当事人并不知情。这就像10万转业军官刚来垦区不久，各军区都派团来慰问，要求是到生产队，而实际往往只到总场一级，召集场部及附近的转业军官开一次会就算完事。因为他们生活优裕，是过不惯垦区的艰苦生活的。当时安徽军区干部部也派来一名大尉军官，他只是向总场了解了一些情况就回去交差了。我们生产队的转业军官都来自安徽，听得这个消息，已经是激动不已，感恩不尽了。这次销毁材料，这位大尉军官又来了。而且还与一些当事人直接见面，可惜不仅没到我们生产队来，而且把我的问题遗忘了，也没在总场调出我的档案，销毁我的检查材料，以致留下严重的后患。

我风闻此事，甚感忿忿不平。想当初，我被逼问的所谓同情“右派”分子的观点有20多条。其中有储安平的“党天下”、葛佩琦的“杀共产党人”等罪状，简直是骇人听闻，以致成为整个军区大院声讨的重点。来垦区后，这些罪状白纸黑字留在档案内，不啻是个“定时炸弹”，随时都会爆炸。现在却错过了清除这枚定时炸弹的机会，岂不遗恨终身？同时我又深感惶惶不安，是不是我的问题有别于他人，而有意不给处理的。

但这个疑虑很快就消除了。我们畜牧分场9队，是安徽军区管辖的第六步兵预备学校转业军官的下放点。他们多是学校的教员，基本都在“文革”中受过冲击。所以那位奉命而来的大尉军官是直接与他们见了面的，而且当面销毁了他们档案中的材料。其中有一位教员叫李辉，与我曾在分场文艺宣传队共过事，他见了我就谈起此事。说那位大尉军官分别找他们十几个人谈话，传达了军区的决定，当面从档案中抽出他们在“反右”时的检查材料，烧掉了。据那位大尉军官说，凡属这种情况，都给予同样处理。

有一个教员看到当年自己被逼所写的检查材料，感慨万分，他对大尉军官说：“我早就盼到这一天了！”他指着检查材料，上面有钢笔书写的正文外，旁边还注着淡淡的铅笔字，“这是假的，这是假的。”看来这个人颇有心计，其实多数人当时所写的检查材料，哪个不是在那些“运动健将”的“因势利导”之下，“弄虚作假”的呢！可是，李辉虽然销毁了材料，处境也很不好。他是广东人，那里的生活环境与北国荒原真是天壤地别，为了表达改造的决心，劳动十分卖力，加上三年困难时期，吃不饱，得了严重的肝病。在一次回家探亲的途中，突发肝昏迷，昏倒在沈阳车站上，经医院抢救才捡回一条命，但已成了一个废人。不得已，他妻子从南方到垦区来照料他。他当时还很羡慕我，说：“能调到县城，生活就方便多了。”

见到别人的检查材料都处理了，而自己的检查材料仍保留在档案内。对此，我一直耿耿于怀。调到《北大荒文艺》编辑室后，1962年我们搬迁到新大楼。同住大楼的有一个甄别组，具体负责人是一位姓周的大尉转业军官，彼此比较熟悉。我就向他征询我在“反右”中的甄别问题。

周大尉也知道销毁检查材料之事。他还进一步告诉我一些“内幕消息”。原来中央军委考虑到军中的“中右”分子，多数是经过战火考验的，而且许多人在部队立过功受过奖的，应该对这些人宽容些。况且这些材料中多有不实之处，销毁这些材料，可以让这批转业军官放下包袱，轻装上阵。这是军队母亲关爱犯了“错误”的子女的温暖，可惜这个温暖，未能落到我的身上。

周大尉告诉我，他们的甄别组主要是处理1959年“反右倾”时遗留下来的问题，并附带甄别一些人员的历史问题，1957年“反右”时的材料问题，已经全面清理过了，不在他们的工作范围之内。他还说：“像你这样该清理而没清理的，属于个别现象。原因嘛，可能是你不在军直队的下放点，不是这类问题集中的地方，所以给遗漏了。”

事已如此，我只得默默承受，继续夹着尾巴做人。但这对我的发展确实有严重的影响，成了一些文化单位想要又不敢要的主要原因。后来，《合江日报》派文教部主任安鸿勋来查阅档案，局宣传部的同志是了解我“中右”问题的，为了能使我顺利调动，他们故作轻松地，事先就将我档案放在桌上，安鸿勋同志只是翻了翻，没有详细阅读我的未经销毁的检查材料，就通过了审查。否则，他如果看到材料中例举的那么多重大的罪状，报社是否接纳我，那就很难说了。

及至“文革”开始，报社的一些人开始以为这是又一次的“反右”运动。言语之中不免把矛头对准了我。为了自保，我率先造反。那时我正当盛年，精力旺，劲头足，披荆斩棘，所向无敌。夺了报社的权，当了造反派的头头。黑龙江省各地成立了革委会后，造反派失势了，连全国著名的哈军工造反团也在所难免。我们的造反派也宣布解散。

对立面为了清算我造反的“罪行”，便把我在“反右”中的材料抖了出来，把我同情“右派”分子的观点一条条公布于众。顿时群情激愤，认定我是十恶不赦的“漏网右派”，这就是当初没有销毁检查材料所造成的恶果。

戴高帽、挂牌、游街，不一而足，关押批判、侮辱谩骂尽兴所至。不间断的审问，写不完的检查，干不完的劳动。每天早上都要向毛主席请罪，每晚写思想汇报，日复一日，一年后，随着省革委会主任潘复生倒台，运动转向了。所谓“清理阶级队伍”的“成果”被否定了。我也获得“解放”，由关进“牛棚”的对象，参加了“斗批改宣传队”去绥滨县当“动力”了；接着又当了宣传队秘书，荣获“五好队员”的称号。宣传队结束，仍回报社当了记者。

“文革”中的问题“一风吹”了，但“反右”中的问题依然存在。我趁机向报社领导提出，要去合肥了解一下该清理而没清理的材料问题。获得批准，我就于 1971 年春到达安徽省军区，住在军区招待所里。

我先找到我“反右”时被软禁时同住一室的原干部部秘书章汉毅，此时他已任干部处副处长了。他非常客气地说，不要老提什么“批判”的字眼，对你来说，对大家来说，那都是一种学习。话虽客气，却把问题推给了军区保卫处。

我又去找那个到垦区来处理材料问题的原干部部大尉军官，此时他已当了秘书处长了。对我也很客气，说：“别人怎么处理，你也应怎么处理，你没有得到处理，可能是疏忽所致。”丝毫没提到这个“疏忽”正是他造成的。更没涉及当初这些材料正是他这个“反右”大组长逼迫下写出来的。

我再去找保卫处童副处长。因为不相熟，连办公室都没让进，而是简单地站在走廊里“长话短说”。他说：“也没什么，你档案中的检查材料，按规定是应该销毁了的，唯一保存的是团员的处分决定。那是直工科负责的，你应该去找他们。”总之都是“热情接待，冷淡处理”。把我当作皮球一样踢来踢去。我知道时过境迁，多耍嘴皮子也无益，就不当“皮球”了。

抽空去了原单位军区干部子弟学校。学校此时彻底地方化了，已改名“合肥市十八中学”。除个别老同志外，多数已外调了。他们知我旧地重游，纷纷来看望我。向我诉说当初为了揭发我的“右派”问题，他们也挨了整，整的是“温情主义”、“包庇重点对象”、“与坏人同流合污”等等。原学校教务主任胡静，一个早年毕业于河南大学的老领导还说：“你这样瘦弱，怎么去了北大荒呢？其实听说当时已经安排了你的工作，是合肥市教育工会秘书。”

我说：“我不知道这种情况，去北大荒锻炼一下，也很不错。只是妻子在江阴，两地分居，困难重重，正在谋求调回江阴。”

我是带着“沉重”的档案，以照顾病妻的原因，于1972年调回江阴的，分配在县文化馆工作。1978年从报上得悉，中央对1957年的“反右派”问题实施“改正”。我立即去信安徽省军区要求落实政策，很快得到直工科的回复。说改正问题是中央统一部署的，不由原单位实施，而由本人所在县(市)属地管辖。

不久，县文教局人事干部找我谈话。去掉了我检查中的大部分问题，但仍有保留，要我签字认可。我对这种留尾巴的做法很为不满，不愿签字。人事干部对我百般劝说，双方形成了僵局。

这时我联想到一件事，江阴县有一名驻防浙江的20军干部转业回江阴当了商业部门的经理。“文革”时被关进“牛棚”，他经不住拷打逼供，竟在“牛棚”里用裤带自尽了。噩耗是两名人事干部传达给他年轻妻子的，说：“你丈夫自绝于人民，自绝于党。马上要开声讨大会，你必须上台发言与他划清界限。”妻子欲哭无泪，穿着丈夫留下的军大衣登台控诉丈夫的“罪行”。

“文革”结束后，丈夫平反昭雪，又是这两名人事干部去向其妻子告诉“喜讯”。那妻子一句话没说，扬起巴掌抽了两名既报忧、又报喜，又当师娘又做鬼的人事干部一人一个耳光。这两个人感到非常委屈，我们也是上命难违啊！他们也知道，社会不同了，搞运动的时代已经过去了。他们再不会像以前那样“吃香”了。其实，在那个时代，像他俩这种吃“运动饭”的人是很多的。他们始终陶醉于整人的“乐趣”之中，一有“风吹草动”他们便会“拿着鸡毛当令箭”的，国家培植了这么一批人，真是个悲剧！

想到这段故事，我的心情平静下来，比起这位战友，比起死在荒原上的战友，他们死时还“问题”缠身，包袱重压，我的问题留下个小尾巴又算得了什么，于是我痛快地签了字。

事隔数月，文教局人事干部再度找我，说中央又有新精神，就是不留尾巴，彻底改正。这次县委还给每个有“问题”的人发了红头文件。文件中写明，过去的批判，纯属诬蔑不实之词，给予彻底改正，撤消处分，恢复名誉，赔礼道歉！

自此，我走完了漫漫甄别路，洗去了强加在我身上的污垢，恢复了清白之身。所以后来我在退休报告上写了这样一首诗：“十六参军六十退，一生经历多坎坷；空悲白了少年头，唯留清白聊自慰。”正像林黛玉临死时咏唱的“质本洁来还洁去，休将洁身污泥淖”。

怎一纸公文了得

我的“中右”问题，已由县政府颁发红头文件给予彻底改正。但20年来所受的精神创伤，并非由一纸文件可以平复的。命运的改变也是不可逆转的。况且建国以来，历次政治运动造成的冤假错案，从不给予赔偿的，而且始终“常有理”，即当初整你有理，如今放你也有理。如“反右派”并不说是错，而只是扩大化了。不说平反，只说改正，所以全国还保留了几个不予改正的“右派”，作为论据，诸如此类，不一而足。

“一人得道，鸡犬升天”，“一人受难，全家株连”，历来如此。就以我1957年戴上“中右”帽子被发配到北大荒来说，全家都受到影响。

父亲原来一直是劳动模范和基层工会委员，还当选为全市优秀军属，虽然工作依然敬业，但当不成模范和委员了。

哥哥周良敏，当我受批判时，医大尚未毕业，在杭州的省疾病防治中心实习，已内定分配于该处。受了我的影响，毕业时转分配到筹建中的肖山棉纺厂当了厂医。在“文革”时，他尽医生的职责去给杭州静坐的工友们送医送药，得到广大群众的拥护，“三结合”时被推上领导岗位。却在后来申请入党时，调查到我的问题，不仅党没入成，而且被撤消了领导职务，到退休仍是一名普通医生，每月收入仅千把元的企业待遇。

大妹周良芳1959年就读于青岛海洋学院(现中国海洋大学)因是首届,毕业分配时,多数同学(尤其是女生)被部队录用为军官,也是由于我的问题,被分配到地方当了名气象员。

二妹周丽珍1963年由复旦附中考入上海师大外语系,"文革"后期拟分配到政法系统当俄语翻译,也照例调查到我的"漏网右派"问题。好在那时,我"文革"中的问题被"一风吹"了,报社领导忙去函更正,她的分配才没受到影响。

还有我中学最要好的同学师则凯,他在母校高中毕业后,分配在华东水利工程勘察设计院。他是因患肺病才没上大学的,但领导上派他去浙江新安江水电站协助工作。原说明是为期三个月,结果被长期留在那里,为此他曾写信向我诉说他的困境,主要是身体不适应那荒山野岭的艰苦环境。我回信只是劝慰了一番。可是在"反右"时,我被逼无奈,不仅说出这件事,还胡编乱造,夸大了事实,说他的信是发泄对领导的不满,我的信则是鼓动他搞"大民主"。这两封信正是发生了"匈牙利事件"之后,不满个别领导就是反党,搞"大民主"就是要造社会主义的反,"罪行"何等严重。加上师则凯成分不好,显然不会有好下场。后来我曾到他家附近去探访他的消息,但始终不明下落,心中深怀愧疚。还有那个卧轨自杀的战友,"反右"时,我们并不在一个部门,因我们常有交往,他是个"解放兵",一贯小心谨慎,哪堪我的牵连,他感到事态严重,不得不出此下策,可见株连之严重。

像我这种家庭成分好,个人历史清白,又只是敌我矛盾作为人民内部矛盾处理的内控"右派",尚且如此,如果家庭出身不好,本人历史复杂,又被戴上"右派"帽子的人,受牵连的人岂不更多,受害的程度岂不更深。

当然,受伤害最深的还是我本人。且不说在荒原上精神如何痛苦，肉体怎样备受折磨，妻别子离，两地分居，对家人有多么思念。就以个人命运发生如此巨大的转变，也是心中充满了深深的痛楚。最感悲戚的是我妻子唐琴惠，她作为“北质学校闹市”的问题学生，被发配至北大荒，在抗涝时染上风湿，种下病根，历经十年分居，十年卧床，抛下未成年的两个孩子，弃我而去。这是我久久不能平复的心结。

我调江阴后，长期在文化馆工作，尽管按我行政级别（行政20级）比当时文教局主管文化的副局长还要高；尽管我已在地委机关报当过多年编辑、记者；尽管即便是1958年我转业地方也可当上县级的文化馆长或是中心学校的校长，因我有“中右”的包袱重压，且不是党员，所以只能半辈子当上一个普通工作人员，最使我遗憾的是失去了上名牌大学，研读我爱好的历史专业。

刚到江阴时，曾遇到一个教师进修学校的教师叫张淮西，他也是从黑龙江与我同时调到江阴的。当时他是齐齐哈尔市一所高校的政治教师，交谈中得知他也是1957年考取中国人民大学现代革命史专业的江苏唯一的考生（除北京、上海外，每省只有1－2人）。他原是银行的一名普通工作人员，由于家庭出身不好，一贯小心从事，并没有在“反右”中遭到批判而准时到校报到，毕业后也分配到遥远的边疆，因彼此都有相同的遭遇，有许多共同语言。

改革开放后，“臭老九”变成了香饽饽，张淮西以其名牌大学生的学历和小心从事的姿态，从普通教师越级提拔为江阴县副县长，接着又当上了无锡市副市长和江苏省副省长。最后调到北京，当了全国政协副主席。成了经常出现在报刊和电视新闻中的国家领导人。当然我并非崇拜官位，而是感叹“反右”斗争所带给我的伤害。

我退休后，曾在江阴华西村宣传队工作过一段时间。有一天，张淮西以政协领导人的身份到华西考察，随同前来的是中国人民大学党史专业(即我当时报考的现代革命史专业)同学会的成员。物以稀为贵,人大的党史专业就此一届,所以同学会的当年学生,已成了“稀缺资源”。都当上了学者、教授。我本应也是其中一员,阴差阳错命运各异。更想不到时过数十年后,竟会在华西村相会,他们在台下观看我参与策划编写的反映华西精神的节目。虽没有与这些“同学”交谈,但也沾到了梦寐以求的名牌大学的些许气息,重温了一下“大学梦”。

更令人费解的是,我当初是以知识青年的名义参军的,在部队及至后来也一直从事传播知识的工作,况且在1957年“反右”时,也是以资产阶级知识分子的身份挨整的;尽管也在第二军医大学学医一年,也曾被录取于中国人民大学,八十年代在江阴时,曾担任过两年的电大辅导老师,讲授“文学概论”“写作”和“作品评论”等课程。与大学也算有缘的,但在档案中的学历,仍是“初中毕业”。在大学生满街都是的今天,初中毕业就如同“文盲”一般。

所以,在九十年初评定职称时,我所任过的编辑、记者经历,不属群文工作评选范围,学历又低,进入不了评选中级职称的“门槛”。难怪北京在当年评定职称时,多有人跳楼自杀的,我是经历过风浪的,当然不会这样想不开。

人到暮年,常爱回忆,更会思考。我常在夜深人静时想起一生经历的风风雨雨,甚至异想天开。如我想到假如当初不参军将会怎样?假如不在“反右”中受到批判又将如何?假如不回江阴又该怎么个局面等,但生活中没有“假如”,每个人都需接受现实,面对现实,在现实中求生存,谋发展。

人生道路是自己走的,个人历史是自己谱写的,怨天尤人是不足取的。但环境确实对人的命运有极大的影响,这也是不容忽视的。

想我当年参军,确实有拼死疆场的决心,如果(又要假设了)朝鲜战争不停止,以我所学的战伤外科和抢救的专业,十之八九要死在异国的土地上；如果当时安徽军区领导不“手下留情”，将我打成“右派”，以我检查材料的“罪行”也不会得到善终的；如果去垦区不分在兵役干部的连队里，得到相应的照顾，以我瘦弱的身体，也早已尸埋荒原了。所以我常说，自己不仅是“幸运儿”，甚至是“幸存者”。

然而，随着时代的发展和个人的阅历增长，我的思想有了明显的变化。对所谓的“左”和“右”也有了新的理解。凭我的出身和行为，我应是“天生的左派”。我把党视作母亲，军队把我当作“宠儿”。以“反右”斗争作为分界线，党把我视作“异己分子”，军队把我当作“弃儿”，这种身份的转变，并非是我变坏了、堕落了，而是政策造成的。也就是政策越变越左了，我却不能与时俱进。我虽然自己当时并不承认是“右”的，但现在我的思想却越变越“右”了。这是出于对“左”的思潮的反思和矫正。其实“左”和“右”只是个身体部位的区分和行程的标识，用以借作政策的取向，并无褒贬之分，好坏之别。我们这一代人基本生活在“左”的思潮中，即便像我这种被钦定为“内控右派”的人，也仍然有很多“左”的作为。例如我最初写的文学作品和在报社写的大量新闻报道，随时可见“左”倾的烙印。改革开放后，正像“共产主义幽灵在欧洲上空游荡”那样，“左”的影子随时可见，而“右”的现象也越来越多。“辛辛苦苦几十年，一夜回到解放前”。以前的资本家，现在被称为“民营业主”；以前的官僚资本现在被称为权贵资本；以前的劳苦工人，现在被称为“打工者”；以前的贫雇农，现在被称为“失地农民”。各称虽变了，境况大同小异。只是像我们当年的所谓“右派言论”现在已成了“左派观点”了。可见社会不断在变化、在进步，然而随时都在强调深化改革开放，但政治体制的改革仍积重难返，与国际接轨仍任重道远。我这样的一个“中右”分子，一辈子动荡于“左”“右”之间，撰写这本书正想以我的经历来反映这个时代的一个侧面。

回到江阴以后

我在北国生活了14年，在垦区呆了5年，正值我23～28岁的青春年华。我把一生最美好的时光献给了北大荒；我把挚爱、辛劳、汗水洒向了黑土地；我把屈辱和梦想留在了那里。一旦离开，常引起我深深的怀念，甚至还会感到不熟悉、不适应、不习惯。

记得我刚调回江阴不久，一天清晨，我去西门汽车站买预售票，要到苏州地区去参加会议。走出车站大门，见对面车站商店里甩动着一双大辫子。那辫子乌黑油亮，长及膝弯，如此美发非东北姑娘莫属。我情不自禁地跨越马路上前搭话，姑娘果然来自黑龙江。我自我介绍："我也是黑龙江人，咱们是老乡！"

姑娘见我矮小的个头，虽说着普通话，但仍是吴侬软语，感到非常惊讶。她脑袋一偏，闪了闪眼睛，说："我明白了，你是转业到北大荒的军人吧！我们村里也有人嫁了转业军官，一起回到南方的。你们也是吧！"我说："我的家属在江阴，为照顾夫妻两地分居，而调来此地的。"

陌路相逢，因同在黑土地生活过，谈起来比较投机。她是来南方出差的，人生地不熟，有"同乡"指点，当然也很高兴。及至分路离开时，她突然问："老乡，什么地方能买到大果子？"

东北人把油条称作大果子，不过比南方的油条炸得大，一般都在二两上下，也是他们喜爱的食品。我说：“幸亏你问到我了，本地人不知道大果子是何物。”我就将她引到了一家炸油条的小吃店。

后来，我果然遇到过那位姑娘所说的情况，即夫妻双双回归家乡的人。原来，中央军委在1959年决定销毁“中右”分子的检查材料后，又于1964年决定，照顾垦区老弱病残的转业军官，允许他们调回家乡工作。各省都有指标，除北京、上海两地安排在郊县外，其他各地都基本上在本省调剂。像我们畜牧分场助理兽医高景云在农场时已与一位江苏姑娘（转业军官的亲属）结婚，就双双调到了南通市分配工作。因为我那时已调离垦区，否则也将会纳入这次调动。

我在文化馆还遇到一个临时工。她是黑龙江省五常县人，因嫁了转业军官，在1964年调到江阴，可惜那位转业军官在北大荒积劳成疾，调到江阴不久就病死了。留下了来自北国的孤儿寡母，生活很是凄凉。

她还告诉我，像他们这样情况的在江阴还有一些。有一个在学校当教师的东北妇女，也是随一位转业军官回到江阴，“文革”期间，转业军官因“政历问题”受到追究，被逼无奈，跳井自尽。那位教师已无法回归东北，只得拖儿带女，在风俗习惯、气候条件大相径庭的江南水乡生活。

改革开放之后，黑龙江人来江阴打工的、创业的越来越多。其中不少人是开店设摊经营东北特色小吃鸡蛋千层饼的。于是我家中的千层饼常年不断。我辗转于各摊点购买，他们有来自伊春的，有来自阿城的，就是没有碰到来自饶河、虎林的。我是以买饼为由，想与“老乡”们聚聚旧，交谈一下东北土话，彼此都很高兴。他们往往还会给我这个“老乡”多一点食品，真可谓是“乡情浓浓”啊！

1964年，大批转业军官调回原籍（据说有数千人之多），这本是军队母亲对子女的照顾，但他们的处境并不理想。原因是各地政府迫于上级命令不得不做安排，而且这些转业军官本属“老弱病残”，并且文化又低，无一技之长，又有种种“政历问题”。地方政府把他们视为“包袱”。他们的状况怎能好得了？

其中有一个我是亲见亲闻的，此人叫许颖，江阴北澛人，是个参加抗美援朝战争的老兵，在战场上担负着最危险的抢救伤员的卫生员工作。因其勇敢，屡立战功，捷报传至家乡，全乡震动，举行盛大集会以示庆贺。归国后在常州101医院当男护士。男护士是战争的产物，随着女护士的增多，男护士逐渐淘汰，1958年下放至859农场畜牧分场畜牧队劳动。也是1964年被照顾调回江阴原籍的，先是在乡镇当税管员。那时的税管员不像现时吃香，基本上只是个管管摊贩、收点小钱的闲差。后来又调任房管所保管员，房管所虽然掌握分配居民住房的大权，但他这个保管员也只是个整天陪伴着工具的普通工作人员，连自己的住房也只是个狭小的陋室。更其不幸的是，在无锡做纺织女工的妻子与他离婚了。虽然我们原本分属安徽军区和江苏军区两个系统，因我与他在同一分场，在农场时，已经认得。我1972年调回江阴后，有老战友告知我他的讯息。那时他还在乡下，我多次寻访都未曾见面。直到八十年代，他调至县房管所工作，我才找到了他。这时他已身患重病，是高血压引起的偏瘫，走路一瘸一拐，两眼直愣愣地看人，说话口齿不清。他告诉我，妻子离婚后，儿子归女方抚养，他成了孤家寡人，病势越来越重，生活很是艰辛，他将我领至他的家中。

这是什么样的一个家呀，狭小的房屋毫无生气，凌乱不堪。桌上、地上满是灰尘，床上堆满着脏衣破裤烂袜子。我看了心酸至极，简直还不如畜牧分场时过集体生活温馨和愉快。

我关切地问：“老许，你每天吃什么？”他说：“每天在单位蒸一盒饭，回来就吃一天。”我又问：“那么菜呢？”他指着灶台上一瓶挨一瓶放着的红乳腐、白乳腐、辣乳腐，说："就吃这些。"

我无言可对，那时我妻子病死不久，生活也很凄凉，可谓是断肠人面对断肠人，同病相怜，想不到当初"雄赳赳，气昂昂，跨过鸭绿江"英姿焕发的志愿军战士会落到这般地步。

此次别后，听说老许住院了。我赶去医院探望，护士告诉我，老许是慢性病，医院病床紧张，已被他姐姐接回乡下去养病了。从此我再没得到他的消息。和他们的命运相比，在同类人中，我的遭遇可谓是"比上不足，比下有余"了。

我回到江阴后，不断有《合江日报》社的同事和北大荒的战友来访问我，这成了我盛大的节日。他们给我们带北国变迁的信息，以慰我的"思乡"之情。其中有几位来自垦区的。

1977 年，张家善来访。他既是我北大荒的战友，又是《合江日报》社的同事。他长我 10 岁，也是上海人。北京和平解放时，他正在中央美术学院雕塑系学习，没毕业就参军入伍。在总政当美术创作员，后归入军事博物馆，与军内著名油画家高虹、彭彬，水彩画家吕恩谊等共事。因其出身于银行世家，社会关系比较复杂，1958 年转业下放至北大荒劳动。后调入《北大荒画报》社工作。在众多的画家中，他年龄最大，学历最高，搞的又是被称为高雅艺术的雕塑。搞雕塑需要设备、材料，而且费钱耗时，在垦区难以施展。1963 年调入《合江日报》社，以其大学生的文字功力，与我同在政教组当记者。我们长期同住一个寝室，生活上互相帮助、照顾，成为挚友。尤其在"文革"时，同时造反，一起夺权，共受压制，又分别去斗批改宣传队工作。我南返探亲时，代他探望老父，我在北大荒时，生活上遇到困难，他都给予帮助。一直患难与共，欢乐同享。他对我的南调也十分关切，帮我出谋画策，替我呼吁主张。当我接到调令后，他同样欣喜，并设家宴欢送我。

作者在江阴组织辅导儿童文学创作，取得一定成绩。本照与新华社记者戴纪明拍摄，后由新华总社向全国新闻单位转发，图中左为儿童文学作家方国荣，右为作者。

他这次是专程到江阴来探望我的。那时正值炎夏，过惯了北方凉爽生活的他，不顾挥汗如雨，不畏蚊虫叮咬，与我促膝长谈。谈到报社当初那批整过我们的造反派，已被当作“三种人”受到了组织处理。谈到北大荒的战友又有了新的成就。因他是画报社的，涉及多是画家们的动向，由晁楣、张作良等首创的北大荒彩色木刻画派，更趋成熟，影响扩及国内外。晁楣作为专家被聘任中央美术学院教授，张作良已调至天津美协工作。其他画家也不断有新作参加全国美展。他在空闲时，也做些雕塑作品，并且在业务上也是报社的骨干力量。

送别张家善不久，一天上班时，见有一位年轻姑娘找我，开口就叫：“周叔叔！”我并不认识这位姑娘，只见她留着短发，白衬衣，黄军裤，一看便知是北大荒来人。她自我介绍：“我是张作良的大女儿，现

《儿童文学》编辑来江阴组稿，与作者合影

在是一个国企单位的党员干部，来江阴外调，特地来看望周叔叔的，代爸爸向你问好！”我这才依稀想起在虎林时曾见过她的。她当时还是个半大女孩，是局文团招收的舞蹈学员，每天在大食堂练习基本功的。几年不见，已出落得如此漂亮，而且显得多么精干，我陪同她浏览了一下江阴的市容，她要紧去忙公务了。故人相见，我感慨万分。北大荒的第二代已经成长起来了，他们青出于蓝而胜于蓝，前途将无可限量。

八十年代中期，我接到一封信，是黄金鲁寄给我的。黄金鲁原是852农场文工团的编创人员，在编852农场史《在南泥湾道路上》时，我们在一起相处，因年龄相仿，兴趣相同，成为挚友。他在部队时学的是汽车工程。因有海外关系，下放至北大荒劳动。他妻子张琪当时还在东北林学院上学。她是黄金鲁姐夫的妹妹，兄姐成亲促成了弟妹恋爱，像是“换亲”又是两情相悦，故又非“换亲”，组成了其乐融融的家庭关系。张琪毅然决然地在毕业后来到北大荒，分配在852农场林业科工作。

1963年初，省文联举办了一次青年文学作者学习班，领导上确定我去参加。因当时两局合并在即，我无法脱身，就将名额让给了黄金鲁。在这期间，省林业局要调张琪去林区工作。张琪因丈夫不在，特地跑到虎林找我商量，我以为她去林区更能发挥专长。不久，她被分配至阿城林业局，黄金鲁在学习班结束后也被调至阿城汽修厂工作。干起了老本行。并且在文学创作上获得了成果，在《萌芽》杂志上接连发表了三篇作品，如果再写几篇，将以《萌芽丛书》出版。

1972年，我调回江阴，在哈尔滨转车，特地去阿城探望他们夫妻。黄金鲁一直送我至哈尔滨，并在站台伫立，挥手作别。不久，他替我从火车托运来了一立方米软杂木（这是我托他购买的），使我得以打成一套家俱，当时木材非常紧缺，我这套家俱竟成了江阴一时之选，引起了许多人惊羡的眼光。

黄金鲁来信告诉我，他正在无锡太湖之滨的一家军队疗养院疗养。因伙食较差，点名要我带点咸菜炒肉丝去与他相会。我非常高兴，奉命而行，在疗养院度过了愉快的一天。他告诉我，他们夫妻已调回西安老家工作。他在重型汽车厂当主任工程师，而且还是市汽车工程学会的负责人。

黄金鲁出院后，到江阴回访我，在我家中住了一宿，时值清明节，他陪我去妻子坟上培土扫墓，我则陪他在黄山浏览了一番。

我与张家善、黄金鲁前后还有几次接触和电话联系。可在今年我要寄书给他们时，两家都是空号，是搬家了，还是有了什么变故，心中很是挂念。

后 记

在荒原生活了 5 年，真有刻骨铭心的感受。一直想把这些难忘的经历用文学形式表达出来，但又不知如何下手，怎么动笔。一则我是个普通一兵，平头百姓，个人经历犹如沧海一粟，掀不起什么波澜，似乎没有什么可写的。再则，反映建设北大荒的文学作品车载斗量，不计其数。有众多的优文佳作在先，好像也没什么再写的必要了。于是在踌躇之中，光阴一天天流逝了。眼看将走完人生之路，创作意愿却益发逼切，便改弦更张，在古稀之年完成了反映江阴生活的长篇小说《城北白相人》，付梓出版后，有如卸重负之感。

然而，心结犹存。我虽在江阴生活了 38 年，平平淡淡，不如在荒原生活 5 年汹涌澎湃。相比而言，反映北国风光较描绘江南水乡更显迫切。我的创作思路，似有"本末倒置"之嫌。于是在北大荒老战友的鼓励下，动手撰写这部《一个人的北大荒》。

老战友的话，言犹在耳。他们说："不要畏难，再难也难不过北大荒的艰苦生活；不要怕名家名作，他们写他们的，我们写我们的。"我想这话是很有道理的。涓涓细流可以汇入汪洋大海；个人的真情实感，可以融入悲壮时代。我的一孔之见，或许也能起到"一斑窥全豹"的作用。无论什么事业，都是从细微处着手，远大处着眼的。

有了写作的冲动和勇气，接下来就是写什么和怎么写的问题了。

写什么？我是1958年从军队下放北大荒的“十万分之一”，到达垦区后，从生产队到分场、总场、农垦局，以至两局合并；从劳动到脱产，再到从事联系面较广的文化工作。而且本人又是在“反右”受到冲击。背负“政历问题”沉重包袱的“中右”分子。“中右”分子也是历史上的特殊群体，它不是“右派”，却又可称作“内控右派”；不是反革命，却又是反革命的边缘，可享受公民权利，但又事事处处受到制约和限止。这种人是在夹缝中求生存，在悬崖峭壁上找出路，生活上和精神上都有着不可磨灭的创痛。改革开放后，反映“右派”分子生活的文学作品很多，但没见到反映“中右”分子的书稿。所以我曾设想以此为题材写部长篇小说，但鉴于“中右”分子的两面性和复杂性，感到难以表述。所以就借用个人的经历，来完成这个心愿。从这个意义上来讲，这本书稿也可称作为“一个‘中右’分子的亲历、亲见和亲闻”。个人经历虽然平淡无奇，但放在一个特定历史的背景中，可见建国以来“极左”思潮的泛滥成灾，和“大跃进”给人们带来的伤害。

在垦区，像我这样的“中右”分子很多，我的切身感受是有着一定代表性的。所以我有意把“中右”分子的经历，作为本书的主线来贯穿。再看以前出版的许多反映北大荒生活名家的佳作，文学性固然很强，但思想性上却打着那个时代的烙印。这就给我了这个同类题材的后写者，有更多审视的角度，有更多的思考空间。我本着“题材虽类同，内容不重复，写法虽不新，视角却不同，既可独立成篇，又可连贯成册”的理念来写这本书的。

这就牵涉到怎么写的问题了。我所写的没有独具匠心的恢弘结构，也没有突出鲜明的人物形象，不是小说；没有优美的文字，也没有气势磅礴的景物描绘，不是散文；我既不是名人，也不是要人，也不配称作回忆录；记述的只是自己的一孔之见，一己之得，也很难说是报告文学。所以只能算是个“四不像”。我想既然动物中有四不像这个物种，那么在文学领域，自然也有四不像体裁的作品存身之处。然而，从广义来说，本书的体裁还是属于带有回忆录性的散文范畴，为了避免这种文体有“孤芳自赏”的弊端，所以在出书时，采取了“个人经历社会化；错误思潮真实化；散文写作小说化”的笔法，尽量注重内容的深度和可读性。

书稿在写作过程中，曾在全国著名老年刊物《退休生活(北大荒版)连载5期，在黑龙江省一级期刊由《北大荒文艺》改刊而成的《北大荒文化》连载10期，并在《上海文学》《雪浪湖》《江阴日报》等报刊上选刊部分篇章。对此，我深感盛意。此外，还承蒙文汇出版社，江阴市文联、江阴市文化艺术集团、江阴市澄江街道办事处给予鼓励和支持。文中的照片多数由原《北大荒文艺》的老领导、老战友郑加真提供的。趁书稿出版之际，由衷地向上述单位和个人表示深切的谢忱。

本书全凭记忆写成，我虽力求记忆的正确无误，但毕竟年代久远，记忆难免有错，特别是书中涉及到的姓名、地名、年份的差错之处甚多，加之本人思想水平不高，文学功底有限，表达上也多有谬误，贻笑大方。望专家、作家、战友、荒友、广大读者不吝指正。

周良国记于2011年10月1日国庆节

图书在版编目(CIP)数据

一个人的北大荒 / 周良国著. —上海：文汇出版社，2012.1

ISBN 978-7-5496-0347-3

Ⅰ. ①一… Ⅱ. ①周… Ⅲ. ①回忆录—中国—当代 Ⅳ. ①I251

中国版本图书馆 CIP 数据核字(2011)第 237230 号

一个人的北大荒

作　　者 / 周良国

责任编辑 / 乐渭琦
装帧设计 / 张　晋
出 版 人 / 桂国强

出版发行 / 文汇出版社
上海市威海路 755 号
(邮政编码 200041)
经　　销 / 全国新华书店
照　　排 / 南京展望文化发展有限公司
印刷装订 / 上海港东印刷厂
版　　次 / 2012 年 1 月第 1 版
印　　次 / 2012 年 1 月第 1 次印刷
开　　本 / 890×1240　1/32
字　　数 / 220 千
印　　张 / 9

书　　号 / ISBN 978-7-5496-0347-3
定　　价 / 19.00 元